. . . .
hommes et montagnes

Dans la même collection:

Bernard Amy, *Le meilleur grimpeur du monde*
Bernard Amy, *Le voyage à la cime*
Conrad Anker et David Roberts, *Mallory et Irvine, à la recherche des fantômes de l'Everest*
Jean-Michel Asselin, *Chroniques himalayennes*
Jean-Michel Asselin, *Les parois du destin*
Jean-Michel Asselin, *Nil, sauve-toi !*
Yves Ballu, *Les alpinistes*
Yves Ballu, *Naufrage au mont Blanc*
Marc Batard, *La sortie des cimes*
Patrick Berhault, *Encordé mais libre*
Odette Bernezat, *Hommes et vallées du Haut-Atlas*
Danielle et Jean Bourgeois, *Les Voies abruptes*
Roger Canac et Bernard Boyer, *Vivre ici en Oisans*
Roger Canac, *Des cristaux et des hommes*
Roger Canac, *Réganel ou la montagne à vaches*
Roger Canac, *Paysan sans terre*
Roland Chincholle, *Au tréfonds des veines*
Jean-Pierre Copin, *Papy, la montagne et moi*
David Harris, *Des prises sous la neige*
Sir Edmund Hillary, *Un regard depuis le sommet*
Jean-Claude Legros, *Shimshal, par-delà les montagnes*
Charles Maly, *Peau de chamois*
Reinhold Messner, *Yeti, du mythe à la réalité*
Angélique Prick, *Vice et versant*
Françoise Rey, *Crash au Mont-Blanc*
Françoise Rey, *Ötzi, la momie des glaciers*
Samivel et S. Norande, *Les grands passages des Alpes*
Samivel et S. Norande, *La grande ronde autour du Mont-Blanc*
Anne Sauvy, *Nadir*
Isabelle Scheibli, *Le Roman de Gaspard de la Meije*
Joe Simpson, *Encordé avec des ombres*
Joe Simpson, *La Mort suspendue*
Joe Simpson, *La dernière course*
Joe Simpson, *La face voilée*
Joe Simpson, *Les éclats du silence*
Joe Simpson, *Les esprits de l'eau et des montagnes*
Judy et Tashi Tenzing, *Tenzing et les Sherpas de l'Everest*
Sylvie Tomei, *Mont Blanc Blues, Variations littéraires et irrévérencieuses*

Docteur
Vertical

Photo de couverture: © Philippe Poulet

© 2005, Éditions Glénat
BP 177 - 38008 Grenoble Cedex
www.glenatlivres.com
Tous droits réservés pour la langue française

ISBN 2.7234.4426.0
Dépôt légal : juin 2005
Imprimé en France

Mille et un secours en montagne

Docteur
Vertical

Emmanuel Cauchy

Glénat

AVERTISSEMENT

Ce livre est une fiction basée sur des faits réels.

C'est une autobiographie que je dédie à mes collègues de travail, dont la plupart se reconnaîtront facilement entre les lignes. J'espère qu'ils ne verront en mon audace que le reflet d'une profonde amitié et qu'ils revivront au travers des histoires que je raconte les grands moments de lutte qui nous ont unis dans l'adversité...

Le respect que je porte à ceux, rescapés ou non, qui m'ont permis de trouver matière à relater ces secours est au-delà de toute mesure. Tous m'ont donné le désir de m'acharner dans cette voie et de faire reconnaître notre métier.

Ce livre est un hommage à ceux qui, consacrant leur vie au secours, se sont fait prendre au cours de leur mission, et à ceux de mes proches que j'ai vus disparaître presque sous mes yeux en montagne.

*À Jacotte, ma mère,
et Jean-Pépé « Loup-de-mer », mon père,
à qui appartenait le bateau que j'ai coulé.*

À Cécile, Pierrot, Alix et Khando.

À Grand Chef.

Et à Don Quichotte!

1ʳᵉ partie
. . . . . .
Souvenirs

Une heure trente… Une fois de plus, je me suis endormi comme une masse pour me réveiller au milieu de la nuit, l'esprit en ébullition. J'avais chaud aux pieds.

Enveloppé dans ma vieille robe de chambre kirghize en velours rouge, je me glisse en silence vers l'étage inférieur pour trouver refuge dans la pièce qui me sert de bureau. Seul le craquement du plancher trahit ma fuite. La bataille est rude, ces temps-ci, les gosses essayent par tous les moyens de me piquer cette pièce. Je trébuche sur un vaisseau spatial en Lego qui traîne par terre. Ils ne pourraient pas ranger leurs affaires !

Je maudis une fois de plus les gardes de nuit enchaînées depuis tant d'années. Ça et les décalages horaires, ça vous bousille le nycthémère pour le restant de votre vie ! Je jure que, passé quarante ans, je ferai tout pour vivre le jour.

Docteur Vertical

J'avais signé pour une vocation, j'y ai cru pendant longtemps, mais, comme beaucoup, le boulot a fini par m'user. Fréquentes sont désormais les semaines où je doute de mon choix.

Je jette un coup d'œil par la fenêtre qui donne sur le Bourgeat. La lune est bien pleine, blanche et froide. Suspendue au-dessus de Taconnaz, la calotte glaciaire du Goûter resplendit dans le ciel d'un bleu profond métallisé. Ce paysage de roche et de glace, qui s'impose tant par son ampleur que par son aura, est le seul argument qui me permet d'aimer encore mon métier. Le massif du Mont-Blanc me tient en son pouvoir.

Cette nuit, c'est Khando qui hante les murs.

Khando est une gamine du Dolpo que nous avons plus ou moins adoptée. Elle occupe beaucoup de place dans mes pensées depuis quelque temps. J'allume l'ordinateur pour relire la lettre un peu naïve que je viens d'envoyer à l'ambassade de France au Népal. Il faut que j'éclaircisse mes idées à propos de cette histoire. Je veux aussi mettre de l'ordre dans l'esprit de ma petite tribu. Cette enfant dolpopa dont nous ne connaissons même pas l'âge exact a bousculé notre vie bien rangée ces derniers temps. C'est comme si quelqu'un l'avait déposée volontairement sur notre passage, histoire de lui trouver une nouvelle famille. Cette fameuse vocation qu'on prête au corps médical nous a un peu forcé la main pour que nous la tirions de son gourbi.

En relisant mon courrier, j'ai du mal à imaginer comment une telle histoire pourrait émouvoir un diplomate. Des affaires de cet acabit, il doit en connaître des wagons !

« Monsieur le consul. Ambassade de France, Kathmandu.

Le Népal est un pays attirant pour celui qui aime la montagne. Je vis à Chamonix depuis longtemps, et mon métier est d'aller secourir les alpinistes.

Je sais bien qu'en Himalaya le secours en montagne n'est pas aussi simple et que les moyens ne sont pas les mêmes. Pourtant, il y a quelques années, j'ai vécu dans ce pays une histoire qui m'a touché.

Je venais de passer trois mois dans le haut Dolpo où j'avais été embauché comme médecin pour le tournage d'un film sur les caravanes de sel. Ma femme m'avait rejoint pour les deux dernières semaines de mon séjour et nous allions regagner ensemble Kathmandu, quand Tinle, l'acteur principal du film, nous a demandé de voler au secours de sa petite-fille qui était en train de mourir à Dunaï. Khando, c'est le nom de la fillette, était effectivement atteinte d'une tuberculose digestive. En plus elle déprimait. Elle ne voulait plus manger et se laissait mourir. Elle était sévèrement dénutrie et dévorée par les parasites.

Nous l'avons soignée comme nous avons pu, puis nous l'avons ramenée dans la capitale népalaise où elle a été hospitalisée. Sortie d'affaire, elle a été confiée à une Tibétaine de Kathmandu à qui nous envoyons désormais de l'argent chaque année pour sa nourriture et sa scolarité.

J'ai revu Khando plusieurs fois lors de différents voyages au Népal. Elle est maintenant en bonne santé, mais sa mère est morte et son père est inscrit aux abonnés absents. Nous voudrions qu'elle vienne en France. Elle en a très envie et son grand-père le souhaite également car il ne peut s'occuper d'elle depuis le Dolpo. D'ailleurs, elle-même ne tient pas du tout à retourner dans le Dolpo.

L'année dernière, nous avons engagé une procédure officielle pour la scolariser dans notre pays. Grâce à des amis vivant au Népal, tous les documents sont en règle : visa et passeport sont établis, ainsi que l'autorisation du tuteur légal. Nous avons également entrepris toutes les démarches nécessaires pour l'accueillir en France. Nous avons cru comprendre qu'il existait des solutions pour qu'elle vive avec nous pendant l'année scolaire et retourne au Népal pendant les vacances. Cet hiver, nous aimerions la recevoir quelque temps afin de voir si la vie, loin de son pays, est envisageable.

Malheureusement, rien ne se passe comme espéré. Le Népal est un pays plein de surprises : la douane a refoulé Khando deux fois, pour des motifs plus ou moins valables, sans doute dans l'attente des dessous-de-table habituels.

Monsieur le consul, nous avons tout essayé, les procédures sont en règle, et peut-être qu'un appui de votre part pourrait nous aider. S'il vous était possible de prolonger le visa de Khando d'un mois et de la faire accompagner pour le passage de la douane, je suis persuadé que les choses pourraient s'arranger.

Le prochain vol est prévu le 19 janvier prochain, Khando sera accompagnée par Norbu, un peintre dolpopa qui expose régulièrement en France.

Dans l'espoir d'obtenir de vous cette aide précieuse, je vous prie de croire, Monsieur le consul, en l'expression de mes sentiments les meilleurs. »

Le menton appuyé dans la main, je remue souvenirs et préoccupations. Depuis quinze jours, je m'épuise à trouver des solutions pour donner une suite à cette histoire. Je n'aime pas disparaître. Trop facile. Je ne peux pas laisser Khando comme ça.

On s'emballe sur le coup de l'émotion, on se sent poussé par un élan de solidarité, tout le monde vous dit que c'est génial... C'est vrai que la petite est touchante. On craque parce qu'on est dans un pays « exotique », loin des contraintes occidentales, et qu'on a devant soi les bouilles épanouies, crados, d'enfants népalais au nez plein de morve, et fagotés comme l'as de pique. Puis on remonte dans l'avion, et quand, un peu plus tard, il faut prendre des nouvelles, payer l'école, envoyer des fringues et poursuivre ce que l'on a décidé d'entreprendre, la motivation s'estompe.

L'adoption ne nous avait pas semblé être la solution idéale. Khando avait l'air de se sentir à l'aise à Kathmandu. La plupart des enfants de la Mount Kailash High School où nous l'avions inscrite étaient tibétains. Elle s'était trouvé des amis et l'une de ses tantes s'occupait d'elle pendant les vacances. Pourtant, elle avait su me faire comprendre son désir intense de nous revoir. J'étais devenu à ses yeux le père qu'elle n'avait pas. Et de mon côté, j'avais mis un point d'honneur à établir une relation plus forte et plus constructive qu'un simple parrainage. Je voulais tenir la distance. Dans ma vie, je n'avais jamais fait grand-chose pour les autres, hormis les soigner. Envoyer des enveloppes à Amnesty international ou à Reporters sans frontières n'est pas mon truc. J'ai besoin d'un contact direct ou d'être viscéralement impliqué. Pour Khando, je voulais être à la hauteur.

Hier, je suis rentré seul de Paris. J'ai fait l'aller et retour dans la journée, pour rien. Grâce à Anne, une amie française qui vit à Kathmandu, nous avions tous les papiers nécessaires pour que Khando vienne en France pendant un mois. C'était tellement important qu'elle rencontre Alix et Pierrot. L'idée de les voir ensemble me réjouissait. La confrontation de deux cultures si différentes, à cet âge, est une expérience tellement importante…

Khando devait arriver par la Royal Nepal Air Line à seize heures trente. La veille, depuis le Népal, Anne m'avait confirmé que tout était en règle. Mais quelle est la règle dans un pays corrompu où tout se conclut à coups de bakchich ? À dix-sept heures quinze, je regardais les passagers du vol franchir le dernier poste de douane, porte 12 à Roissy. Tous ces visages aux origines les plus diverses, ces hommes et ces femmes qui se jetaient dans les bras de leurs parents, de leurs amis… Mais pas de Khando. Puis c'est Colette qui m'a reconnu la première. Elle s'est avancée vers moi, au bord des larmes. Khando n'était pas avec elle. Amoureuse du Népal et responsable d'une association qui l'oblige à s'y rendre souvent, Colette avait proposé à Anne de s'occuper de Khando jusqu'à Paris et de l'aider à contrer les éventuelles difficultés administratives. Mais elle n'y était pas parvenue. Prétextant qu'il manquait un document, un douanier avait cherché à obtenir un dessous-de-table... Foutaises ! Colette s'était énervée, trop honnête pour céder au chantage. Lui s'était fâché, et Khando était restée à Kathmandu. Le coup avait été rude pour elle. La poupée qu'on lui avait envoyée dans les bras, son petit sac rose sur le dos, elle s'était assise et avait pleuré...

Quand j'étais petit...

Quand j'étais petit, je voulais devenir vétérinaire. J'adorais les bestioles, et à part deux ou trois cabots qui m'avaient lâchement croqué les mollets par-derrière, les animaux m'aimaient bien. Je récupérais tous les oiseaux malades, même en phase terminale, et je leur faisais avaler de l'aspirine, sans avoir aucune notion des doses toxiques. Peu ont survécu !

Avec mon père, nous avions construit une cage dans l'angle de la salle à manger, pour élever des cailles. C'est dingue ce que ça sent mauvais, ces bêtes-là ! Si au moins ça pouvait siffloter... mais non. En plus, on ne peut même pas dire que leur vol est gracieux. Il y avait des plumes et des graviers partout, sauf dans la cage. Je soupçonne ma mère d'avoir participé à leur empoisonnement.

Bien sûr, je dévorais les séries télévisées comme *Daktari*, avec Clarence, le lion sympa qui louchait.

Il y avait aussi *Flipper le dauphin*, qui avait le même regard que mon prof d'instruction civique, mais l'air bien plus futé...

Après avoir gravi péniblement les échelons supposés m'ouvrir les portes du « bac à lauréat », et en apprenant l'inéluctable sélection qui conditionnait l'accès à l'école vétérinaire, je décidai de m'orienter plus modestement vers les soins au genre humain. Étant plus manuel qu'intellectuel, j'avais des vues sur la chirurgie, puisque mon tonton, qui jouait dans cette cour, semblait assez satisfait de patouiller les tripes de ses patients.

J'obtins mon bac ras les pâquerettes et réussis l'examen d'entrée en médecine au deuxième coup, à la surprise de mes parents qui pensaient me retrouver plutôt dans une équipe de foot...

En marge de ce chantier poussif constitué de polycopiés indigestes qui bouchonnaient dans l'étroitesse de mon cerveau, je dépensais mon énergie en marinant. Adepte de la voile depuis mon plus jeune âge, j'étais marin dans l'âme. Je naviguais dans les eaux calcaires de la Manche à la recherche d'aventures salées.

C'est peut-être une trop grande confiance en moi qui m'a fait boire la tasse et rompre les amarres pour rejoindre d'autres reliefs que ceux des falaises normandes...

Un jour où j'avais embarqué mon copain Michel et son frère pour naviguer au large de Cabourg, j'ai bien failli couler par le fond.

Bravant les premiers embruns, on s'était éloignés de la côte de quelques milles nautiques. On menait notre barque avec énergie. Le 4,70 emprunté à mon père ruait dans la houle qui ne cessait de forcir. Les moutons se formaient, de plus en plus nombreux, et claquaient contre la coque. Il faut reconnaître que l'embarcation n'était pas de toute dernière génération… Le frère de mon pote ne connaissait pas grand-chose à la voile, mais il était costaud et surtout désopilant, si bien que pour le baptiser, on avait décidé de le mettre au trapèze, c'est-à-dire de le pendre par un baudrier à l'un des haubans de la mâture pour améliorer la contre-gîte du voilier. Comme il n'avait pas le pied marin, il se faisait balader à chaque vague et recevait des montagnes d'eau dans la figure.

Au bout d'une heure de navigation, un peu distrait par ses singeries, je me suis rendu compte que le bateau se remplissait plus qu'il ne se vidait et que la ligne de flottaison s'était enfoncée anormalement. L'écopage n'améliorait pas la situation puisqu'on embarquait plus d'eau qu'on n'en évacuait. La côte était loin. L'ambiance s'était brutalement refroidie…

Le virement de bord censé nous remettre dans la direction de la côte nous a fait enfourner et le bateau s'est mis à couler doucement. Énumérant mentalement les arguments techniques qui vantaient l'insubmersibilité des matériaux modernes, j'ai pensé que l'unique moyen de vider ce bateau était de le retourner. C'était aussi la seule façon de montrer aux équipes de secours supposées surveiller les parages que l'on avait un problème.

Tu parles ! au bout d'une demi-heure, on n'avait encore vu personne. Les zozos chargés de la surveillance devaient se taper toute la presse de la semaine, et pas seulement les gros titres !

23

Docteur Vertical

Mes deux copains, qui étaient de très bons nageurs, sont alors partis en crawl vers le rivage, tandis que moi, fidèle à la règle selon laquelle un capitaine n'abandonne jamais son navire, je m'accrochai à une écoute en attendant le sauvetage auquel je croyais encore.

Vingt minutes plus tard, j'étais dans l'eau jusqu'au cou. Seul le cul du dériveur, tel un iceberg, pointait encore hors de l'eau. Je barbotais en me les caillant menu.

Je suis remonté en équilibre sur la bête pour essayer d'apercevoir quelque chose par-delà les montagnes d'eau. Au prix de contorsions périlleuses, j'ai fini par les repérer… Mes copains n'étaient qu'à deux cents mètres de moi ! Les gilets de sauvetage, le courant, les vagues, tout les freinait…

Je me suis laissé retomber dans l'eau et il m'est venu subitement à l'esprit que le bateau allait sans doute couler et m'engloutir avec lui… Il fallait que je me tire de là !

J'ai nagé, nagé des heures interminables. J'avais trouvé mon rythme, mais je n'avançais pas. J'évitais de me poser trop de questions, pourtant la réalité crevait les yeux : l'épuisement finirait par m'aspirer vers le bas. Je devinais les centaines de mètres d'eau noire qui se perdaient dans les abysses sous mon ventre. J'étais terrifié. C'était aussi vertigineux que se retrouver pendu au-dessus d'un gouffre.

Le bruit d'un moteur et des cris intermittents ont interrompu mon agonie. Mes deux amis avaient été récupérés par un Zodiac qui passait par là. Ils étaient venus me chercher. Je ne saurai jamais par quel miracle ils réussirent à me retrouver…

Quand j'étais petit...

Plus de bateau, mon père en colère, une page se tournait.

Je décidai de me consacrer à la montagne.
La montagne, j'y avais pris goût de bonne heure. On m'avait mis sur des skis à trois ans. Le seul souvenir que je garde de cette époque, c'est d'avoir hurlé tous les soirs au moment de dénouer les lacets gelés de ces foutues godasses en cuir.
À cinq ans, on m'avait refusé ma première étoile. J'avais juré de ne plus jamais reprendre de cours de ski. Puisque personne n'était foutu de détecter mon potentiel de champion, je m'achèterais des Rossignol Stratos et mettrais au point ma propre technique !
Chaque hiver, c'était la même hystérie quand les vacances approchaient. Je m'étais confectionné une combinaison à la James Bond, en tissu élastique noir, grâce à la machine à coudre de ma mère. Pour compléter la panoplie, avec Damien, mon copain d'enfance, on se lançait des défis au tricot. Les soirées près du poêle dans la ferme au cœur du Champsaur étaient sacrées : on tricotait des chandails avec de la laine de montagne, sans oublier l'écharpe assortie.
Très vite, nous nous sommes mis au ski de randonnée. Après le plaisir de l'effort et de la poudreuse encore plein la tête, on rentrait de vacances comme des zombies, et on restait en manque jusqu'à l'hiver suivant.

Les années passèrent, en partie sur les bancs de la faculté de médecine de Rouen qui finit par me céder mon certificat d'études clinique et thérapeutique. Il m'ouvrait la porte du résidanat et surtout celle de la sortie pour demander le transfert de mon dossier dans la circonscription de Grenoble.

J'avais consacré plus de temps à pratiquer l'escalade sur les falaises calcaires de Normandie avec mon inséparable copain Michel qu'à potasser mes polycopiés imbuvables. Animés par un même élan et inspirés par un même projet, nous nous retrouverons au bord du lac Léman où nous effectuerons notre premier stage d'interne à l'hôpital d'Évian.

Première baffe

Ça passe ou ça casse ! C'est ce qu'on a l'habitude de dire quand on voit ces allumés qui tentent le diable en surfant des pentes abominables. Ils sont souvent jeunes, déterminés, et ils acceptent tous les risques. Les voies les plus engagées, dont l'ascension demandait jadis plusieurs jours et l'expérience d'une cordée de guides affûtés, sont désormais torchées en quelques heures par de jeunes prodiges qui démarrent l'entraînement intensif dès le cours primaire. Les dangers sont toujours aussi importants, mais comme on préfère parler de ceux qui réussissent plutôt que de ceux qui y laissent leur peau, la prise de conscience est parfois lente à venir. Elle survient souvent quand on a l'âge d'avoir des gosses et que ceux-ci se mettent à faire les mêmes conneries.

Je n'ai rien à dire, j'ai été comme eux ! Ça n'a pas cassé, mais, à plusieurs reprises, ça a failli. Si bien que j'ai tendance à penser qu'entre « ça casse » et « ça passe », il existe une troisième option : la baffe. En montagne, c'est le truc qui vous remet en place, vous, votre ego et vos illusions. La baffe est nécessaire à la survie.

La première que j'ai reçue, je m'en souviens comme si c'était hier. Avec mon copain Michel, nous avions mis au point des programmes d'entraînement assidu. Nous étions de plus en plus accros à la montagne et tout était dirigé dans ce sens : les entraînements sur des bouts de cailloux, les joutes aériennes en delta-plane et les sorties en ski de randonnée par tous les temps dans le massif du Chablais. Dès que nous avions quelques journées de congé contiguës, elles étaient consacrées à partir en course.

Cet hiver-là, nous avions réussi avec une facilité déconcertante et en un temps record la face nord des Courtes. La descente avait été particulièrement géniale puisque nous nous étions laissés glisser sur huit cents mètres, accrochés à nos piolets, en espérant que ça tienne. Au lieu de mettre deux heures si nous étions restés encordés, un quart d'heure plus tard, nous retrouvions nos skis pour rejoindre la vallée, fiers comme Artaban. Cela nous avait donné des ailes.

Persuadé que nous avions acquis suffisamment d'expérience pour nous attaquer aux choses sérieuses, Michel m'a proposé de tenter la face nord du Cervin. Ensuite, on irait à l'Eiger ! Son défaut à Michel, c'était d'être trop sûr de lui, et le mien, de n'être pas assez sûr de moi. À nous deux, ça faisait une moyenne...

Première baffe

Nous voilà donc partis à la conquête de la face mythique du Matterhorn.

Au matin de cette journée mémorable, deux autres cordées nous accompagnent au pied de la face, motivées par le même objectif. La météo est au rendez-vous. Rien à redire : anticyclone, froid sec et ciel bleu. Les conditions de glace, en revanche, ne sont pas top, nous allons nous en rendre compte rapidement… Le cône d'attaque est en glace noire vitreuse et la première cordée, partie juste devant nous, renonce déjà. L'autre cordée attaque un peu plus loin, pour prendre les devants. Cinquante mètres plus haut, les mollets explosés, le grimpeur de tête abandonne une broche pour se laisser mouliner jusqu'en bas.

Nous sommes seuls à continuer. Ce que nous considérons comme une première victoire n'est qu'une supériorité morale. Dès le départ de la voie proprement dit, les dés sont jetés. Nous ne pouvons que continuer. Pas de traces, pas de relais évident, l'itinéraire paraît bien déroutant pour une voie archiconnue…

Les trois cents premiers mètres sont déstabilisants et dangereux. Rien à voir avec la face nord des Courtes. La glace est fine et on ne sait jamais quelle ligne suivre. Il faut sans cesse naviguer entre les roches instables et les plaques de glace friable. Nous décidons d'évoluer corde tendue, pour gagner du temps, mais de toute façon, le terrain est peu propice à la pose de points d'assurance. Dans le meilleur des cas, trois points nous séparent, et en plus, ils ne tiennent pas. Ils font plutôt office de

Docteur Vertical

supports psychologiques. Les bécquets solides sont rares, voire inexistants. Après deux heures d'ascension, nous sommes éreintés. Les sacs sont lourds, le chemin à parcourir est interminable. Nous avons gravi un bon tiers de la face en prenant des risques inconsidérés. Nous avons alterné en tête. J'ai serré les fesses dans plusieurs pas délicats, conscient que la chute était interdite. Je sais que Michel, qui est du même niveau que moi, se heurte aux mêmes problèmes et que la pression pèse sur lui de la même façon que sur moi. J'ai malgré tout une grande confiance en lui car il a la capacité de se concentrer dans les moments cruciaux.

Vers dix heures, nous nous autorisons une pause pour faire le point. C'est le premier relais correct depuis le départ. On n'a pas beaucoup parlé jusqu'ici, mais maintenant, il faut qu'on cause !

– On va s'tuer, Michel, c'est pourri !

– Ouais, en plus, j'ai l'impression qu'on est trop à gauche de l'itinéraire...

– T'es sûr ?

– Pas trop, j'ai du mal à me repérer maintenant.

– Moi, j'ai pas la caisse. On est pas assez acclimatés à cette altitude. C'est pas au bord du Léman qu'on peut se faire des globules !

– Mouais !

Nous scrutons l'arête nord-est qui se dessine environ cent cinquante mètres au-dessus de nous. Là doit se trouver l'échappatoire que nous avions repérée. Dans ce genre de face, il est suicidaire de descendre en rappel sans relais correct.

– Tu penses à c'que j'pense, Michel ?

– Ouais, je crois bien que c'est la solution la plus

Première baffe

sûre. D'accord pour s'échapper, la face n'est pas en conditions… C'est dommage, le temps à l'air stable, ajoute-t-il avec un fond de regret.

— En prenant la petite goulotte de gauche, on devrait pouvoir rejoindre la cabane Solvay sans trop de problèmes et redescendre par voie normale.

Après une dernière observation pour vérifier l'aspect de cet itinéraire, nous nous résignons à prendre cette option. La face se redresse jusqu'à l'arête, mais on distingue une goulotte dont la glace a l'air correcte.

— T'y vas ou j't'assure ? lance Michel, selon la formule que nous avons l'habitude d'employer quand ça commence à craindre.

— Bah, j'y vais, c'est mon tour…

Ça a failli être la plus grosse erreur de ma vie !

Me voilà parti, avec un nouvel élan d'énergie probablement puisée dans l'idée réconfortante de se sortir bientôt de ce merdier. Dix mètres plus haut, je mousquetonne le premier vieux clou de la face. Il est rouillé et dépasse de cinq centimètres. Vingt mètres au-dessus, je réussis péniblement à placer un petit coinceur*, auquel je n'attache aucune confiance. La goulotte se redresse. Elle est tapissée d'une glace qui, vue de près, me paraît douteuse. Inutile de me fatiguer à essayer de placer des protections dans les parties friables : je mise tout sur la plaque au-dessus, dans l'espoir d'y visser une broche béton. La progression est de plus en plus expo.

---

* Coinceur : Petite pièce métallique de forme trapézoïdale montée sur un câble, que l'on coince dans les fissures de rocher pour s'assurer.

En arrivant au pied de cette plaque, je sens remonter en moi les premiers signes d'une angoisse qui ne présage rien de bon. La glace n'adhère absolument pas à la roche. Il faut que je longe encore cette section en escaladant le pilier gauche, avant de revenir sur la glace dans la partie supérieure.

De nouveau, je suis au taquet, épuisé par la manœuvre. Dix mètres au-dessus de mon coinceur, je me mets à flipper sérieusement. Michel ne me lâche pas des yeux. Il me connaît depuis si longtemps que je n'ai pas besoin de lui dire grand-chose pour qu'il comprenne.

Dans un mouvement hyperdélicat, j'atteins la plaque de glace en traversant sur la droite. Je ramène mes crampons dans une position un peu plus stable et plante mes deux piolets au-dessus de ma tête. Je décroche une broche de mon baudrier. En la voyant mordre dans la glace, je reprends espoir pendant quelques secondes. Mais arrivé à la moitié du pas de vis de cette broche, que j'avais choisi longue, exprès, je sens la plaque entière sur laquelle je me trouve, se détacher légèrement du rocher avec un craquement sinistre. Pris de panique, je dévisse d'un tour ma broche et veux remettre un peu trop vite la dragonne du piolet pour m'enfuir. C'est toujours dans ces moments-là, que ça merde. Mon gant me gêne pour enfiler la lanière et, en jurant, je commets la maladresse qu'il fallait éviter : le piolet me file entre les pattes ! J'entends le son métallique de l'engin qui n'en finit pas de rebondir jusqu'en bas. Me raccrochant à l'unique piolet qu'il me reste, j'attends, impuissant, que la plaque entière se décroche et m'emporte dans le vide...

Première baffe

Mais elle tient. Une dernière chance de m'en tirer m'est accordée. La seule issue qui s'offre à moi est de ramper délicatement sur l'autre rive pour rejoindre un petit socle de rocher sur lequel je peux espérer installer un relais de fortune. Avec une concentration de mercenaire, j'effectue le mouvement et parviens par miracle à poser le bout de mon cul sur un caillou dérisoire scellé dans la glace. Je suis là, épuisé physiquement et cuit nerveusement, perché comme un naufragé sur un iceberg.

Je gueule pour me défouler :

– Putaaaiiin, Michel !

– Ouais ! me répond-il, trente-cinq mètres plus bas.

– J'ai failli me tuer ! J'arrête, je suis mort de trouille !

Tout en bas de la face, je vois les deux grimpeurs de la dernière cordée qui avait renoncé. Ils se sont écartés d'une centaine de mètres et se la coulent douce en pique-niquant sur un rocher au soleil. Je me maudis de n'avoir pas pris, comme eux, la décision de renoncer au moment voulu. Tout ça parce qu'on se croyait les plus forts !

Et maintenant, comment faire ? Impossible de mettre quoi que ce soit pour faire un relais. Même avec les deux *friends** que j'ai emportés, je n'arrive à rien. Tout est péteux. Et on n'a pas de radio...

Au bout d'un bon moment de silence, Michel me crie...

---

* *Friend* : Coinceur à cames mécanique actionnée par un ressort et qui s'efface pour pénétrer dans la fissure, puis s'écarte une fois à l'intérieur pour prendre appui sur les deux faces de la fissure.

– Manu, qu'est-ce qu'on fait ?
– J'en sais rien, mais j'monte plus !
– Tu peux faire un relais ?
– Que dalle, y'a que d'la merde dans cette conne de face !

Jamais à court d'idées, Michel réalise qu'il a une couverture de survie dans son sac. Les vieilles méthodes n'étant pas les plus mauvaises, il l'agite en direction des deux alpinistes qui nous observent depuis le bas. Ces derniers ont dû entendre le piolet tomber. Ils se doutent certainement que tout ne va pas pour le mieux. Dix minutes plus tard, ils se mettent en route en direction du refuge Hörnli. Pourvu qu'ils aient compris !

Trois heures d'attente interminable ! On est toujours à l'ombre et on va y rester... Michel qui se trouve sur une terrasse un peu plus confortable que la mienne s'est rhabillé. Mais moi, je ne peux pas bouger. De peur d'être déséquilibré, je n'ose même pas enlever mon sac à dos qui me repousse pourtant vers l'avant, De toute façon, je ne saurais pas où le mettre ! Je suis transi. Je grelotte maintenant de façon permanente. En revanche, la chaleur de mes fesses fait fondre la glace qui enchâsse la pierre sur laquelle je suis assis ! Je sens le bloc se desceller petit à petit...

Tous les quarts d'heure environ, un bruit de moteur monte vers moi, me redonnant espoir. Mais ce ne sont que des ploucs qui se baladent en avion et m'adressent des coucous... Je les tuerais !

Je commence à m'enfoncer dans une sorte de torpeur désespérée quand soudain, surgissant de

Première baffe

nulle part, un Lama apparaît et tournoie dans notre direction. Quand il arrive à notre hauteur, nous comprenons que c'est celui du secours. Le pilote me fait des signes qui semblent vouloir dire : « C'est vous qui êtes dans la merde ? ». Je grelottais tellement que je n'étais plus sûr de tenir longtemps sur mon perchoir, mais instantanément, je retrouve goût à la vie. Michel, qui a les mains libres, leur répond avec les signaux conventionnels pour demander de l'aide. Mais l'hélico s'en va ! Plus signe de lui pendant une heure. A-t-il bien compris le message ?

Nouvelle rotation. Deux hélicos, cette fois-ci. Un Lama et un Écureuil. On les voit tournoyer devant nous comme s'ils n'arrivaient pas à se décider… Puis plus rien. Retour à la case départ. Ça finit par devenir lassant ! Je suis sur le point de craquer…

Encore une heure plus tard, le Lama revient, seul. Il se plante au-dessus de ma tête et le souffle du rotor manque de me déboulonner de mon socle. Alors que je m'attendais à voir le crochet descendre vers moi, c'est un secouriste qui arrive. Quelle manœuvre veut-il effectuer ? Où va-t-il se foutre ? J'ai la trouille qu'il me dégomme comme un bouchon en me dégringolant dessus. Je n'ai qu'une idée bien floue de la manière dont on va pouvoir me tirer de là. J'imaginais que le sauvetage se résumerait à m'envoyer le câble, que je n'aurais que le nœud de ma corde à défaire avant d'être treuillé jusqu'à la machine. Mais visiblement, ils ont décidé de faire plus compliqué…

Le type descend vers moi avec, en tout et pour tout, un piolet dans la main droite et deux *friends*

Docteur Vertical

à son baudrier ! Soit ce type est une bête et il va me ridiculiser, soit il va se faire très peur !

Il se pose à côté de moi dans un conglomérat de glace, plante ses pointes avant et ancre son piolet comme il peut. Il ôte le crochet de son harnais, mais au lieu de me le passer pour que je dégage, il fait signe à l'hélico de se tirer... Alors là !

Voilà qu'il me cause en allemand, langue que je ne domine pas vraiment !

– *Kein Piton ? Kein Piton ?* hurle-t-il en essayant de trouver un endroit pour placer son *friend*.

– *Nein, kein Piton !*

C'est tout ce que je peux lui répondre.

Sur ce, je vois sa jambe droite riper et l'autre commencer à tétaniser. Dans cinq secondes, c'est sûr, le gars va valdinguer ! J'ai vu son visage virer au blanc. Un peu hésitant, étant donné ma position, je lui tends mon bras pour l'aider. Il y a toutes les chances qu'il m'embarque avec lui... Par miracle, il réussit à se stabiliser. Je le maintiens pendant qu'il attrape la radio de sa main libre pour rappeler l'hélico.

De nouveau la soufflerie du rotor. Le crochet se présente au-dessus de nos deux têtes. Avec un fair-play remarquable, le secouriste me tend le crochet. Je le clippe sur le pontet de mon baudrier, dénoue ma corde et l'hélico me soulève.

La sensation de bonheur qui m'envahit au moment où je me sens emporté dans les airs restera gravée à jamais dans ma mémoire. En m'écartant de la paroi, je réalise la véritable teneur de l'entreprise dans laquelle nous nous étions engagés. La face que je découvre est d'une verticalité effarante.

Première baffe

En moins de deux minutes, je me pose devant le refuge, au soleil. Michel atterrit de la même façon un quart d'heure après moi. Nos regards se croisent, lourds de sens. Nous sommes sauvés, il n'y a rien à ajouter, mais nous avons pris une bonne baffe !

Je n'arrive pas à prononcer un mot sans bégayer tellement je suis gelé. Il me faudra une heure avant de pouvoir rigoler. Je suis vexé... vexé, mais tellement heureux. Toute ma vie, je bénirai les hélicos, et plus tard, je serai secouriste !

« Sous les couleurs du drapeau »

Le bateau coulé, le doctorat de médecine en poche, je ne voyais plus qu'une issue à mon avenir : devenir docteur dans la montagne, sauver les bergères en détresse et faire l'Everest !

Je m'imaginais attaquer les pentes vierges des Alpes en pleine nuit de tempête, peaux de phoque aux skis, volant au secours d'une pauvre parturiente isolée, victime d'un accouchement inopiné.

En attendant ce moment tant convoité, et parce que j'avais remarqué que les rares femmes qui accouchaient prématurément le faisaient plutôt dans le camion des pompiers, j'avais trouvé l'opportunité d'accomplir mon service à l'École militaire de haute montagne (EMHM), en tant que médecin aspirant.

Mon travail consistait à suivre l'état de santé de bleusailles qu'on avait réquisitionnées, bon gré mal gré, pour sillonner un univers scintillant de neige

39

Docteur Vertical

et de glace, de préférence en colonne par deux, et dans le seul but d'effectuer des corvées et de servir de souffre-douleur à de petits chefs.

Quoi qu'il en soit, je n'ai rien à regretter de cette année de zèle où j'appris comment m'enfoncer sur le crâne la fameuse tarte de chasseur alpin, et à répondre au clairon de bonne heure et par un « fier salut de lumière », comme nous avait dit un jour un gradé. Bref, j'appris à ne rien faire, mais tôt le matin !

C'est aussi durant mon service militaire que j'ai eu l'opportunité d'assurer mes premières gardes de secours en montagne avec le Peloton de gendarmerie de haute montagne (PGHM). Cette unité, spécifique à Chamonix, faisait autorité en la matière. Elle était composée de gendarmes-secouristes, parfois bien têtus, parfois aussi plus gendarmes que secouristes. Il y avait heureusement aussi ceux qui avaient choisi cette voie pour faire de la montagne un métier. Ceux-là étaient plus secouristes que gendarmes. Malgré mes réticences naturelles, je me fis de bons copains, quelle que fût l'option. Quoi qu'on en dise, il faut bien reconnaître que la rigueur à laquelle ils étaient accoutumés, allait de pair avec cette activité. Certains d'entre eux étaient les rois de la manipe de corde et les maîtres du treuillage en paroi. Par contre, l'hélicoptère comptait parmi leurs moyens de locomotion les plus courants et j'étais stupéfait du peu de secours que l'on effectuait à pied.

Sur le plan médical, en revanche, on était loin du compte. C'était encore l'époque héroïque du « brancardage héliporté » consistant à saucissonner au

« *Sous les couleurs du drapeau* »

plus vite le blessé dans une civière en ferraille qu'on surnomme la « perche », en misant sur le froid, le vent et le vacarme de la machine pour étouffer ses hurlements, puis à le larguer au plus près de l'hôpital. Le soutien médical était à la hauteur des moyens que le corps médical était en mesure de fournir, c'est-à-dire qu'il ne volait pas bien haut. Participait aux secours, tantôt un ophtalmologiste, tantôt un psychiatre aux yeux duquel la montagne était un décor idéal pour des réflexions existentielles que l'on sait d'un grand réconfort pour les polytraumatisés ! Le toubib était là pour la déco, une sorte de label que l'on exhibait à l'occasion des cérémonies.

Bref, quand je suis arrivé à Chamonix, je n'étais reconnu ni pour mes compétences montagnardes ni pour mes compétences d'urgentologue puisque la spécialité n'était pas enseignée à cette époque et que l'expérience, « une lanterne que l'on traîne accrochée derrière soi et qui n'éclaire jamais que le chemin déjà parcouru », ne transparaissait pas encore vraiment de ma personnalité. Je venais tout juste de terminer mes études, j'étais novice. Je ne me souviens pas des circonstances exactes qui avaient motivé la présence d'un médecin opérationnel au sein du secours, mais je suppose qu'à l'occasion d'une situation délicate récente, le manque de prise en charge médicale avait été remis sur le tapis...

À défaut de pouvoir intégrer le service des urgences de l'hôpital de Chamonix, je me fis embaucher comme médecin contractuel. On ne m'avait d'ailleurs laissé aucun espoir quant à mon avenir au sein de cet hôpital que la direction Sanitaire désirait fermer depuis longtemps.

Malgré les moyens financiers très limités accordés par notre tutelle, nous avions décidé, sous l'impulsion de notre chef de service à l'hôpital de Chamonix, de faire évoluer cette médecine d'urgence en montagne pour laquelle aucun concept n'existait à l'époque. Grand Chef, notre anesthésiste-réanimateur de formation parisienne, était loin d'être dénué de culture alpine. Dès son plus jeune âge, il avait sillonné le massif dans tous les sens du terme avec son frère, tous les deux profitant du chalet de vacances familial. Grand Chef et son frère cadet dépassaient tout le monde d'une bonne tête. Ils étaient filiformes, du genre grands échassiers, surtout Grand Chef, dont la voix portait plus que la normale. Tous deux faisaient partie de la race des seigneurs... surtout Grand Chef qui était l'aîné. J'aimais bien les imaginer plus jeunes, enchaîner ensemble les plus grandes courses du massif sans boire, sans manger, et sans parler. Si le frère, devenu guide et célèbre, était passé maître ès granit, Grand Chef était incontestablement le patron à l'hôpital. J'étais tout juste en place quand il prit ses fonctions. Son prédécesseur ne laissait pas d'excellents souvenirs, mais en voyant celui-là débarquer, je fus tout d'abord envahi par une certaine perplexité... Il avait l'air impressionnant ! Peut-être aurait-on dû garder notre petit chef précédent qui faisait plutôt partie de la race des « Docteur-je-sais-tout », même s'il avait les mains moites et tremblantes ?... Pour commencer, les présentations n'avaient pas eu lieu dans les meilleures

« Sous les couleurs du drapeau »

conditions : j'étais en train de m'obstiner à essayer de poser une voie centrale chez une pauvre mamie déshydratée qu'on n'arrivait plus à perfuser tellement les veines étaient fragiles.

Poser une voie centrale est un geste délicat qui consiste à introduire un cathéter dans une veine de gros calibre qui ne se voit pas à la surface de la peau. Plusieurs techniques sont enseignées. Les plus classiques consistent à aller chercher soit la veine fémorale dans le haut de la cuisse, soit la veine sous-clavière qui, comme son nom l'indique, se trouve sous la clavicule. Pour y arriver, on enfonce un trocart sous son bord interne et, en suivant des axes bien déterminés, on la recherche à l'aveugle pour la cathétériser. La difficulté, c'est d'abord de la trouver, puis d'y insinuer un guide métallique qui ressemble à un câble de dérailleur de vélo, de se servir de ce guide pour enfiler le long cathéter, et enfin de l'enlever. Tout cela sans s'énerver, sans trembler et sans perforer l'artère du même nom qui traîne dans le coin. Tout apprentissage impliquant des balbutiements, bien entendu, j'avais bien choppé l'artère sous-clavière au lieu de la veine et je comprimais comme un malade pour limiter les dégâts. « Je-sais-tout », qui faisait visiter la boutique à son successeur, m'a présenté d'un air hautain, assaisonnant ses salades de blagues minables, trop content de me rabaisser.

Après une période d'observation de quelques mois, plutôt silencieuse, Grand Chef a commencé le ménage et il ne s'est pas contenté d'enfoncer les portes ouvertes. Tout le monde a dû rapidement se rendre à l'évidence : il était doué, Grand Chef, mais il avait du caractère. Il était aussi bien chiant, très chiant même, des fois. Son grand plaisir, c'était la joute verbale, domaine dans lequel il excellait, un peu à la manière d'un Jackie Chan qui, tous les dix mètres, laisse trois adversaires sur le carreau. Moi, j'adorais ça, même si, par moments, j'en prenais aussi pour mon grade. Tout le monde n'était pas du même avis. Avec les années, Grand Chef a gagné beaucoup d'amis et beaucoup d'ennemis.

Grand Chef a commencé par s'attribuer la responsabilité médicale du secours en montagne, rôle qui était tenu auparavant par notre chirurgien. Ce dernier la lui laissa volontiers, reconnaissant que, de toute façon, de toute sa vie, jamais il ne monterait dans ce qu'il appelait « la bétaillère volante du secours en montagne ».

Moi, j'avais effectué mes premières missions de secours à l'EMHM l'année précédant mon intégration aux urgences de l'hôpital. Je me souviens parfaitement de mon premier contact. Je me suis présenté pour la première fois sur la surface héliportée au volant de ma camionnette Talbot rouge pompier. L'accueil sur la *Dropping Zone* des Bois fut mi-figue mi-raisin. Le vieux delta-plane qui dépassait de trois mètres sur le toit de ma guimbarde ne correspondait pas à l'image du toubib tel qu'on pouvait se l'imaginer. Je suis donc allé m'enfoncer dans le canapé déglingué de la pièce commune du petit chalet qui servait de PC, en me faisant plutôt discret. J'attendais, angoissé, la première alerte, ne sachant pas très bien ni pourquoi ni comment j'allais pouvoir offrir mes humbles services à cette équipe. Il était alors difficile de savoir

« *Sous les couleurs du drapeau* »

s'ils me considéraient comme un adversaire ou comme un coéquipier. La plupart étaient guides et moi je n'avais encore rien qui prouvait mes compétences en montagne. En attendant, c'était l'heure du Tour de France à la télé, rituel quotidien qui occupait les périodes d'attente et m'enlevait toute chance de glaner quelques renseignements sur le métier.

Parmi les secouristes les plus anciens, certains faisaient autorité et savaient prendre des décisions, notamment quant à la nécessité d'embarquer ou non un médecin sur une mission.

Il y avait Jack, surnommé « Professeur », qui avait l'art et la manière d'enseigner les techniques de secours et de réanimation avec une précision chirurgicale. Je l'écoutais avec compassion me décortiquer un par un les gestes du massage cardiaque, tout en sachant pertinemment qu'un cœur, ça repart bien quand ça veut, quelle que soit la technique ! Mais j'ai toujours eu du respect pour les anciens.

Il y avait Douge, un peu bourru, pour qui la médecine n'avait pas plus d'utilité que la parapsychologie. Paradoxalement, il fut l'un de ceux qui m'acceptèrent rapidement et je garderais d'excellents souvenirs de nos secours en commun. Douge adorait le vélo. Il en possédait un, rutilant. Un soir, en manœuvrant pour rentrer chez lui après une garde, mon copain Jean-Bernard, médecin lui aussi, a eu le malheur de rouler dessus. Le vélo s'est plié en deux comme un livre ! Ce soir-là, le Tour de France en a pris un coup au moral !

Docteur Vertical

Il y avait aussi Yvan, efficace et discret. Il était maître-chien d'Adja. Adja était tout le contraire d'Yvan : impulsif et difficile à contenir. Comme tous ces chiens bridés par le dressage, il lui aurait fallu un peu plus de travail pour pouvoir s'exprimer. Il était toujours sous pression : attendre... tel est le prix à payer pour être estampillé « chien d'avalanche ». Dès que la turbine de l'hélico commençait à siffler, il fallait s'accrocher pour avoir une chance de le retenir. Adja était dans le starting-block, au bord de la crise d'épilepsie. Le moindre signal venant d'Yvan, et c'était l'explosion, un départ du 100 mètres. Malheur à qui lui barrait le passage ! L'atterrissage dans le cockpit était souvent violent...

Beaucoup, parmi ces secouristes, sont partis, mais les vieilles histoires reviennent encore ici et là avec nostalgie dans les discussions de fin de soirée. Dans le jargon du secours, on les appelait les « crampons ». « Crampon » servait normalement de préfixe au nom du gendarme qui faisait du secours. Mais chacun était libre de lui associer l'attribut correspondant le mieux à la personne désignée. Évidemment, il y avait des dérives. « Crampon-foie-gras », par exemple, était le surnom de celui qui, chaque année avant Noël, rapportait de son Périgord natal la précieuse denrée pour mener son petit business. « Crampon-télé » parlait toujours aux infos. Mais il y avait aussi « crampon-pénible », « crampon-les-boules », et bien d'autres encore.

Crampon Cassepipe était une figure du secours en montagne importée des Pyrénées orientales. Une légende encore vivante. Il avait vu défiler plusieurs

« *Sous les couleurs du drapeau* »

générations de clampins et en connaissait un rayon sur la question. On n'arrêtait pas de le chambrer. Pour l'agacer un peu, beaucoup s'amusaient à l'appeler « crampon-casse-burnes ». Quand il avait l'air de ne pas trouver ça drôle, alors mieux valait faire gaffe, car il cognait dur, le bourricot !

Mon premier grand secours, celui de Bill l'Américain, c'est avec crampon Cassepipe que je l'ai vécu. Impossible d'oublier ce grand moment, l'histoire d'un type qu'on arrache à la mort…

CRAMPON CASSEPIPE

C'était l'été, une journée calme de fin de saison. Désœuvré, je m'étais amusé à coller des patchs de *sport-tester* sur la poitrine du pilote et sur celle de Didier, son mécano, histoire de faire un peu de science à 2 balles ! « La Buse », c'était le surnom de ce pilote qui restera gravé dans le granit chamoniard. Ce sobriquet n'était pas lié à son profil mais plutôt à sa technique de vol. Il avait une façon très personnelle et probablement peu conventionnelle de manier le manche, mais il était d'une efficacité redoutable. Certains disaient qu'il était né avec un manche d'hélico dans le c… !

Un jour, alors que nous rentrions à la base de Megève, je lui avais demandé s'il était capable, avec son Alouette, d'atterrir sur la piste comme un avion de ligne. La Buse, qui était joueur, m'a pris au mot et s'est enfilé la piste à 150 kilomètres à l'heure en la rasant de si près que je crus qu'on allait y laisser de la peinture. Je me demandais bien comment il avait prévu de terminer sa course, d'autant que le hangar se rapprochait à vive allure. Est arrivé le moment où seules deux options pouvaient s'offrir : soit on s'écrasait au fond du bâtiment, soit on se prenait un montant latéral du hangar en essayant de s'esquiver de côté. J'étais un peu crispé, je dois l'admettre ! Je m'étais mis à réciter rapidement quelques prières, quand il a eu l'idée géniale de tirer violemment sur le manche. On est montés à la verticale, façon navette Columbia, jusqu'au décrochage de l'appareil. En replongeant sur le côté gauche, je me suis éclaté dans la bulle du cockpit. Finalement, il a posé l'hélico comme une feuille morte, pile-poil sur ses marques, sans la moindre secousse, avec un sourire goguenard.

C'est avec La Buse, Didier le mécano, crampon Cassepipe, et un deuxième gendarme-secouriste, surnommé Fred, que nous avons décollé en fin d'après-midi ce jour-là, pour une mission tranquille au glacier des Améthystes.

Il s'agissait d'aller récupérer un moteur d'avion que la glace avait recraché, probablement après quelques longues années de digestion. Il devait s'agir d'un coucou qui s'était écrasé dans la tempête pendant la Dernière Guerre mondiale. Le moteur était remonté à la surface du glacier et nous devions le treuiller pour le rapporter à Chamonix. Opération nettoyage, code YVTCC (y va terminer chez l'collectionneur).

Le moteur était plus lourd qu'il n'y paraissait. La manipe se révélait plus délicate que prévue et la concentration à bord avait repris le dessus...

– Bravo Lima, de Cordial ! Il faudrait faire un saut dans la face sud des Droites, un gars qui aurait dévissé...

Bravo Lima, c'est le nom de code attribué à l'hélicoptère bleu de la gendarmerie, et Cordial, celui du PC du secours en montagne à Chamonix qui, à l'époque, était installé place du Mont-Blanc.

Nous laissons tomber le moteur pour aller voir... J'ai ressenti une grosse excitation mêlée d'angoisse à l'annonce de ce changement de programme. Cela ressemblait enfin à une vraie alerte avec un vrai secours !

Après avoir tournoyé dans le bassin d'Argentière, nous avons basculé sur le versant sud de l'impressionnante montagne que sont les Droites. Je l'avais gravie une fois, par la voie la plus directe, celle qu'on appelait la voie Ginat, en hiver, avec Teddy, un costaud du Groupe militaire de haute montagne (GMHM). C'est une face glaciaire magnifique, haute de mille mètres, complètement verticale et aussi froide que lugubre. Elle doit s'inscrire au tableau de tout alpiniste en mal d'héroïsme. Nous l'avions attaquée vers midi, dans l'idée de réaliser une ascension nocturne, forts d'un principe qui m'était cher, même s'il pouvait sembler paradoxal, et selon lequel il ne fallait pas bivouaquer en hiver. Or, pour ça, le mieux, c'est encore de grimper la nuit ! Comme ça, quand on n'est pas dans les délais, le pire qui puisse arriver, c'est de se faire prendre par le jour ! Nous y avions donc passé la nuit, et lors de la descente par le col des Droites, nous avions emprunté ce même couloir que nous scrutions maintenant de nos cinq paires d'yeux, à la recherche d'indices.

Docteur Vertical

C'était la fin de l'été et le soleil faisait fondre la neige sur ce versant exposé sud. Des coulées de boue venaient régulièrement alimenter le cône de déjection. En survolant le pied de cet entonnoir, nous avons enfin repéré une ombre qui semblait avoir forme humaine, à moitié ensevelie sous un tas de cailloux.

Le dernier rappel avait dû lâcher. Quantité de pierres continuaient de se déverser. Ça m'avait l'air d'être cuit pour le gars qui se trouvait là-dessous, à moins qu'il soit en acier trempé ! La Buse s'est approchée en douceur pour s'en assurer. À quelques mètres du pilier qui bordait le cône, on sentait vibrer la montagne. Le risque de décrocher des blocs à cause du souffle du rotor était important. Mais c'était bien notre homme : on devinait maintenant la couleur de sa veste, qui avait dû être jaune avant d'être traînée dans la neige graveleuse.

– Le voilà, là en dessous ! hurla Fred, croyant l'avoir repéré avant tout le monde.

– Ouais, ben, c'est mal parti… déclara Cassepipe. Avec c'qui lui est tombé dessus !

Il semblait clair qu'il n'y avait plus grand-chose à faire… C'était son compagnon de cordée qui était descendu à pied déclencher le secours depuis le refuge du Couvercle. Un rapide calcul m'avait permis d'estimer le temps que cet alpiniste avait passé là-dessous, sachant qu'à pied, il faut une bonne heure pour atteindre ce refuge…

La Buse a décrit une nouvelle boucle pour changer d'axe afin que nous puissions mieux apprécier la configuration du terrain et l'état du pauvre type.

Crampon Cassepipe

Il s'est approché une nouvelle fois et... quelque chose d'incroyable s'est produit : à notre stupéfaction, l'un des bras du supposé cadavre a bougé !

La première réflexion qu'on a entendue dans l'hélico a été :

– Merde, il est vivant !
– Incroyable ! a renchéri Didier.

Pendant un instant, nous nous sommes tous demandé comment cet homme avait pu survivre à une telle chute et à une telle avalanche de cailloux. Ça me rappelait l'espèce d'armoire à glace acromégale aux dents d'acier qui joue le tueur dans les *James Bond*. Que sa voiture ait été précipitée au fond d'un ravin, qu'il ait été éjecté d'un train ou qu'un échafaudage de plusieurs tonnes se soit effondré sur lui, il s'en sortait toujours indemne.

Il était impensable d'intervenir en sécurité à l'endroit précis où se trouvait la victime, Cassepipe a donc décidé de nous débarquer, Fred et moi, sur un névé un peu plus bas, afin de soulager l'hélico. Il viendrait ensuite crocheter l'alpiniste et dégagerait du coupe-gorge illico.

Cette technique, que l'on appelle le *sling*, permet d'extraire la victime du guêpier au plus vite, tout en faisant courir le moins de risque possible à l'équipage. On treuille un secouriste au plus près du blessé. Il mousquetonne sur son baudrier une corde indépendante et se fait remonter dans la machine. L'hélico reprend aussitôt de la hauteur pour mettre de la distance entre la paroi et lui, tout en transportant le blessé tel quel, suspendu dans le vide, avant de le déposer dans un endroit plus sain. On ne peut pas dire que la méthode soit idéale

53

Docteur Vertical

pour le blessé, mais quand il n'y a pas le choix...

Je me souviens avoir vu notre homme tournoyer dans le coucher du soleil, inanimé, suspendu par le ventre comme un sac à patates. Ses bras et ses jambes pendouillaient comme ceux d'un pantin désarticulé. Je préférais ne pas penser à l'état de sa colonne vertébrale...

L'hélico nous l'a déposé dans les bras, comme une offrande, complètement disloqué. Je sentais ses os craquer dans mes mains. J'avais la sensation de ne pouvoir effectuer le moindre geste sans risquer de l'achever.

– Je prépare la perche ! m'avait dit Fred.

La victime était d'une inertie inquiétante. Pas un gémissement ne s'échappait de ses lèvres. Il s'était abandonné, comme si les ultimes forces qu'il avait puisées en lui pour lever le bras lors de notre passage l'avaient liquidé. J'ai d'abord cru que le treuillage l'avait tué. Mais en l'observant de plus près, j'ai constaté qu'il respirait faiblement.

– Il est encore en vie ! Je lui mets une perf et on se casse. Dis à l'hélico qu'il me laisse cinq minutes...

L'hélico était reparti tourner dans le bassin d'Argentière pour nous laisser travailler dans le calme. Je ne me rappelle plus les gestes que j'ai pu faire ou ne pas faire correctement... Quoi qu'il en soit, l'oxygène plein pot et la perfusion destinée à lui regonfler les veines lui avaient permis de tenir. C'étaient mes débuts, je n'étais pas encore au point, alors il ne fallait pas m'en demander davantage. Que tenter de plus, d'ailleurs ? La Buse nous a embarqués puis il a plongé, tel un rapace, en direction du glacier de Leschaux. Il a rasé le couvercle du refuge du même nom et s'est engagé comme une bombe dans les gorges de l'Arveyron. Les lames de glace défilaient en dessous de nous, étincelantes et acérées, et le claquement des pales résonne encore dans ma tête... En quelques minutes, nous étions en phase d'atterrissage, le fameux « Poser DZ! » qu'on entend quinze fois par jour à la radio. Il n'était pas possible de se poser sur le toit de l'hôpital de Chamonix, à l'époque, alors on atterrissait au Clos du Savoie ou sur la patinoire. L'atterrissage d'une demi-tonne de tôle qui s'arc-boute pour s'aplatir ventre à terre sur le bitume sans s'écraser, est toujours un moment magique et irrationnel.

Malgré le peu de soutien médical que j'avais apporté à Bill, je n'étais pas trop mécontent de moi. Je lui avais remonté un peu sa tension et n'avais pas perdu trop de temps pour le descendre. Mon cœur s'était un peu emballé, mais le sien avait tenu.

Une fois l'hélicoptère posé, on était encore à cent mètres de l'hôpital. Comme la route nous en séparait, l'intervention des pompiers était nécessaire. On déchargeait donc le blessé une première fois de l'hélico vers la camionnette rouge, puis on recommençait l'opération cinq minutes plus tard pour déballer la marchandise dans le sas des urgences. Notre seul privilège était de prendre la route en sens interdit, ce qui nous évitait de nous payer tout le tour de la ville.

Tout ça n'arrangeait pas les affaires de Bill qui recommençait à s'enfoncer tranquillement...

L'hôpital de Chamonix, à cette époque, c'était tout un roman. Il s'agissait en fait d'un vieil hôtel qui avait été aménagé pièce après pièce, chambre après chambre, au fil des années, et qui n'avait d'hôpital que le nom et la fonction.

On a déposé Bill dans le seul endroit qui pouvait ressembler à une salle de déchoquage, c'est-à-dire sur le brancard de l'une des deux malheureuses pièces qui composaient notre bien modeste service des urgences.

À peine déballé, Bill nous a fait l'arrêt cardiaque ! Ça ne m'a pas vraiment étonné, du reste, vu l'état dans lequel nous l'avions trouvé, vu ce qu'il avait pris sur la tête et vu la manière dont on l'avait treuillé... Bill aurait dû y rester. C'était sans compter sur la présence de Grand Chef, qui, fidèle à ses habitudes, géra la situation avec toute l'autorité et la compétence qu'on lui connaissait. Le cœur de Bill est reparti, sa tension est remontée tant bien que mal. Un tube dans le nez pour respirer, quelques drogues cardiotoniques bien choisies, et voilà qu'il reprenait goût à la vie !

Dans la foulée, nous avions fait l'essentiel des clichés radiologiques qu'il était possible de réaliser sans trop le bousculer. L'inventaire des dégâts était long. Si ma mémoire est bonne – ce qui est loin d'être le cas, si bien qu'il doit en manquer –, il souffrait de trente-deux fractures, dont les deux fémurs, le bassin, une bonne dizaine de côtes, la colonne vertébrale à trois étages différents, l'humérus droit, les deux poignets dont les os sortaient à travers la peau, et le crâne, bien sûr ! Je passe sur les multiples fractures périphériques, ouvertes pour certaines. Pour couronner le tout, le coup de sonde qu'on avait réussi à passer avec le seul appareil d'échographie de l'hôpital, avait mis en évidence la présence d'un hématome rétro-péritonéal. C'était le reflet d'une hémorragie interne rendant le pronostic vital encore plus réservé.

Bill a été transféré à l'Hôpital Cantonal de Genève. Fin de l'histoire. Plus de nouvelles pendant cinq ans.

Puis un jour... Le téléphone sonne au standard du nouveau bâtiment du PGHM, près de l'église.

– Allô ! Pardon, excuse-moi, c'est le secours de montagne à Chamonix ? interroge une voix à l'accent américain.

– Oui, ici le PGHM de Chamonix, répond le secouriste de permanence.

– J'ai... tombé dans les Droites, cinq ans avant... J'ai eu le secours... je veux connaître le nom des secouristes... C'est possible ?

– C'est possible, mais il faut que je regarde aux archives.

Le même soir, je reçois un coup de fil de Cassepipe.

– Eh Manu, tu descends ?

– Salut Henry, quel bon vent ?

– Dis donc, tu te souviens de Bill l'Américain ?

– Euh, non... à moins que... c'est pas notre gars des Droites ?

– Ouais, ben, il est là !

– Où ça, là ?

– À Chamonix, imbécile ! Il veut nous inviter à manger, ce soir, au *Peter Pan* !

Calé dans mon fauteuil, repu, plombé par le tournedos aux morilles et son gratin de pommes de terre, je sirote mon quatrième verre de vin rouge à 250 balles la bouteille. Après ce copieux repas, je n'ai plus les yeux en face des trous. Complètement hébété, j'observe pourtant notre miraculé. Il s'est lâché, le Bill. Tellement content de nous revoir ! Il est là, devant nous. Même pas de chaise roulante. Bien sûr, il a des cicatrices partout et le crâne un peu déformé. Mais il est là, jovial, avec sa femme qui le regarde amoureusement. Trois mois de coma, treize interventions, quatre ans de rééducation. Il a dû faire péter le plafond de la Sécu, mais il a refusé de se laisser embarquer dans le trou !

Je n'en reviens pas...

2ᵉ partie
L'hiver

Le notaire du Puy-de-Dôme

Voilà plus de quinze ans que je suis sur le pont. Quinze années de secours dans le massif. Un jardin extraordinaire de vingt kilomètres de long sur dix de large. Un terrain de jeu formidable hérissé de pics et de glace où tout peut arriver d'une seconde à l'autre, comme en mer. J'ai l'impression d'avoir tout vu et tout fait... Le con, lorsque j'étais jeune et arrogant, le sage, bien plus tard, quand mes premiers cheveux blancs sont apparus. Des moments de bonheur inoubliables se sont blottis les uns contre les autres dans ma mémoire, associés à autant de copains que j'ai parfois vus disparaître dans l'horreur quelques jours plus tard. Jamais je ne comprendrai ce qui nous attire dans cet univers si pervers. La beauté, l'espace, l'effort, le danger... une raison d'exister ?

C'est le début de la semaine, un mois de janvier égal à lui-même. Un bon paquet de neige est retombé il y a deux semaines, puis l'anticyclone s'est installé et ne semble plus vouloir décrocher. Je suis prêt pour ma énième saison d'hiver. Le sac est brossé, les ampoules périmées ont été remplacées. Il faudrait que je pense à m'acheter une paire de gants, les miens sont vraiment pourris !

Où vont-ils encore se casser la gueule, cette année ? Quel copain vais-je devoir aller récupérer ? Et moi, où vais-je me planter ? À quoi rime cette ambiguïté qui m'accompagne ? Tantôt d'un côté de la barrière, tantôt de l'autre... À force de découvrir les pièges où se sont fait prendre les autres, suis-je vraiment protégé ?

Sept heures quarante. Le téléphone de la chambre de garde s'affole. Je n'aime pas son timbre. Il veut trop souvent dire que les emmerdes arrivent. Heureusement, la nuit a été cool. Je n'ai pas trop été dérangé par des conneries du style : « Docteur, j'ai pris un coup de soleil et ça me brûle... », ou par des Suédois bourrés, blessés dans une baston à la sortie des boîtes de nuit et qui viennent t'insulter aux urgences parce que tu dois les recoudre... Il n'y a guère que le boucan de la chaufferie centrale de l'hôpital, située sous la chambre de garde, qui m'a pris la tête. On a l'impression de passer la nuit dans un Airbus...

Je me sens abruti. Virginie, l'infirmière du matin qui débute sa journée à six heures trente me sort du lit. Elle me parle doucement. Elle sait que je n'aime pas être bousculé au réveil.

– Manu, il faut que tu t'habilles, le PG vient te chercher pour une crevasse...

– Ah ouais, déjà ? C'est quelle heure ?

Le notaire du Puy-de-Dôme

– Six heures et demie... Allez, debout, doc !

Une crevasse à six heures du mat, en plein hiver, quelle idée ! Les accidents de crevasse, en cette saison, c'est neuf fois sur dix dans la vallée Blanche, mais ça se produit plutôt vers midi, au moment du casse-croûte, quand l'atmosphère se réchauffe et que la tension se relâche. C'est à peu près l'heure où tous les skieurs, de toute marque, de toute nationalité et de tout parti politique se rejoignent et se bousculent dans l'étranglement des séracs du Géant. Il suffit de se balader à cet endroit l'été pour se rendre compte de l'état de ce glacier : un vrai gruyère !

Il a bien fallu que je m'habille ! Le caleçon, la Gore-Tex rouge... la bise en passant dans le couloir des urgences... le baudrier avec son gros maillon *Monsieur Bricolage* bien costaud pour les treuillages, les godasses et, si possible, les crampons qui vont avec.

Le coup classique, c'est de changer de chaussures entre deux gardes et d'oublier de régler les crampons... Ça m'est arrivé, à mes débuts. Le sauvetage se passait dans la face nord de la Tour Ronde, bien connue pour la mauvaise qualité de sa glace, surtout au niveau de son tiers moyen. Cette course est encore décrite dans certains topos comme une course d'été, oubliant le fait que les conditions de neige ne sont plus ce qu'elles étaient autrefois. C'est au moment de les mettre, ces foutus crabes, arc-bouté dans les deux mètres carrés qui nous sont attribués à l'arrière de l'Alouette III, que je me suis rendu compte de mon erreur. Il manquait un cran pour que je puisse les enfiler. Je n'ai rien osé dire et je les ai ficelés comme je l'ai pu, en espérant qu'ils tiennent... Quand

63

Docteur Vertical

j'ai accroché le relais où s'étaient vachés* les deux autres secouristes, et que mes pieds sont entrés en contact avec la glace, j'ai entendu un bruit de ferraille sinistre, celui de crampons qui sautent et qui pendouillent au bout de leur lanière... Un bruit qui vous déstabilise un alpiniste en deux temps trois mouvements ! J'ai regardé mes deux compères d'un air penaud... Heureusement, le blessé qui avait dévissé, était retombé au niveau du relais qu'ils avaient renforcé en ajoutant deux broches. Je n'ai donc pas eu besoin de mes crampons. Je me suis fait mettre en boîte pour le reste de la journée ! C'est peut-être depuis lors qu'on nous surnomme les « crampons-toubibs » !

Je n'ai pas le temps de rêvasser, l'hélico est déjà là. Aujourd'hui, c'est le rouge, Dragon 74, l'hélico de la Sécurité civile – et non celui de la Sécurité sociale, comme dirait mon fiston ! Aux commandes, Gérard, secondé par Xav, son méticuleux mécano. Gérard adore faire de l'instruction : grâce à lui, je connais presque tout sur les boutons et les écrans du tableau de bord. Avec un peu de chance, je pourrai peut-être m'en sortir le jour où il faudra que je pose tout seul la machine en vrac.

Je demande :

– C'est quoi, le problème ?

– C'est un guide qu'a appelé, son client est tombé dans une crevasse près d'Helbronner, on sait pas du tout ce qu'il a...

---

* Se vacher : S'assurer au moyen d'une longe associée à un mousqueton à vis, lorsqu'on veut s'arrêter (relais, repos, protection).

Le notaire du Puy-de-Dôme

– Ah ! me contenté-je de lui répondre, un peu endormi, en songeant que j'aurais bien mérité un petit café serré avant de démarrer.

Je m'assieds au fond, dans le coin, et je me remets à rêvasser en contemplant le chapelet de pics acérés qui défilent sous mes yeux. La remontée de la vallée Blanche, le matin de bonne heure, il n'y a rien de plus chouette, même quand on l'a faite cent fois !

On arrive en radada du côté du col d'Entrèves sur les lieux de l'accident. L'altimètre doit friser les 3 000 mètres. À travers la vitre, on distingue un petit groupe de nains qui s'agitent autour d'un minuscule trou noir. Le soleil pointe à travers les Flambeaux, c'est magnifique. On en prend plein les mirettes, et à cet instant, je me dis que ce métier est fantastique, sans penser à l'horreur que je vais peut-être découvrir au fond de cette crevasse.

Puis c'est l'éjection, le froid, le vacarme, la porte coulissante qui glisse et m'intime l'ordre de dégager de ma planque chaude et confortable. J'étais si bien ! On en profite pour prendre le matériel qui manque : pieux à neige, cordes statiques et quelques sacs. Et puis l'hélico s'arrache... Dans le même fracas et en nous gratifiant d'une bonne claque de vent et de neige dans la figure. Tout cela me remet dans le bain.

Silence. Quand la machine s'éloigne, le contraste est énorme, le silence de la haute montagne reprend toute son ampleur.

Les crampons sont déjà tous en action. Étonnamment, je les trouve plutôt relax pour une crevasse... Ça ne doit pas être si grave que cela. Leurs bouilles me mettent d'emblée de bonne humeur.

Il y a là Benzalès, Marcel de son prénom, avec sa moustache à la Salvador Dali, toujours de bon poil. Son seul défaut, c'est d'avoir un chien d'avalanche légèrement susceptible, Jimmy. Il en a déjà croqué plus d'un, le salopard ! Il y a aussi mon pote Barnab, qui me regarde d'un air consterné traduisant : « Oh non, pas lui ! ». Et puis je reconnais le guide qui a déclenché l'alerte : c'est Mon Grisou. Mon Grisou, c'est mon idole ! La cinquantaine bien tapée, il est toujours à fond. Il a les cheveux de la même couleur que sa barbe, tout gris ! Charpentier, menuisier, plombier, il sait tout faire. Jamais trente secondes de répit. Grisou ne tient pas en place. Il est toujours debout de bonne heure, à arpenter la montagne. La pêche, quoi !

Mais là, on dirait qu'il a un problème ! C'est de son client qu'il s'agit. Il m'accueille comme d'habitude, avec enthousiasme, ce qui me rassure, car s'il est détendu, c'est que son client va bien. Je sais, pour l'avoir vécu, ce que c'est que de perdre un client dans une crevasse. À ce propos, je finis par me demander à qui cela n'est pas arrivé : le club a tendance à s'agrandir, ces derniers temps !

Grisou a le regard plissé par le froid.

– Oh, Manu ! t'as vu ce trou ?

– Ouais, j'ai vu. C'est profond ?

– Quarante mètres...

– C'est ton client qu'est au fond ?

– Oui, mais il va bien, c'est incroyable ! Il m'a fait peur, j'ai cru qu'il était mort...

Je me vache sur la main courante que les crampons ont installée et je m'approche pour leur serrer

Le notaire du Puy-de-Dôme

la paluche [hand]. Je les sens concentrés, occupés à brasser entre le Paillardet* et les cordes statiques. L'ambiance est cool, mais reste sérieuse malgré tout. On voit bien que ça roule comme s'ils faisaient ça tous les jours !

Hervé, l'un des secouristes, est déjà au fond, mais compte tenu de la hauteur de la chute, il n'arrive pas à se résoudre à l'idée que le gars n'a rien. Il est vrai qu'on incite beaucoup les secouristes à se méfier. Après une chute en crevasse, le bilan est souvent plus lourd qu'il n'y parait. Le froid anesthésie les victimes et la claustrophobie les pousse à vouloir remonter au plus vite en surface. Les blessés ont tendance à oublier qu'ils sont cassés de partout. Et l'expérience montre que les blessures internes sont régulièrement sous-estimées. Notre politique à nous, médecins du secours, est de les considérer systématiquement comme des polytraumatisés. On s'est tous fait avoir, qui par une fracture cervicale passée inaperçue, qui par une rate saignant à bas bruit…

Désormais, on est tellement attentifs que c'en est presque comique. En fait, une fois sur deux, on ramasse des gens qui n'ont pas grand-chose, mais dès qu'ils sont extraits de la crevasse, on les plaque, on les ligote et on les bâillonne dans la perche… Et sans avoir le temps de dire « ouf », ils sont happés par l'hélico. Dix minutes plus tard, les infirmières et les aides-soignantes des urgences se jettent sur

---

* Paillardet : Treuil utilisé par les secouristes. Il est équipé d'un petit moteur hydraulique portable que l'on peut brancher sur un groupe électrogène. Une fois bien chaud et bien calé, il vous remonte ce que vous voulez du fond d'une crevasse ou le long d'une paroi. Il suffit d'installer la longueur de câble appropriée.

eux comme la pauvreté sur le monde pour les dépenailler. « Tout suspect de polytraumatisme doit être complètement déshabillé pour être examiné correctement… », c'est écrit dans tous les bouquins de médecine ! Au bout de deux heures, n'ayant rien trouvé à se mettre sous la dent, on les invite aimablement à libérer les locaux pour faire de la place aux suivants. Alors on les retrouve en chaussettes devant la cabine téléphonique du hall d'entrée, avec à la main un sac-poubelle dans lequel ont été balancés leurs vêtements mouillés ou déchirés. Pour se faire récupérer, il ne leur reste plus qu'à appeler leurs copains qui, bien sûr, se trouvent encore dans la montagne avec les clés de la bagnole…

– Manu, tu vas descendre au fond pour être sûr qu'il n'a rien de cassé ! m'ordonne Marcel. Tu nous diras ce qu'il te faut pour le remonter, O.K. ?

– Ça marche !

Descendre dans les crevasses, ça m'excite. J'aime bien faire de la médecine quand c'est dangereux. Paradoxalement, c'est là que j'y arrive le mieux. Sous quarante mètres de glace, c'est le grand bleu. Un endroit privilégié où, pour une fois, je suis seul à décider de mes gestes. Aucun professeur éminent ne peut me harceler et me donner des ordres. Le contexte est particulier, mais il m'appartient.

Ce n'est pourtant pas simple de pratiquer la réanimation au fond d'une crevasse. Le froid, l'eau qui vous coule dans le cou, la neige qui continue d'ensevelir la victime au fur et à mesure que vous essayez de la dégager… Le blessé, quand il n'est pas en état de mort apparente, est le plus souvent transi de froid et agité.

Le notaire du Puy-de-Dôme

Deux options se présentent. La première, c'est de le « shooter » et d'entreprendre une réanimation compliquée pour qu'il s'endorme et ne souffre plus. Mais une crevasse n'est pas l'endroit le plus pratique pour ce genre d'opération. Trouver une veine souvent minuscule et spasmée sous l'effet du froid et de l'hypotension, et rendue généralement inaccessible à cause des vêtements, peut se révéler délicat. Je passe sur les aspects techniques et les effets secondaires des drogues qu'on administre. Je passe aussi sur la complexité du treuillage. Remonter un brancard avec tout le matos de réanimation, y compris la bouteille d'oxygène, n'est pas une mince affaire. Les tuyaux ne demandent qu'à se désolidariser et le malade qu'à se débrancher de la machine. Moment idéal pour un arrêt cardio-respiratoire !

Ce genre de manipe, c'est classe quand ça marche. Mais ça peut aussi tourner rapidement au cauchemar et prendre plus d'une bonne heure.

L'autre option, c'est celle du vétérinaire. Je ne me suis pas privé de l'adopter au fil des ans, bien qu'elle ait été longtemps jugée peu académique par ceux qui – bien sûr – ne travaillent jamais dans ce genre de contexte. Une bonne injection intramusculaire de kétamine dans les fesses, à travers le pantalon, vous endort un cheval en moins de trois minutes. Le blessé devient raide, mais il continue de respirer, ce qui évite de transporter toute l'artillerie lourde au fond de la crevasse.

La kétamine est une drogue bien connue depuis la guerre du Vietnam au cours de laquelle elle a été largement utilisée. Elle provoque un état second proche de la catalepsie : le regard devient fixe, les muscles se tendent, les signes extérieurs de souffrance disparaissent. Elle permet de préserver la pression artérielle, et la tension musculaire qu'elle provoque, sert d'attelle naturelle aux membres cassés. De plus, elle n'empêche pas la respiration autonome, ce qui évite au médecin de pratiquer l'intubation trachéale et de brancher le blessé au respirateur mécanique.

Une fois la victime remontée en un lieu plus confortable, l'usage veut qu'on lui ajoute de l'oxygène et un sédatif. En l'absence de quoi, la kétamine a la fâcheuse tendance d'être à l'origine d'hallucinations parfois mal vécues.

Il y a encore quelques dizaines d'années, les blessés étaient tractés depuis le haut, quel que fût leur état. On les accrochait par ce que l'on pouvait attraper, le baudrier, la veste, une jambe… Les outils utilisés, parfois ingénieux et de fabrication artisanale, n'auraient pas dépareillé avec les ustensiles d'une salle de torture. Bien que présentant l'avantage d'être particulièrement rapide, cette méthode est rarement utilisée de nos jours car même lorsque la victime n'est pas grièvement atteinte, les conséquences d'un tel traitement peuvent être plus dramatiques qu'on ne l'imagine… et puis, ça fait mal !

Lors d'un récent congrès, un confrère évoquait le syndrome trop peu reconnu, et au nom indigeste, de von Bezold-Jarish : un blessé suspendu trop longtemps dans son baudrier, encourt un arrêt cardiorespiratoire par désamorçage de la pompe cardiaque du fait de la compression de l'artère fémorale… Tout cela modifie bien les stratégies de prises en charge. Et c'est en tenant compte de toutes ces considérations que l'on doit descendre au fond des crevasses...

Pendant que je mets mes crampons, Grisou me résume l'accident.

Son client et lui étaient partis pour tenter la face nord de la Tour Ronde. Ils avaient dormi au refuge Torino, versant italien du mont Blanc, afin d'attaquer à l'aube. C'était un choix stratégique tout à fait respectable, car bien que cette voie puisse être gravie dans la journée, Hubert, notaire de son métier, n'était pas un rapide. Quelques heures d'avance ne pouvaient qu'augmenter ses chances de succès. Peaux de phoque aux skis, l'un derrière l'autre, ils s'en étaient donc allés, heureux, traverser sous le versant nord du col d'Entrèves, par l'accès le plus logique.

En contournant le premier rognon, ils avaient suivi des traces de skis encore visibles bien que balayées par le vent. Soudain, une dépression du terrain douteuse leur barra le passage. Mon Grisou, à qui on ne la fait plus, la remarqua aussitôt. Elle n'était pas bien large, cette dépression, tout au plus une longueur de ski. Et puis, avec cette vieille neige froide bien tassée, tout portait à croire que le passage ne craignait rien. Grisou décida de le franchir par le travers, pour limiter les risques. Il continua donc. Derrière, Hubert suivait la trace gaillardement, sans se soucier de quoi que ce soit.

Brutalement, il se paralysa : en dessous de lui, le gouffre ! Seules les spatules de ses skis reposaient sur la berge de devant, pendant que les talons appuyaient sur la lèvre de derrière... Sous ses pieds,

Docteur Vertical

quarante mètres d'abîme. Le pont de neige qui avait tenu sous le poids de Grisou s'était effondré à son passage à lui, dans un bruit sourd et mat.

N'osant pas hurler tellement il avait peur de voir la dernière prise de neige lâcher à son tour, il s'étrangla à moitié. Grisou, qui avait continué, serein, sortit enfin de sa léthargie. Il se retourna et, brutalement, s'affola.

– Bouge surtout pas ! ordonna-t-il

S'il y avait une chose dont Hubert n'avait pas envie, c'était bien de bouger !

Grisou s'approcha aussi près que possible. Il déchaussa rapidement ses skis pour faire avec un amarrage. En un rien de temps, la corde fut sortie du sac. Une queue de vache, un mousqueton, deux minutes plus tard, ce dernier atterrissait à vingt centimètres des spatules d'Hubert. Il ne lui restait plus qu'à l'attraper. Mais voilà, pour ça, il fallait se baisser...

Il tend sa main tremblante et maladroite, la neige tient. La main attrape le mousqueton, la neige tient toujours. Puis Hubert esquisse le petit geste qu'il ne fallait pas, un infime déhanchement... Tout cède. Hubert disparaît dans le trou...

Grisou bande ses muscles comme une arbalète pour retenir la corde. Elle se tend avec violence. Ça mord !

– Hubert ! C'est bon, j'te tiens ! hurle Grisou.

« Là, j'ai cru qu'il était pendu par son baudrier et je n'ai pas réalisé l'ampleur du danger, me raconte Grisou. Il m'a dit : "Grisou, j'vais me tuer, j'vais lâcher !" Je lui ai répondu : "Mais non, j'te tiens, j'te dis. Elle est profonde, la crevasse ?" "Cent mètres...

Le notaire du Puy-de-Dôme

J'vais tomber… J'vais me tuer Grisou ! Je lui ai expliqué que les crevasses de cent mètres n'existaient pas à Chamonix… Et puis, soudain, plus rien, la corde est devenue toute molle. J'ai compris qu'il n'avait pas eu le temps d'accrocher le mousqueton à son baudrier. Il s'est retrouvé pendu par les mains, avec le sac sur le dos et les skis aux pieds, histoire de bien le lester. Puis il a fini par lâcher ! »

En imaginant la scène, j'ai des frissons dans le dos. Je comprends tellement l'angoisse qu'il a dû ressentir ! J'entame ma descente aux enfers pour rejoindre Hervé qui m'attend au fond de la crevasse. Je bascule dans le vide au bout du câble. La corde statique me contre-assure. Je pénètre dans une véritable cathédrale aux parois lisses, dures et bleues, une nef ogivale de quarante mètres. Au fond, tout semble minuscule. Bien qu'habitué à évoluer dans cet univers, je serre les fesses.

Hubert est allongé, coincé entre les murs de glace qui se resserrent vers le bas. Il est tombé sur la couche de neige que le pont a formée en s'écroulant la première fois. S'il était parti immédiatement avec lui, il se serait probablement écrasé sur les morceaux de glace qui tapissent le fond de la crevasse…

– Ça va, Hubert ?

– Oui, ça va, mais je n'ose pas bouger, me répond-il, tout juste remis de ses émotions.

Hervé me regarde d'un air inquiet, bien qu'il soit rassuré de m'avoir fait descendre. Je commence à palper la victime en suivant mon rituel : la tête, le cou, une petite pression sur le sternum, la compression bi-manuelle latérale du thorax – en général, c'est à ce moment qu'ils sautent en l'air quand ils ont des côtes pétées... Ensuite, le ventre. S'il est tendu et douloureux, on doit suspecter l'hémorragie interne et donc, bien sûr, une lésion de la rate. Ce qui n'est pas dit dans les livres, c'est que l'abdomen est souvent dur et tendu chez l'« hypotherme », sans qu'il y ait pour autant d'hémorragie. Mieux vaut le savoir... Après cela, je m'intéresse au bassin. Lors de chutes en crevasse, du fait de l'incarcération entre des parois qui se resserrent, il est souvent atteint. On examine également les jambes, en portant une attention toute particulière à leur état de sensibilité et de motricité. Pour la colonne vertébrale, c'est souvent plus difficile à évaluer au fond d'une crevasse. Il est surtout primordial de s'assurer qu'il n'y a pas de paraplégie ni de tétraplégie latente en prenant le plus de précautions possible.

– Bon qu'est-ce qu'on fait ? s'impatiente Hervé, qui commence à trouver cette crevasse bien lugubre. On descend la perche, on le remonte avec le KED* ou on fait les deux ?

J'ai beau chercher, il ne présente vraiment aucun signe inquiétant, Hubert. Il est sage, ne bouge pas et attend patiemment qu'on lui donne des instructions. Je ne vois même pas l'intérêt de lui poser un cathéter pour le shooter puisqu'il ne se plaint de rien.

Finalement, on décide de le remonter avec un système de contention adopté par beaucoup de secouristes. Il permet de fixer dans le dos du blessé une sorte d'attelle qui respecte l'intégrité de l'axe de la colonne. En ultime recours, le KED est l'outil idéal

---

* KED : Kendrick Extraction Device – une attelle du rachis.

Le notaire du Puy-de-Dôme

pour le secouriste qui veut protéger au mieux le blessé quand l'utilisation de la perche est impossible.

Hubert est prêt pour la remontée. Évidemment, il faut tricoter un peu avec les cordes. Entre la statique et le câble, difficile d'éviter les embrouilles. Mais les secouristes sont des champions : lors d'un accident en crevasse banal ne nécessitant pas une médicalisation trop compliquée, en moins d'une heure, l'affaire est réglée. Je ne pense pas qu'il existe beaucoup d'endroits au monde où cela puisse se dérouler mieux.

Me voilà suspendu avec Hubert au bout du câble. Tout à coup, le filin me paraît bien fragile. À travers les sangles qui me supportent, je sens vibrer le moteur du Paillardet qui dépote plein pot. Enfin c'est l'expulsion, un peu à l'arraché. Le plus délicat, c'est de ne pas rester coincé au niveau de la lèvre qui surplombe la sortie.

Un grand bol d'air nous attend. Le soleil nous réchauffe. Il nous éblouit comme au débouché d'un tunnel. Hervé est remonté derrière nous avec tout le matos. La tension se relâche. Beau secours technique, sans dégâts. Hubert est heureux... peut-être encore plus que s'il avait réussi sa course !

L'hélico a reposé tout son petit monde à la DZ. Hubert vient de partir en ambulance pour aller faire un rapide bilan afin d'être sûr qu'il n'a vraiment rien de cassé. Grisou a emprunté ma bagnole pour aller chercher la sienne au parking de l'aiguille du Midi. Bébert qui se faisait dorer au soleil sur le banc, cède aux suppliques du téléphone qui sonne depuis deux minutes sans que personne ne décroche.

– Manu, c'est pour toi, c'est la Cécile qui veut te passer un savon ! m'annonce-t-il, narquois, en me tendant le combiné.

– Ouais !
– C'est moi !
– Bonjour toi !
– T'as déjà bossé, c'matin ?
– Ouais, j'ai été chercher le Grisou...
– C'est pas vrai !... C'est grave ?
– Non, rien de cassé, juste une grosse frayeur, j'te raconterai !
– Dis donc, Marie-Jeanne a rappelé, elle m'a fait un *speech* mystico-délirant pour m'annoncer qu'elle pense que c'est mieux qu'elle garde Khando une semaine de plus avant qu'on vienne la chercher. Elle a décidé que Khando a encore besoin de se sentir dans son environnement de prière et qu'elle n'est pas prête à affronter la civilisation occidentale...
– Non mais, je rêve ! Et elle a quoi, chez elle, pour considérer sa baraque comme un temple bouddhiste ?
– Un tanka... sur un mur !

J'éclate de rire. Mais je ne trouve pas cela drôle du tout. Les efforts pour récupérer Khando à la maison ont commencé à porter leurs fruits. La troisième tentative pour la faire sortir du Népal a été la bonne. Le consul m'avait fait savoir, par l'intermédiaire d'Anne, qu'il ne pouvait rien – et qu'il en était désolé –, car il n'avait pas de pouvoir sur le service des douanes de l'aéroport. Pourtant, Khando est tout de même passée, avec Norbu, le peintre. Qu'on ne me demande pas de comprendre... Toujours est-il que

Khando est à Paris avec Norbu depuis samedi, chez une certaine Marie-Jeanne.

Cette femme nous avait été présentée comme quelqu'un de très impliqué dans l'intégration des Népalais en France. Puisque nous n'étions pas à Paris pour l'arrivée surprise de Khando et de Norbu, Marie-Jeanne, qui connaissait ce dernier, avait mis un point d'honneur à récupérer tout le monde chez elle. Je l'ai déjà eue deux fois au téléphone. Dès le début, je ne l'ai pas sentie très claire dans son discours. Elle s'est mise doucement à me faire la morale à propos de mes projets. Je n'arrivais pas à en placer une.

Au bout du troisième coup de téléphone, j'ai compris que cette femme, qui avait eu un coup de cœur pour Khando, n'avait pas d'enfant, et que l'ayant prise en charge pendant deux jours consécutifs, elle s'estimait en droit de l'adopter ! Marie-Jeanne délirait complètement. Inquiet de la tournure que prenait cette affaire, j'ai commencé à perdre patience avec elle. Trouvant ses attentions de plus en plus malsaines, je décidai d'aller chercher Khando rapidement avant que les choses ne se gâtent. Après-demain, nous partons avec Alix pour la lui arracher des mains, coûte que coûte !

Bernie

— **D**oucement, Rémi ! tu fais des trop grandes marches...

Catherine est un peu agacée ce matin. Rémi a attaqué la paroi comme une brute. Il a parfois tendance à oublier que ses pattes sont deux fois plus grandes que celles de sa compagne. Elle, elle préfère démarrer tranquillement, chauffer la petite machine et prendre son rythme en douceur. Comme elle a de bons mollets, elle peut alors tenir la distance.

Rémi, lui, est un gars volontaire, un beau brun aux yeux bleus. Son avantage c'est qu'il est grand. Et son problème, c'est que tout est grand chez lui, y compris ses mains. C'est la raison pour laquelle il n'est pas fan du 7c. Quand ses copains mettent une phalange sur une réglette, lui y pose tout juste la pulpe du bout de son doigt. Rémi rêverait presque de se geler les doigts pour se les faire raccourcir !

Son diplôme de guide, d'ailleurs, il ne l'a pas obtenu grâce à l'escalade, mais plutôt grâce à ses compétences en tout-terrain. Particulièrement à l'aise dans les pentes en glace péteuse, Rémi est capable de descendre en courant face au vide là où beaucoup se chient dessus à quatre pattes. En fait, Rémi est plutôt intello. Il ne s'est jamais servi de son diplôme qu'il a passé par tradition, parce que son père et son frère étaient guides de profession. Lui est ingénieur et travaille à la construction d'autoroutes, si bien que l'alpinisme lui sert d'exutoire, comme si, en montagne, il se rachetait des exactions qu'il commettait contre l'environnement du fait de son métier... Une forme de pénitence, en quelque sorte.

Cet hiver, le choix de Rémi s'est porté sur la Contamine-Grisolle au mont Blanc du Tacul. La voie n'est pas en très bonnes conditions, mais cela ne le dérange pas trop puisqu'il apprécie ce genre de terrain. Ce soir, ils sont attendus à Grenoble pour récupérer les enfants qu'ils ont laissés chez la mère de Catherine. C'est pour ça qu'ils ont décollé très tôt du refuge ce matin.

– Laisse le mou, Catherine, c'est pas dur, laisse filer !

– Attends, Rémi, ça coince !

Catherine essaye de démêler le tas de nouilles qui s'est agglutiné à ses pieds. Le faible rendement de sa frontale ne l'aide pas beaucoup. Pour arranger le tout, elle a le rhume et n'arrête pas de renifler, c'est pénible.

– Donne-moi tout le mou, je monte encore...

– Attends, j'te dis, ça coince ! rétorque Catherine.

– Bon, alors je fous une broche...
Catherine entend Rémi râler.
Soudain, une volée d'assiettes de glace dégringole. Un morceau de la taille d'un plat à tarte s'éclate sur sa main gauche. Malgré les gants, ça lui fait très mal.
– Fais gaffe, Rémi, tu m'envoies plein de glace !
– Écarte-toi...
– Ouais, merci, c'est un peu tard !
Catherine tente de remuer sa main endolorie... Rien de cassé, heureusement.
Rémi vient d'attaquer la rimaye et au-dessus, la glace est un peu péteuse. À chaque coup de piolet, tout vole en éclats. « En fait, c'est pas dur... C'est pas dur, mais c'est casse-gueule, cette connerie ! » pense Rémi. Il attrape la première Charlet Moser qui se présente sur son baudrier et la visse sur deux centimètres. La plaque de glace tout entière se décroche d'un coup en emportant sa broche. « Merde ! Quel con ! Une Charlet toute neuve, se dit-il. Tant pis, on s'en passera. » Et il reprend son ascension en ripant des pointes avant et en jurant.

Deux heures plus tard, l'aube pointe son nez. Catherine est contente, elle a réussi à récupérer la broche que Rémi a perdue. « Ça lui coûtera une bière ! » pense-t-elle. Rémi a changé d'itinéraire, la température de l'air était plutôt élevée pour 3 600 mètres d'altitude. Le verrou granitique qui avait succédé à la première pente de glace n'était vraiment pas attirant. Deux cailloux étaient déjà partis dans la pente. Rémi les avait entendus siffler à ses oreilles avant qu'ils aillent ricocher sur la glace. L'option de gauche qui consistait à contourner l'épaule par le couloir de neige latéral, lui avait semblé plus « sécurit », même si ce n'était pas l'itinéraire classique. Il était déçu par la qualité de la glace. La veille, en observant la face depuis le refuge, il lui avait pourtant semblé que cette partie était en neige dure. En fait, c'était de la poudre aux yeux : il ne s'agissait que d'une fine pellicule instable qui recouvrait cette saloperie de glace grise.

Les mollets déjà bien fatigués, Rémi tire des longueurs impressionnantes sans mettre la moindre broche. À chaque fois que l'idée de placer un point d'assurance lui vient à l'esprit, il la repousse en espérant que la glace sera meilleure au-dessus. Telle est sa philosophie : quand il place un point, il faut que ça tienne, or, dans ce type de terrain, les broches ne tiennent pas...

Depuis dix minutes, Catherine entend les coups de piolets d'un grimpeur qui a visiblement choisi la même variante qu'eux. Ce genre de terrain ne lui plaît pas, ça la rend nerveuse. Elle est obligée de s'y reprendre à plusieurs fois pour ancrer son piolet, elle s'épuise. Heureusement qu'elle évolue en diagonale, sinon les assiettes de glace qu'elle envoie derrière elle auraient décapité depuis longtemps le type qui grimpe en dessous.

– Salut ! lui lance le gars quand il arrive à son niveau.
– Salut !

Catherine a fait une pause. Elle voudrait placer sa cheville en travers pour la reposer en se tenant à son piolet, mais il n'y a pas moyen de trouver une position correcte.

– Moi, c'est Bernie !

– Ben moi, c'est Catherine ! se force-t-elle à répondre. Pour elle, le type va bien vite dans les présentations… Et puis ça la vexe un peu de se faire doubler aussi facilement.
– Super, hein ?
– Bah… non, la glace n'est pas géniale !
À cet instant précis, Catherine n'en a rien à secouer du paysage. Une seule chose la préoccupe, c'est la longueur de la course qui leur reste à avaler avant de rejoindre l'épaule du Tacul. Ça n'en finit pas…
– Ouais, mais ça pourrait être pire, faut pas se plaindre !
Le type grimpe en solo intégral. Il paraît jeune. Un gars du coin, probablement, qui s'amuse comme ça tous les matins…
Il reprend son rythme. Malgré tout, le mouvement ne semble pas si assuré que ça. Catherine ne peut s'empêcher de penser qu'il a accéléré la cadence pour frimer un peu. Lui aussi décroche une plaque de glace en passant au-dessus d'elle, sur sa droite. Elle pousse volontairement un petit cri, non pas parce qu'elle l'a percutée, mais uniquement pour qu'il réalise qu'elle se trouve dans sa trajectoire.
– Ah, excuse-moi, je vais passer à gauche, ça m'évitera de t'envoyer de la glace !
– C'est pas de refus ! marmonne Catherine.
Ce type en solo ne la rassure pas du tout. Elle n'a jamais compris l'intérêt d'une telle pratique qu'elle juge débile. Déjà le fait d'être encordée dans cette pente de glace lui paraît limite. D'un seul coup, ses deux gosses lui manquent.

L'épaule du Tacul n'est plus qu'à deux cents mètres

Docteur Vertical

environ. Catherine commence à ressentir de violentes crampes dans les mollets. Le soleil est monté à l'est du massif. Jouant avec les contreforts de la dent du Géant, il vient frapper de ses ongles tièdes la paroi de glace.

Le grimpeur en solo a maintenant dépassé Rémi par la gauche et avale les dernières longueurs de glace vitreuse. Sa progression est un peu trop rapide pour une course de cette envergure. Sa trajectoire dessine une courbe parfaite en revenant sur la droite, car tout droit, la corniche empêche l'accès à la croupe. Il se trouve désormais au-dessus de Rémi. Pour le moment, sa cadence est encore énergique, mais quelque chose laisse présager qu'il ne va pas tarder à accuser la fatigue...

Quelques minutes plus tard, Rémi trouve une espèce de dépression où la qualité de la glace lui semble suffisamment bonne pour y installer un relais, histoire de délier un peu ses mollets et d'assurer correctement Catherine. Elle a déjà ripé deux fois des pointes avant. Il visse deux broches qui, pour la première fois depuis le début de la course, devraient permettre qu'il se vache.

– Catherine! Je t'assure sec, le relais est bét...

Il n'a pas fini sa phrase qu'un bruit de verre brisé résonne au-dessus de sa tête. Son sang se fige. Il se colle instantanément à la glace, par réflexe, et voit passer sur sa gauche une plaque de glace grosse comme une table de bar. Elle file et ricoche dans la pente en se fragmentant, pour se perdre dans les séracs suspendus qui surplombent la sortie de la pointe Lachenal. Rémi s'attend à voir passer le « soloïste » à la suite des éclats de glace... mais non.

Sa présence au-dessus de sa tête le rassure. Pourtant, c'est bien lui qui a fait partir le paquet.

Rémi sent la tension qui monte en lui. Il a eu la trouille et ce mec commence à le gaver. La qualité de la glace l'a rendu suffisamment nerveux pour qu'il soit inutile d'en rajouter... Il n'a qu'à aller faire ses conneries ailleurs, celui-là !

Rémi relève la tête prudemment pour voir ce que le « soloïste » trafique. Apparemment, il a un problème, il cherche à planter une broche pour se vacher. Son pied droit patine dans la semoule.

– Ho ! ça va ? crie Rémi

– ...

– Eh, fais gaffe avec la glace, on a failli se la recevoir, celle-là !

– Désolé !

Rémi continue à faire monter Catherine jusqu'à lui.

– Hé ! j'ai pété mon crampon, hurle finalement le gars.

Rémi l'observe. Effectivement, son pied ne parvient pas à mordre la neige. Il a dû perdre la partie avant de son crampon. Ce sont pourtant des problèmes qui ne se produisent plus avec les modèles à structure rigide dont les deux parties sont solidement boulonnées. À croire que le gars n'a pas jugé utile de s'équiper du matériel dernier cri. Il a planté ses deux piolets comme il l'a pu, il s'est vaché dessus et tente de trouver une solution. Bref, il n'a pas l'air à l'aise...

– Hé ! j'suis dans la merde, je crois bien que je vais devoir tailler des marches...

– N'importe quoi ! Tailler des marches sur cent mètres, avec nous en dessous : tu plaisantes !

Docteur Vertical

Rémi ne sent pas bien le truc. Ça pue ! En plus, il va leur en envoyer plein la tronche. Pas d'accord ! Il faut à tout prix trouver autre chose…

– Attends ! crie-t-il. Attends que je monte jusqu'à toi. Je te passerai un brin de corde pour terminer.

– Merci, c'est sympa, mais ça va aller, t'inquiète pas…

Bien au contraire, Rémi s'inquiète beaucoup. Le gars est peut-être fougueux, mais il est tout juste sorti du collège, à peine pubère. Aucune confiance ! Les plaques de glace vont leur tomber tout droit dessus, et lui avec. Pas question !

– Attends, j'te dis, j'arrive ! gueule Rémi en se préparant pour repartir.

– Ça va, ça va ! répond Bernie.

Il essaye tant bien que mal d'ébaucher des marches, mais son pied privé de crampon entame à peine la glace. À ce rythme-là, il en a pour trois jours. Catherine qui vient d'arriver au relais commence à paniquer :

– Rémi, fais quelque chose, il va se péter la gueule, et en plus, il va nous embarquer !

Rémi sort son téléphone de sa poche en jurant :

– Moi, j'appelle l'hélico, ce mec est complètement con !

DZ

Cette crevasse nous a donné faim. Un petit déjeuner s'impose. L'atmosphère s'est détendue. En rangeant le matériel qui vient de servir, Tony en profite pour vérifier les attelles à dépression et le matelas-coquille. Hier, on a eu l'air con en débarquant un type supposé avoir une fracture de lombaire. Le « coquille » s'était complètement ramolli au cours du transport. Sans doute était-il crevé ? Le problème avec le matos, c'est qu'il faut toujours être dessus pour que ça fonctionne parfaitement au moment opportun. Il faut de la rigueur. Pendant que Tony contrôle tout, moi je me tape un croissant oublié sur la table avec un café tiède, en compagnie de Gérard et de Xav. Ils m'écoutent parler de Khando et de mes déboires avec Marie-Jeanne...

La pause est de courte durée. Dix minutes, plus

Docteur Vertical

tard, nous grattons les flancs de l'aiguille du Midi, poussés par les premières ascendances thermiques de la journée. Pour rejoindre le col du Midi, Gérard a choisi cet itinéraire. Je ne peux que m'émerveiller en regardant du dessus tous les itinéraires majeurs de sa face nord. Le Frendo, la Mallory, le Eugster, la Carli-Chassagne, toutes ces voies de plus de mille mètres que j'avais gravies les unes après les autres à mes débuts ! C'est fou comme ça peut sembler facile quand on les survole en hélicoptère ! Ça vous donnerait envie de les refaire en courant...

Le col du Midi nous apparaît à 3 530 mètres, tel qu'en lui-même, immense, blanc et rassurant. C'est là que se situe le problème...

– Là ! Onze heures, s'écrie Tony.
– Onze heures... t'es sûr ? fait Gérard
– Ouais, un peu en dessous, juste cent mètres sous la corniche.
– Ah ouais, vu !

Comme pour le contredire, Gérard s'écarte vers la droite, dans le sens opposé.

– Non, à gauche, en dessous ! insiste Tony.
– Ouais, ouais, on se calme ! Je les ai vus. Laisse-moi prendre la température. Il faut que je fasse le tour, je veux voir comment on va pouvoir se présenter. Il y a pas mal de rabattants dans ce coin-là, surtout quand ça souffle du Léman...

Gérard connaît trop bien le massif pour se laisser prendre. Pour les secouristes, l'objectif est bien sûr d'aller au plus vite près de la victime. L'appel que Cordial a reçu paraissait un peu alarmiste, mais il faut se méfier, parfois c'est justifié. Un gars avait appelé avec son téléphone portable, depuis son relais, pour signaler qu'un grimpeur en solo était à deux doigts de se viander et que, en plus, il allait leur tomber sur la tête... Le secours avait l'air délicat. Il s'agissait de ne pas de se rater.

Gérard contourne l'épaule du Tacul. Les conditions sont saines et il n'y a pas de rabattants évidents.

– Bon, comment tu veux procéder, Tony ? demande Gérard.

Tony observe les trois alpinistes perdus sur la grande face de cinq cents mètres. Il soupèse les avantages et les inconvénients des différentes solutions qui s'offrent à lui. Depuis trois mois, il n'a réalisé que des secours faciles, ramassage sur piste, reconnaissance, etc., mais cette fois-ci, brutalement, on lui demande de prendre LA décision la meilleure. L'enjeu n'est pas des moindres...

– Faut que tu t'approches, je veux être sûr de celui qu'il faut choper ! répond-il.

Le gars en solo est celui du dessus. Complètement tétanisé, il est à deux doigts de lâcher. La glace est noire et vitreuse. Celui du dessous a mis les bras en position de demande de secours. Il désigne aussi le gars au-dessus de lui pour faire comprendre à l'hélico que c'est celui-là qu'il faut secourir.

– Je te pose au sommet ? demande Gérard.

– Non, le temps qu'on installe le treuil, le gars sera déjà en bas. Il tient sur deux piolets qui n'ancrent pas et il n'a pas l'air d'avoir été foutu de mettre une broche, je comprends pas pourquoi... Le mieux, c'est que tu me treuilles jusqu'à lui. Je lui accroche le *sling* au baudrier, tu me remontes, et tu nous descends ensuite jusqu'au col du Midi. Tu crois que ça peut jouer, comme ça ?

– Faudra bien !

Le treuil de l'Alouette n'est pas homologué pour tracter deux personnes à la fois. Même s'il est suffisamment solide pour cela, une marge de sécurité indispensable le rend inapte à ce type d'opération. Tony finit de serrer ses crampons, au cas où. Mais, à priori, il ne devrait pas avoir à toucher la glace. Le seul souci, c'est le souffle du rotor. Pourvu qu'il ne bouscule pas trop tout ce petit monde.

– T'es prêt, Tony ? questionne Xav.

– Ouais, je me débranche.

Tony transfère son branchement de la prise cabine à sa prise radio, ce qui lui permettra de communiquer avec Xav par l'intermédiaire de son micro déporté. Dans ce genre de treuillage, le secouriste a intérêt à rester synchro avec l'opérateur du treuil car tout se joue au centimètre près. Xav n'a qu'une vision écrasée de la situation trente mètres sous l'hélico et il doit être guidé par le secouriste pendu à l'hameçon.

– O.K., parti ! Cinq mètres… dix mètres… vingt mètres. Stop, pépère ! Attends ! Le gars a l'air de riper… Non, c'est bon, il tient.

J'essaye de voir quelque chose, mais je suis du mauvais côté de l'appareil et je n'ose pas me déplacer de peur de le déséquilibrer. Je suis déjà étonné qu'on ne m'ait pas posé au col du Midi pour soulager l'hélico. Mais il y avait urgence.

Tony est presque au niveau de l'alpiniste en solo.

– Tu peux approcher de la paroi... trois mètres...

Xav commente en temps réel dans son casque ce qu'il voit pour que Gérard sache exactement où il en est. Le pilote, lui, fixe le bord de la corniche pour conserver sa position stationnaire. Ses yeux, c'est son mécano. Il manœuvre le manche du bout des doigts, progressant mètre par mètre en essayant d'anticiper sur un éventuel rabattant. Surtout, ne pas se laisser déstabiliser !

Tony est maintenant tout près de Bernie. En appuyant sur le déclencheur ventral de sa radio, il actionne son micro déporté...

– Manque deux mètres... Encore un mètre... Doucement, doucement Xav !

Sa voix est saccadée et nerveuse.

Bernie est pétrifié. Surpris par l'arrivée du secours auquel il ne s'attendait pas, il n'avait pas vissé de broche au préalable pour installer un relais. La seule chose qu'il a eu le temps de faire, c'est d'ancrer son piolet gauche pour se vacher dessus. Arc-bouté sur ce dernier, il a enlevé la dragonne de l'autre pour tendre la main à Tony. Mais Tony ne veut pas de cette main. Son objectif est de s'approcher au plus près du grimpeur, de se stabiliser en plantant ses pointes avant et de clipper le mousqueton du *sling* sur l'anneau ventral du baudrier de Bernie.

– Trop à gauche, Xav, je vais lui tomber dessus ! À droite, Xav, à droite... un mètre à droite !

Bernie ne comprend pas la stratégie. C'est tout le problème en secours : le secouriste doit user de beaucoup de stratégie pour faire comprendre au secouru la façon dont il va procéder. Et c'est sans

compter le vacarme et le vent de folie qui accompagnent la manœuvre.
– Ça y est, j'y suis… Bouge plus, Xav ! gueule Tony.

Tout aurait pu se passer au quart de poil, s'il n'y avait pas eu ce grain de sable. Un mauvais réflexe, un soupçon de nervosité, et surtout le manque de bol qui font que tout bascule… Dans un mouvement maladroit, Bernie veut saisir le bras de Tony, mais il heurte malencontreusement le piolet orphelin. Celui-ci s'arrache aussitôt de son ancrage médiocre. Par réflexe, Bernie tente de le rattraper de cette même main. Du même coup, en poussant sur sa jambe fiable, il s'écarte de la paroi et ouvre l'angle que forme sa sangle avec l'autre piolet, sur lequel il était en tension… Tout se passe très vite !
Bernie pivote sur son pied gauche et bascule sur le côté. Le deuxième piolet saute. En voyant le grimpeur partir, Tony lui empoigne le bras, mais il ne sent sous ses gants que l'épaisseur du tissu. Il met toute sa hargne à le retenir malgré la précarité de la prise. Soudain, le câble se tend vers la droite. La violence du choc lui fait lâcher sa proie. Bernie, qui ne tient plus ni par un pied ni par une main, se sent tomber en arrière avec horreur… Tony, épouvanté, le regarde, impuissant. Il hurle de désespoir.
– Merde ! Merde ! je l'ai lâché ! Je l'ai lâché, putain de bordel de merde !
Dans l'hélico, c'est la stupeur. Impossible ! Jamais ils n'ont perdu quelqu'un comme ça.
Tony gigote au bout de son câble, cherchant à voir où le corps va atterrir. Il n'a que le temps de

réaliser la présence des deux autres alpinistes en dessous. Non, ce n'est pas vrai ! Le type va embarquer les deux autres dans sa chute. L'horreur !

– Putain, Catherine, fais gaffe, le voilà ! rugit Rémi qui a eu juste le temps de se plaquer contre la paroi en voyant la masse grossir vers lui. C'est cuit pour eux, ils vont être tous les deux emportés. C'est fini. Il voit toute sa vie défiler dans son esprit, comme il l'avait lu dans les bouquins : ses gosses, ses études, sa femme, ses projets... Toute sa vie rétrécie en quelques dixièmes de seconde...

Le premier choc est violent. Rémi sent la manche de sa veste se déchirer comme un chiffon. Dans une fraction de seconde, ils seront projetés dans le vide... Catherine est écrasée sous le poids de son compagnon. Paradoxalement, le sentiment d'impuissance et de fragilité a effacé toutes ses angoisses, comme si le destin avait déjà pris possession des derniers instants qui lui restaient à vivre, et avait décidé, dans un ultime geste de compassion, de lui ôter tous ses sens...

Survient le deuxième choc. Bernie vient de littéralement rebondir sur Rémi, mais sa chaussure est allée s'accrocher dix mètres plus bas, dans l'anneau de corde qui pend sous le relais. Tout aurait dû s'arracher. Pourtant, comme un élastique, la corde s'est d'abord tendue, puis la tension s'est relâchée. Rémi, qui avait les yeux rivés sur les deux broches, voit celle de gauche s'arracher avec le morceau de glace dans lequel elle était vissée. C'était celle qui le retenait. Solidaire du bloc, il part avec et se retrouve pendu au bout de la longe, un mètre plus bas. Quel bol d'avoir eu le temps de jumeler les sangles ! Bernie n'a pas eu la même chance, son pied n'est pas resté accroché dans la corde. Son corps, tel un pantin, dévale la pente dans un bruit de ferraille.

Quelques secondes plus tard, il disparaît entre deux séracs...

Rémi s'entend respirer bruyamment. Il tremble de tous ses membres. Catherine sanglote. Ils sont vivants tous les deux, pendus sur une malheureuse broche à glace au milieu de cette face de merde... Rémi regarde cette broche d'un air consterné, cette broche qui a tenu... Il pense aux deux petits qu'ils ont failli rendre orphelins. Il y a donc un bon Dieu quelque part ! Apparemment pas pour Bernie...

– Descends-moi jusqu'en bas, je veux voir où il est !

Tony continue à hurler dans sa radio. Il est dans un état de transe qu'on ne lui connaissait pas.

Gérard file en direction des séracs béants qui ouvrent leur gueule en direction de Torino. Tony suit, toujours suspendu au bout de son câble, emporté dans les airs.

Avec une pente interminable à 65 degrés plongeant vers un glacier suspendu, la glissade de Bernie n'a pu être que mortelle... L'Alouette se positionne en vol stationnaire à l'aplomb de la première faille sombre. En descendant doucement, Tony repère le cône du déversoir par lequel Bernie est forcément tombé...

– Lima, descends-moi encore, je le vois, plus à droite !

Bernie est là, il a atterri sur un bouchon au fond de la crevasse. Il se tient à genoux et tente de retrouver ses esprits.

– Il est vivant ! Dépose-moi et envoie Manu !

– Calme-toi, calme-toi ! Comment tu t'appelles ? demande Tony au gars en plein délire.
– Ouais, suis-moi... Prends-moi, donne du mou...
Le type est complètement azimuté. Il cherche à se lever, puis à s'asseoir, il veut se retourner... Son casque a volé deux mètres plus bas, son pantalon est à moitié déchiré. Il bataille pour se débarrasser de la lanière du sac à dos qui s'est entortillée autour de son épaule.
– Doucement ! On va t'aider. Comment tu t'appelles ? essaye à nouveau Tony
– ...
– Hé ! Comment t'appelles-tu ? demandé-je à mon tour.
– Bernie, je m'appelle Bernie !
– T'as mal où, Bernie ?
– Avance ! Encore ! Avance ! Avale la corde...
– Bernie, calme-toi ! Je suis le médecin, laisse-toi faire.

Bernie est surexcité, pourtant on ne peut pas traîner ici, sous le déversoir. À tout moment, on risque de prendre des morceaux de glace ou une coulée de neige. Il faut juste qu'on s'écarte un peu, pour ne pas rester dans l'axe, même si Bernie n'a pas l'air de vouloir se laisser faire. Il a du sang partout sur la figure, mais en dehors de cela, aucune lésion importante évidente. C'est un miracle qu'il soit encore en vie et qu'il ait, apparemment, si peu de mal. Ce qui m'inquiète toutefois, c'est son crâne. Il a tout à fait le comportement de quelqu'un qui a pris un bon pet à la tête. Une agitation comme la sienne peut être aussi le signe d'une hémorragie interne. Il faut se méfier car, vu la hauteur de la chute, on peut s'attendre à tout.

– Manu, faut que tu le shootes, déclare Tony, sinon on va rien pouvoir en tirer !

Facile à dire ! J'ai quand même besoin de quelques minutes pour le shooter suffisamment et attendre qu'il adhère à nos décisions. Pour le moment, il est loin d'être d'accord. À chaque fois que j'essaye de remonter sa manche pour trouver une veine, il se braque et me fait un bras d'honneur !

– Tony, appelle du renfort, on va jamais y arriver ! ordonné-je.

Tony fait des grands gestes dans le dos de Bernie que je traduis facilement : « On le prend, on le saucissonne dans la perche, et on dégage... ». Méthode à l'ancienne, du genre expéditif. Mais, c'est que le gars est costaud ! À force de patience, je réussis à le raisonner. Il se calme un peu. Sa manche relevée de force fait un garrot et je vois une belle veine saillir dans le pli du coude. Interdiction de la rater ! Tout en lui parlant, j'approche le biseau pointu d'un cathéter vert. Chaque couleur correspond à un diamètre différent. Les bleus, par exemple, c'est pour les enfants. Les orange ou les gris, ce sont les gros calibres qu'on utilise pour un état de choc, quand il faut administrer le plus vite possible des solutés de remplissage. Le vert, c'est le calibre intermédiaire. Une fois la veine enfilée au moyen de l'aiguille, on retire cette dernière et on laisse à demeure la minuscule tubulure en plastique qui lui servait de fourreau. Cette micro tubulure permet de conserver un accès permanent à la veine sans avoir à garder d'aiguille métallique dans le bras, comme cela se faisait auparavant. En secours, pour éviter de traîner une perfusion qui ne manquerait pas de geler ou de s'arracher dans les manœuvres, on visse un petit bouchon spécial sur la tubulure qui pointe à la surface de la peau. Par son intermédiaire, il est possible d'injecter des produits à tout moment.

– Laisse-toi faire, Bernie, ça va piquer un peu, O.K. ?

Ça y est, l'aiguille est plantée, le sang remonte dans la canule, c'est presque bon... Par pitié, on ne bouge plus !

– Arrête ! arrête ! tu me fais mal, connard ! Lâche-moi ! hurle Bernie.

Tony bloque le bras comme il peut. Le gars se tord... Trop tard ! Éjection du cathlon. Bernie a tout arraché...

– Merde, fais chier, Bernie !

Lima nous treuille Arnaud. C'est un balèze, Arnaud. Il a pris la perche avec lui.

Je finis par penser que c'est une excellente indication pour la kétamine. Discrètement, je prépare ma seringue, l'air de rien, en y ajustant une aiguille intramusculaire, et j'explique en trois mots la situation à Arnaud qui débarque :

– File-nous un coup de main, je vais lui faire ça dans les fesses. Y'a pas le choix, on va pas moisir ici !

Toute la subtilité de l'anesthésie consiste à administrer juste la dose nécessaire pour que le blessé nous foute la paix, mais sans toutefois arrêter de respirer… Aucune envie de sortir toute la quincaillerie : intubation, respirateur et compagnie, l'endroit n'est vraiment pas adapté. Ce type n'a probablement qu'une légère commotion cérébrale, au pire un petit hématome intracrânien ou quelques pétéchies de la matière grise. Le genre de lésion qui se soigne… Cinquante milligrammes devraient suffire pour commencer, le produit agit vite. Au pire, je lui en donnerai un petit supplément si nécessaire. Il y a encore peu de temps, on aurait pu me reprocher d'utiliser ce produit qui était contre-indiqué chez le traumatisé crânien. Mais la médecine, c'est un peu comme la marée, ça monte et ça descend. Un jour, vous vous faites fusiller pour avoir utilisé un produit jugé toxique pour telle maladie, alors que le lendemain, vous serez à deux doigts d'être radié parce que vous ne l'aurez pas employé. Question de mode ! C'est ce qui s'est passé avec la kétamine. Après l'avoir laissé tomber au profit de drogues plus modernes et parce qu'elle présentait des contre-indications pour les traumatismes crâniens, on l'a réhabilitée comme une alternative indispensable. Un produit jugé néfaste, il y a encore quelques années à peine, ne l'est plus désormais ! La médecine, c'est l'art de ne pas nager à contre-courant…

Dans le cas Bernie, de toute façon, je n'ai pas d'autre issue. L'aiguille traverse le pantalon pour aller se planter dans ce que j'estime être le quart supéro-externe de la fesse gauche. L'efficacité du produit se fait vite apprécier. Dans le genre radical, on ne fait pas mieux. Bernie a déjà cessé de s'agiter. Il devient tout raide, regard fixe et vitreux comme s'il s'était absenté dans ses pensées. La kétamine, c'est la drogue du sommeil virtuel... Ou comment s'endormir les yeux ouverts !

Je prends la saturation artérielle en oxygène au bout de son doigt avec mon capteur gadget : 78 %... pas si mal pour 3 500 mètres d'altitude, mais très insuffisant pour un traumatisé du cerveau. Il faut que je pense à le mettre sous oxygène au plus vite, dès qu'on sera dans l'hélico.

On ficelle notre bonhomme et tout le monde est treuillé. Je ne suis pas fâché de sortir enfin de ce trou.

Deux heures plus tard, en retournant à l'hôpital pour déposer un autre blessé qui s'était enfoncé un mousqueton dans la main en essayant de se rattraper à une dégaine*, nous retrouvons Bernie complètement réveillé, parfaitement lucide. Il me regarde comme s'il ne m'avait jamais vu de sa vie. Je lui explique qu'on s'est déjà rencontrés, probablement dans une autre dimension. Il doit me prendre pour un débile !

Sur le négatoscope, les clichés de son scanner sont affichés. On distingue une petite lacune opaque sous la voûte crânienne, rien de bien méchant, un petit hématome extradural qui ne devrait pas s'aggraver plus que cela... Encore un miraculé !

Dans le genre miraculé, d'autres peuvent se vanter d'avoir brûlé leurs dernières cartouches. J'ai

---

* Dégaine : Deux mousquetons reliés par une sangle. L'un est accroché au point d'assurage, pendant qu'on passe la corde dans l'autre.

encore à l'esprit cette histoire qui m'a été racontée par un ancien du secours en montagne. Il avait été treuillé dans la voie de descente du col des Hirondelles, aux Grandes Jorasses, pour aller pêcher un alpiniste suspendu, tout seul, sans corde. Le rappel du gars, trop court, lui avait échappé des mains. Il s'était vaché avec un bout de sangle sur un becquet minuscule. Deux cents mètres de gaz le séparaient du bas de la face. Il avait les surrénales épuisées tellement la trouille l'avait rongé pendant les trois heures interminables qu'il avait dû attendre avant qu'on ne reçoive l'alerte. En voyant le secouriste arriver à son niveau, pendu au bout de son câble, le type avait craqué. Incapable d'attendre une seconde de plus qu'on puisse le clipper avec la longe, dans un geste de désespoir, il s'était jeté dans le vide en s'accrochant aux chaussures du secouriste ! Agrippé comme une teigne, il avait réussi à tenir jusqu'à ce que l'hélico pose tout le monde sur le névé...

Ce soir, je rentre chez moi épuisé. Cette première journée ne m'a pas laissé le temps de me remettre dans le bain. Alix et Pierrot sont tellement excités que Cécile a renoncé à les maîtriser. Sans doute va-t-il neiger demain... J'ai autant de mal qu'elle à les calmer. Après une demi-heure d'efforts patients pour les coucher, je parviens enfin à les embrasser dans leurs lits et à éteindre les lumières.

Au même moment, non loin de Grenoble, Catherine embrasse elle aussi ses enfants, plus fort qu'elle ne l'avait jamais fait auparavant. Dire qu'elle avait failli ne pas les revoir... La vie ne tient qu'à un fil !

Paris

C'est mercredi, ma série de gardes est terminée. Nous avons pris le TGV de bonne heure ce matin, Alix et moi, pour aller récupérer Khando. Nous sommes décidés. Encore heureux que l'adresse soit la bonne ! Le petit immeuble de banlieue dont nous gravissons l'escalier n'a rien d'un temple bouddhiste...

Alix a tenu à m'accompagner pour découvrir sa future copine qu'elle connaît seulement au travers de rares photos et des descriptions que j'ai faites d'elle. À mesure que nous approchions, son enthousiasme a pris de la gîte et l'angoisse lui a donné mal au ventre...

Khando n'est pas loin derrière la porte quand on ouvre. Un regard coquin, un faciès tout rond qui ne laisse aucun doute quant à son origine tibétaine. Son visage respire la santé et le bonheur. Rien à voir avec la petite Dolpopa que nous avons sauvée des parasites cinq ans plus tôt. Sans vraiment se cacher, elle esquisse un retrait prudent derrière les jambes de celle qui doit être Marie-Jeanne.

Khando est là, je n'en crois pas mes yeux ! Alix et moi l'embrassons et testons nos pauvres connaissances en népali : « *Tapaailaai kasto chha ?* (Comment ça va ?) ». Elle secoue la tête de côté en répondant « *Sanchai chha !* (ça va, ça va !) », avec cette manière si déconcertante des Dolpopas qui semblent dire non alors qu'ils acquiescent.

Norbu nous embrasse à son tour. Je suis heureux de le revoir, bien que sa présence dans notre monde me paraisse complètement incongrue. Je ne parviens pas à gommer de mon esprit l'image de Norbu dans son Dolpo natal, habillé des vêtements traditionnels pourpres qu'il arbore quand il travaille à sa peinture. J'ai toujours été ému de constater qu'il n'était inspiré par aucune influence autre que celles de sa culture et de sa religion. Son avenir à Paris m'inquiète.

Marie-Jeanne nous prépare à manger, ne cessant de répéter que son hospitalité, le fait de tout donner et d'ouvrir sa porte aussi facilement tiennent à son éducation. Tout ce beau discours me paraît bien forcé. Je ne relève pas, évitant de lui faire remarquer qu'elle est en train d'employer les moyens les plus vils pour essayer de voler un enfant. Les échanges sont tendus, la conversation est faussement amicale. Je redoute qu'elle n'invente un stratagème de dernière minute pour m'empêcher de prendre Khando. On ne va tout de même pas se l'arracher !

Heureusement, Norbu noie le poisson. Il a expliqué à Khando qu'elle allait chez nous et que je reste son parrain. Marie-Jeanne, qui avait prétendu parler

Paris

couramment le népalais, ne pipe pas un mot de leurs échanges, bien qu'elle assure le contraire. L'heure tourne, trop lentement à mon goût. Alix et moi réussissons enfin à arracher Khando à sa geôlière qui m'en veut à mort. Je vais finir par me sentir coupable ! C'est la grande scène des larmes... Nous envoyons encore des au revoir en direction de la fenêtre et nous nous sauvons vite fait avant qu'elle ne nous coure après.

Dans le tramway, Khando s'amuse avec Alix. Elles sont déjà copines. Ça va, Marie-Jeanne n'a pas l'air de lui manquer.

Le TGV pour Bellegarde roule à pleine vitesse. Les deux filles ont entrepris une impressionnante séance de dessin. Elles s'échangent leurs croquis en pouffant. Les styles sont bien éloignés...

Bercé par les vibrations du train qui file dans la nuit, je pense à toutes ces histoires qui me sont arrivées à l'autre bout de la planète. Des histoires de secours où j'ai pu jouer un rôle. Certaines histoires m'ont à peine effleuré, mais il en est qui vous marquent à vie, qui s'inscrivent en vous et mobilisent votre existence des années durant.

Mon travail est habituellement rythmé par des aventures courtes, des épisodes fugaces de la chronique alpine, des sortes de clips : l'histoire du grimpeur, dans la force de l'âge, qui tombe et se fracasse le crâne. Vous descendez du ciel accroché à votre filin d'acier, le gars ne vous voit pas, vous ne le connaissez pas. Vous le harnachez avec vos tuyaux aux vertus plus ou moins miraculeuses, puis vous l'évacuez au plus vite vers l'usine à gaz hospitalière où tout est anonyme et d'où vous repartez aussitôt en prenant soin de ne pas oublier vos outils...

La plupart des accidentés ne reviennent jamais vous voir, parce qu'ils sont morts ou parce qu'ils ont peur de revivre une partie de leur cauchemar en vous retrouvant. Parfois, c'est la pudeur qui les retient, le sentiment d'être coupable, d'avoir dérangé, peut-être aussi la gêne d'avoir été mis à nu alors qu'ils étaient inconscients. D'autres fois, ils ne se souviennent de rien, ou alors ils s'en foutent.

En marge de tous ces secours éphémères, j'aime lorsqu'une histoire se démarque du quotidien, lorsqu'elle s'inscrit dans la continuité, qu'elle rebondit dans le temps et qu'elle a une suite. Alors, une vie sauvée retrouve toute sa valeur.

L'histoire de Khando est une de ces expériences essentielles. Il y en a peu dans une carrière de secouriste, mais grâce à elles, toutes les affaires sans suite retrouvent dans votre imaginaire l'issue idéale que vous auriez aimé connaître.

Il faut aller au fond du Dolpo pour réaliser que le fait d'être médecin n'est plus un statut professionnel lorsqu'on échappe à son microcosme habituel. Il s'agit d'un état permanent, universel. Il vous colle à la peau et ne peut se dissocier de votre identité, quel que soit le lieu ou la raison de votre présence en cet endroit... Par exemple sur le chemin d'une gamine anorexique quelque part en Himalaya.

Cette petite Dolpopa, nous l'avons embarquée par compassion, ou par devoir, sans savoir, et surtout sans réfléchir à la suite. Cécile, ma femme, fidèle à elle-même et à sa réputation, l'a adoptée en trois mots, trois mouvements, et il n'a pas fallu plus d'une

Paris

semaine pour que Khando s'inscrive définitivement au tableau de nos devoirs familiaux. Sans doute les réminiscences d'une éducation judéo-chrétienne...

Les Suisses

L'école de Taconnaz. C'est là que nous habitons. Une ancienne école que nous avons retapée tout seuls, avec nos petites mains. Cécile a réquisitionné tout le premier étage pour installer un *Bed and Breakfast*. Quand nous l'avons achetée, il y a dix ans, il ne restait plus à l'intérieur que le vieux tableau noir que nous avons conservé pour que les enfants s'acharnent dessus au lieu de crayonner sur les murs.

Nous sommes début mars, le mois le plus actif pour les randonneurs à skis, les assidus de *free ride* qui commencent à dévaler les pentes les plus raides du massif, et les amateurs de courses de neige.

Sept heures quarante-cinq... sonnerie ! Bien qu'on annonce des températures au-delà des normes saisonnières, ça caille encore un peu dans la maison. Évidemment, le téléphone n'est pas du bon côté, ça réveille d'abord Cécile. Avec toutes ces astreintes et ces gardes, elle l'infirmière et moi le docteur – d'accord, il n'y a pas plus convenu, comme couple –, on ne sait plus très bien qui doit être sur le pont.

En l'occurrence, c'est pour moi. J'étais dans un rêve tordu, en train de me battre contre un essaim de mouches... Mais ça sent le pain dans toute la maison et c'est la première bonne nouvelle du jour. Grâce à ma machine programmable, on peut avoir du pain chaud pour le petit déjeuner... Malheureusement, là, je vais devoir faire une croix dessus, car elle est programmée pour huit heures...

C'est la voix bondissante de Benzalès qui chante :
– Manu ? C'est Marcel !
– Ah, ouais...

Je n'ai rien trouvé de plus malin à lui répondre.
– Il y a une reco... Une cordée qui aurait dévissé au-dessus de la rimaye de la voie des Suisses, aux Courtes.

Il est bien réveillé, mais pas moi.
– Ouais... Bon, ben... j'arrive !

Encore dans un demi-coma, Cécile émet un vague commentaire d'encouragement :
– C'est quoi ?
– Merde ! j'ai pas de bol, c'est la série. Mais qu'est-ce qu'ils ont tous à se viander le matin de bonne heure ?

En passant sur le palier pour descendre, j'entends ronfler dans la chambre des filles. Que ce soit dans son Dolpo natal ou à Taconnaz, Khando a toujours le nez qui coule...

Et c'est reparti ! La radio qui crachouille dans la veste Patagonia qui n'est plus toute jeune, le sac dans le coffre de la bagnole, la morphine dans la banane et *Dancing in the Dark* sur le lecteur pour me réveiller en douceur.

Comme d'habitude, on a prévenu le pilote en premier, puis les secouristes, et au dernier moment, on s'est dit : « Tiens, et le médecin, au fait ? » J'arrive donc à la bourre, tout le monde est déjà prêt à bord de la machine. Pour me faire bien comprendre que je suis en retard, les pales de l'Alouette de la Sécurité civile tournent déjà à plein régime. J'ai à peine le temps de sauter à pieds joints dans mon baudrier et de me jeter dans l'hélico. Tout juste si je ne me fais pas engueuler !

– Salut Dragon… ! lancé-je une fois mon casque à peu près calé.

Ils n'ont pas le temps de me répondre : on nous appelle du refuge d'Argentière…

– Ouais, Joseph, on t'écoute.

Joseph, le gardien, a des notions de secourisme un peu particulières, mais il surveille bien ses ouailles. Entre autres, il est capable de présenter des bilans courts et concrets :

– Alors, ils sont trois… un qui bouge et deux qui ne bougent pas…

Aussi laconique soit-il, son bilan m'en dit long sur le travail que je vais devoir fournir.

Arrivée au pied de la voie des Suisses, l'Alouette pose délicatement un patin sur l'un des bourrelets de neige formés par la coulée qui a dû accompagner la cordée dans sa longue glissade, puis elle se stabilise…

– Allez, on saute !

Alors on saute, les uns derrière les autres, comme en parachute, sauf que c'est moins haut. Le matériel, lui, suit un peu brutalement. On s'enfonce jusqu'aux genoux dans la neige brassée. C'est étonnant que l'avalanche soit partie si tôt dans la matinée, mais c'est vrai que la journée a été annoncée caniculaire pour la saison et la voie des Suisses prend le soleil de bonne heure.

Le rescapé a l'air choqué. Normal, vu la gamelle qu'il vient de se prendre ! Il a le regard hagard, un peu comme s'il avait reçu la foudre. Son visage est tuméfié, l'œil gonflé et les cheveux hirsutes. De la neige reste collée sur son crâne. Il a le bas du pantalon déchiré par les crampons, comme souvent.

– T'es Français ?
– Ouais, d'Argentière !
– T'as mal quelque part ?
– Bah, j'sais pas…

Il ajoute quelque chose, mais avec le bruit de l'hélico qui nous tourne autour, je ne comprends rien. Comme il ne semble pas poser de problème majeur, on le fourre dans la machine, histoire que l'appareil ne descende pas à vide.

Pour les deux autres, c'est une autre paire de manches. Il n'y a pas plus complexe que d'établir un bilan rapide sur deux blessés à la fois, alors qu'ils sont saucissonnés dans leur corde, à moitié étranglés par leurs sangles et les lanières de leurs sacs à dos. De vraies camisoles de force.

Tout ce que je peux dire, c'est qu'ils gémissent. Ils sont donc vivants. Le mieux, dans ces cas-là, c'est d'essayer de faire baisser la pression. Ce n'est pas toujours facile avec certains secouristes persuadés qu'un secours est systématiquement une course contre la montre. Il fait beau, la montagne est magnifique, et prétendre qu'on va tout résoudre par la vitesse serait un leurre. [illusion] Alors, je commence à jouer du canif, pour couper les bouts de cordes irréductibles, même si ça fait toujours mal au cœur de bousiller du matériel quand on est grimpeur et qu'on sait combien ça coûte...

On va bientôt y voir plus clair, lorsque l'un des deux secouristes s'écrie :
– Tirez-vous ! une autre coulée...
On se rue dix mètres à droite pour éviter l'avalanche qui ensevelit l'un de nos deux blessés, puisque eux, et pour cause, n'ont pas pu se sauver avec nous !
Je songe tout à coup que j'ai oublié mon ARVA* ce matin. On devrait y penser plus souvent, même en été...
– C'est bon, on y retourne !
On court dégager notre gars qui commençait à suffoquer, toujours coincé dans ses filets. Il est un peu dans le gaz. Comme toujours, mon rôle est d'évaluer rapidement le type de traumatisme, sa gravité potentielle, puis de shooter la victime, de la perfuser pour la remplir, voire de la réanimer si nécessaire.
Le premier des deux blessés appartient visiblement à la catégorie des « polycontus ». Avec un poignet, une ou deux vertèbres et quelques côtes fracturées, il ne s'en sort pas trop mal... L'autre à l'air moins coopératif. Il repousse le masque à oxygène que le secouriste essaye de lui maintenir sur le nez. Ce dernier a beau lui parler pour tenter de l'apaiser, rien à faire, le type souffre.

---

* ARVA : Appareil de Recherche de Victime en Avalanche.

Docteur Vertical

Je décide de ne pas perdre trop de temps avec le premier. J'ouvre ma banane dans laquelle j'ai juste le minimum pour mettre un cathéter et balancer de quoi calmer la douleur. Ça m'évite d'ouvrir mon sac que je n'utilise qu'en cas de dégâts majeurs. Je repère une belle veine qui zigzague sous la peau du dos de la main. Malheureusement, ce n'est pas parce qu'elles sont belles qu'on ne peut pas les manquer ! Ne jamais y aller trop confiant. La preuve, je rate celle-là. Et vlan ! un œuf de pigeon… Ça m'énerve parce que je suis obligé d'en chercher une autre plus haut sur le bras alors que la manche de la veste me gêne. Ça m'a toujours embêté de découper aux ciseaux des vêtements à 2 000 balles. Cette veine-là, je prends une bonne minute pour la préparer correctement. Je la tapote, la frotte avec mon tampon d'alcool. Elle est plus petite et pas franchement évidente. Pourtant, je mets en plein dans le mille. Vite, un *Opsite**, et je lui envoie une ampoule de nalbuphine pour le calmer jusqu'à l'hosto.

J'interpelle Kevin, le jeune secouriste qui m'accompagne :

– Tu le surveilles deux secondes, le temps que ça fasse effet, je vais voir ce qu'il a, l'autre…

Le second blessé n'a pas l'air frais. Je regrette de ne pas avoir commencé par lui. C'est malheureusement souvent comme ça : on a tendance à se jeter sur celui qui gueule le plus, pendant qu'un autre est en train de crever.

Effectivement, celui-là s'enfonce. Il ne porte plus

---

* *Opsite* : Film adhésif transparent que l'on colle sur le cathéter pour le fixer sur la peau.

son casque. Il a la mine de quelqu'un qu'il va falloir intuber, ça ne fait aucun doute. Ceci dit, avec un peu de pot, ce gars-là a des chances de s'en sortir... Dans le cas de glissades sur plusieurs centaines de mètres sur de la neige un peu dure, le traumatisme crânien n'est pas toujours dû à un unique impact violent, mais peut être le résultat de chocs répétés. C'est ce que l'on appelle « l'effet milk-shake ». Le cerveau secoué subit un *brain swelling*. Le scanner montre un œdème diffus, sans véritable lésion localisée. Or, si cet œdème n'est pas trop important, le réveil est parfois possible sans séquelle.

L'intubation sur le terrain est un geste que l'on ne maîtrise jamais parfaitement. Ceux qui prétendent le contraire sont des menteurs. S'il est rare d'échouer dans l'atmosphère aseptisée du bloc opératoire, lorsque le patient a l'estomac vide, que la lumière est bonne et que des alternatives existent en cas de problème, l'intubation peut se révéler beaucoup plus délicate dans le contexte inhospitalier de la haute montagne. Là, vous êtes seul, il ne faut pas compter sur les secouristes pour vous aider à passer le tuyau, ce n'est pas leur boulot. Ils sont trop rarement confrontés à ce genre de situation pour être à l'aise. Vous êtes allongé dans la neige ou les cailloux et votre matériel a tendance à se disperser autour de vous. Souvent ça caille, c'est mouillé, et pour peu que l'hélico soit obligé de continuer ses rotations pour acheminer le matériel manquant, vous avez le sentiment d'être en état de guerre... Si le patient est à jeun, tout peut se passer au mieux. Dans le cas contraire, il risque de vous renvoyer son petit déjeuner à la figure. Une intubation n'a donc rien d'un acte anodin. La décision de la pratiquer sur place doit être pesée. Le choix de courir au plus vite dans un cadre plus approprié et mieux équipé peut parfois prendre le dessus. C'est alors ce que l'on appelle du « *scoop and run* à l'américaine ».

Je suis content, tout s'est bien passé ce coup-là. Je lui ai placé un bon cathéter dans le pli du coude et lui ai expédié la petite sauce habituelle, c'est-à-dire étomidate et célocurine. La première drogue est le sédatif puissant qui vous déconnecte complètement de la réalité. La seconde est un curare qui vous paralyse tous les muscles de la cage thoracique et vous ouvre grand la glotte, juste le temps de pouvoir y passer la sonde d'intubation. Dans le jargon de l'urgentiste, on appelle cela faire une « *crash induction* ».

Une minute plus tard, mon blessé se met à trémuler, réaction normale liée au curare. Puis ses mâchoires se relaxent.

C'est là qu'un toubib prend conscience de tout le pouvoir qui lui est attribué : disposer de telles drogues avec, en plus, le droit de s'en servir, me paraît toujours incroyable. Mais c'est un pouvoir à double tranchant, car à cet instant, tout repose sur le médecin. Les secouristes ont les yeux braqués sur lui, ce qui ne lui facilite pas la tâche, surtout s'il débute dans le métier. Le problème c'est que, même avec une certaine bouteille, quantité de surprises le guettent...

Avec le laryngoscope, je lui ai soulevé la langue en tâchant de ne pas lui casser de dent. J'ai glissé la lame jusqu'à l'épiglotte, tracté fermement vers les pieds et enfilé mon tube qui, par bonheur, s'est enfoncé comme dans du beurre.

Les Suisses

Ensuite, c'est de la plomberie : suffit de fixer le tuyau au patient par un lacet, puis de brancher le respirateur sur la bouteille d'oxygène d'un côté, et sur la canule d'intubation de l'autre. Le malade peut s'arrêter de respirer, la machine s'en occupe !

Alors que nous descendions notre blessé des Courtes dans la vallée, une autre alerte nous est tombée dessus. Du coup, pas question de l'emmener jusqu'à Genève, cela rendrait l'hélico indisponible pendant deux heures, sans compter le temps nécessaire pour faire le plein à la DZ. Les réserves de kérosène sont limitées. En altitude, les pilotes ont l'habitude de n'emporter dans le réservoir que le carburant indispensable à la mission, de façon à ce que la machine soit la plus légère possible et garde un maximum de potentiel.

Pour les traumatismes crâniens, Genève est pour ainsi dire le centre de neurochirurgie référent le plus proche de Chamonix. Lyon et Grenoble, dont on est censé dépendre, sont trop éloignés et ne peuvent être joints avec l'hélicoptère que nous utilisons pour le secours. Pour bien faire, il faudrait pouvoir appeler le neurochirurgien de garde depuis le lieu de l'accident afin d'organiser l'accueil et la prise en charge du blessé, tout en organisant dans le même temps le relais avec un deuxième hélicoptère, ce qui permettrait de laisser le premier disponible pour le massif. Mais deux fois sur trois, il faut poireauter un bon quart d'heure avant d'être en communication avec l'interne de garde. Celui-ci va mettre encore une demi-heure avant de trouver le chirurgien, qui lui-même ne répondra pas immédiatement. Alors, après s'être tapé tout le répertoire des musiques d'attente et toutes les voies de garage possibles, on craque et on appelle le Cantonal de Genève.

L'Hôpital Cantonal de Genève, c'est en Suisse, donc c'est cher. Toutefois, en l'absence de plateau technique plus proche de notre secteur, la Sécurité sociale française, qui doit rembourser la note de ses ressortissants, accorde des dérogations pour les patients relevant de l'urgence grave.

Paradoxalement, avec les Suisses c'est plus rapide. Je les ai rarement vus nous refuser un patient. Quand on appelle en urgence, trente secondes plus tard, on a le médecin « trieur » au bout du fil, et dans les quinze minutes, celui-ci donne sa réponse. Une heure plus tard, le malade est déposé à Genève et pris en charge. Autre avantage : il est parfois possible de l'emmener directement avec le même hélicoptère.

Une énergie phénoménale est dépensée en médecine pré-hospitalière pour placer des malades difficiles dans des centres adaptés car les places sont chères. À croire que le blessé est une marchandise dont il faut vanter les qualités pour qu'il soit référencé… Allez expliquer ça à la famille !

Aujourd'hui, pour notre blessé de la voie des Suisses, ce sera l'hôpital de Chamonix ! Non pas que la deuxième alerte soit urgente puisqu'il s'agit de deux alpinistes épuisés à récupérer, mais parce que l'hélico doit aller chercher rapidement les deux secouristes qui sont restés au pied des Courtes. Dragon me dépose donc avec mon patient, avant d'aller refaire le plein de kérosène à la DZ.

Les Suisses

C'est les vacances et tous les box [cubicles] des urgences sont occupés. Ça grouille de monde, là-dedans. Comme toujours, dès qu'un cas intéressant se présente, l'ensemble du personnel rapplique : externe, stagiaire, résident étranger, élève infirmière, on se marche dessus dans la salle qui n'est pas immense.

Mon patient est là, indifférent à ce remue-ménage. Le fentanyl, une drogue analgésique cent fois plus puissante que la morphine que je lui ai administrée après l'intubation, l'a plongé dans un sommeil réparateur. On ne lui demande plus rien, la machine respire pour lui et lui fournit plus d'oxygène qu'il n'en veut. Il est calme, et pour le moins qu'on puisse dire, conciliant. Il attend qu'on le décharge de la Piguilhem*.

Aux urgences, le transbordement, est un moment stratégique. C'est pour ainsi dire le premier contact direct de la victime avec l'équipe soignante. Au sein de celle-ci, les aptitudes sont hétérogènes. Il y a ceux qui savent et ceux qui croient savoir. Il y a ceux qui sont pressés, ceux qui réagissent au quart de tour, ceux qui stressent et ceux qui roupillent. Chacun attend que l'autre donne des ordres pour le transbordement. Et quand le signal est donné, ça ne rate jamais, il y a toujours un truc – une sangle, un mousqueton, le baudrier ou la tubulure de la perfusion – qui reste coincé pendant que le malade est tenu à bout de bras.

Une fois ce dernier sur le brancard dans des draps propres, le processus s'enclenche. La gestuelle est mieux huilée, chacun sait à peu près ce qu'il doit faire :

---

* Piguilhem : Nom de la perche homologuée pour le secours en montagne.

déshabillage, deuxième voie veineuse, branchement des tuyaux, scope, saturation, pression artérielle et *tutti quanti*.

Généralement, on voit aussi débarquer une secrétaire qui court après les coordonnées du patient pour pouvoir ouvrir un dossier. C'est ça le progrès : pas de coordonnées, pas de fiche informatique, pas de traitement. Mais il ne faut pas se plaindre, en France on ne demande pas encore la carte bleue du blessé… Heureusement, celui-là n'est ni Tchèque ni Coréen et il a eu la bonne idée de garder sa carte d'identité dans son sac.

Maintenant, c'est le moment de la transmission des infos. Manque de bol, ce n'est pas un bon jour. C'est un nouvel urgentiste qui bosse depuis quelques jours. Il ne s'est pas vraiment présenté, alors moi non plus. Un gars de Lyon, à ce qu'il paraît. J'aurais préféré que ça soit un de mes potes. Avec eux, au moins, je n'ai pas besoin de me justifier ni de perdre trois heures à expliquer ce qui s'est passé : on fait le même boulot. Avec lui, en revanche, je crois que je vais être obligé de reprendre à zéro.

Primo, il n'a pas l'air de savoir ce qu'est une crevasse. Deuzio, il n'a pas vraiment une tête à toucher sa bille en escalade. Pas le même style que ceux de ma bande. Plutôt du genre à se prendre pour un dieu du ski parce qu'il descend des noires à Val-Thorens ! J'ai décidé de l'aborder avec politesse, en me disant qu'après tout, moi aussi, j'ai commencé comme ça quand j'étais petit…

Mais voilà qu'il m'énerve avec ses commentaires à la con !

– T'as pas mis de sonde naso-gastrique ?

Les Suisses

La question me semble si décalée que je me contente de répondre :
— Bah non, pour quoi faire ? C'est la montagne... La sonde, t'as qu'à la mettre maintenant si ça t'amuse !
— T'as mis quoi, comme drogue ? Je trouve qu'il a l'air franchement shooté...

Passablement agacé cette fois-ci, je lui lance :
— De la kétamine... de ch'val !

Il me dévisage d'un air suspicieux. Une des infirmières me jette un regard complice. Apparemment, il n'a pas la cote... Il doit arriver d'un bon gros SAMU urbain. Avec ses manières pédantes, il va vite énerver tout le monde, à commencer par Grand Chef. J'entends déjà son long pas d'échassier claquer au bout du couloir. Il fend l'air, mains dans le dos. Sa blouse ouverte vole au vent, provoquant des turbulences dans son sillage.

Ralentissement au niveau du déchoquage... Le monolithe dépasse tout le monde d'une bonne tête. Baisse instantanée du son parmi le personnel... Il aime ça, Grand Chef ! Il ignore le Lyonnais, jette un coup d'œil sur notre patient et me regarde d'un air amusé :
— Qu'est-ce que tu nous ramènes, Emmanuel ? me demande-t-il, en appuyant volontairement sur chaque syllabe comme une vieille institutrice acariâtre. C'est son style à lui pour détendre l'atmosphère...
— Ben ça... lui dis-je en désignant du menton mon protégé.
— Mouais... et c'est tombé d'où, ça ?
— Bah, c'est la saison des Courtes, et ça glisse toujours un peu dans les Courtes !
— Et c'est parti de haut, tout ça ?

Docteur Vertical

– J'en sais rien, il m'a pas dit. En tout cas, avec ses deux copains, ils ont sauté la rimaye. Je pense qu'ils étaient dans le sens de la montée, vu l'heure...

Il jette un coup d'œil sur le tube qui sort de la bouche du blessé et me dit :

– Ça y est, t'arrive enfin à les mettre dans le bon trou, maintenant !

Enfoiré !

Le Lyonnais se tait. Il a la mine plutôt livide. D'un seul coup, il me fait presque pitié. Ce n'est pas son jargon, ce n'est pas son milieu, ce n'est pas son monde. Il se trouve complètement déstabilisé. C'est bien simple, il n'existe déjà plus, c'est comme s'il était déjà viré...

Grand Chef me prend à part et me dit sur un ton laconique :

– Il est bien le nouveau, non ? Qu'est-ce que t'en penses ? Il a l'air calé en médecine, et puis, il a de la bouteille...

Je jette un coup d'œil discret sur la petite bedaine surplombante et les jambes courtes du petit Lyonnais. C'est vrai que je le vois mal travailler au fond d'une crevasse, même avec beaucoup d'entraînement.

En me regardant à nouveau, Grand Chef ajoute, tout haut, un tantinet railleur :

– Bien... puisque ton confrère vient de Lyon et qu'il a l'air d'avoir beaucoup d'expérience – le beaucoup est exagérément allongé –, il va nous trouver une petite place en neurochir, à Lyon par exemple !

J'adore quand Grand Chef fait son cinéma. Du grand art ! Il n'y a pas à dire, il est de la race des seigneurs.

Les Suisses

Avec le temps, on est devenu bien copains. Mon fiston, comme par mimétisme, est devenu le meilleur ami du sien. À tous les deux, ils sont capables de nous mettre la pâtée à la plupart des jeux vidéo. Mais il faut dire que l'ordinateur, moi, ce n'est pas ma tasse de thé.

Avec Grand Chef, on a connu quelques expériences mémorables en montagne. S'il est incontestablement mon maître en réanimation, j'ai appris à connaître ses faiblesses. Celles-ci se dévoilent au fur et à mesure que l'on s'élève et de façon inversement proportionnelle à la pression en oxygène.

Grand Chef souffre du mal aigu des montagnes.

Quelques années auparavant, nous nous étions fait un peu peur au cours de l'ascension du couloir Armand Charlet dans la face nord de l'aiguille Verte. La partie technique en glace, au début de l'ascension, ne nous avait pas posé de problème particulier, sauf qu'une fois qu'on l'avait passée, il n'était plus question d'envisager de redescendre du même côté. Pour sortir, l'itinéraire veut que l'on s'enfile les cinq cents mètres du couloir en neige qui rejoint le haut de la montagne à 4 000 mètres d'altitude, puis que l'on se tape les rappels de l'autre côté afin de prendre pied sur le glacier du Talèfre.

Je sentais Grand Chef un peu moins volubile qu'au départ. Devenu guide, je gardais la tête de la cordée puisqu'il me laissait régulièrement cet honneur et cette responsabilité. J'enquillai les cinq cents mètres de goulotte neigeuse rectiligne, en faisant la trace, et je m'efforçai de conserver un rythme bien régulier, ni trop rapide ni trop lent. Grand Chef ralentissait sensiblement la cadence. Connaissant son allure à basse altitude, je m'inquiétai. À 3 500 mètres, Grand Chef vomit son premier casse-croûte. À 3 700 mètres, il rendit son petit déjeuner. À 3 750 mètres, son dîner de la veille repartit. À 3 780 mètres, je lui concoctai des rations de thé pour qu'il ait de quoi vomir encore à 3 785 mètres. À 3 800 mètres, ma cartouche de gaz était vide et Grand Chef n'avait plus rien dans le ventre. Il avait le teint « parchemin » du type qui s'est déshydraté à vue d'œil. Pour atteindre le petit col sommital, il nous fallut plus de trois heures. Grand Chef était complètement vidé. Il faisait nuit, un petit vent glacial s'était levé, mais je fus bien obligé de le laisser se reposer avant d'entamer la descente qui n'avait rien d'évident. Il fallait enchaîner une série interminable de rappels sauvages dans un couloir de mixte sur plus de quatre cents mètres. Je me blottis dans un trou, m'armant de patience, pendant que mon chef s'enfonçait dans la plus profonde torpeur. Incapable de dormir, tellement je grelottais, je me préoccupais régulièrement de son état de santé en l'appelant pour m'enquérir de son moral. Je lui proposai de descendre chercher les secours pour qu'ils viennent nous cueillir à la première heure, mais il ne cessait de me répéter qu'il préférait dormir. Il s'était avachi dans la neige et paraissait indifférent à la baisse de température qui nous cisaillait.

Les heures qui suivirent me parurent interminables. À minuit, Grand Chef ne produisant plus aucun son, je finis par être sérieusement inquiet. Si l'on attendait jusqu'au matin, il allait me faire une hypothermie majeure ! Je le secouai pour qu'il se relève. Ce ne fut pas chose facile. La descente fut un calvaire, mais, protégés du vent, nous avions moins

froid. Tous les quarts d'heure, je lui répétais que ce n'était qu'un mal aigu des montagnes et qu'il suffisait de perdre de l'altitude pour que les choses rentrent dans l'ordre. Il m'envoyait bouler à chaque fois en râlant jusqu'à ce que nous posions le pied sur le glacier. L'altimètre de ma montre marquait 3 500 mètres. Le petit jour se levait. Il me regarda d'un air sensiblement ragaillardi et me déclara :
— Tiens, j'ai plus envie de vomir !

Contents d'avoir de bonnes histoires à se raconter, on récidiva plusieurs fois dans ce genre d'exploits. Pour l'intégrale de la face nord des Droites par l'éperon Tournier, il nous fallut également plus de trente-six heures. À 3 500 mètres précis, Grand Chef me servit le même scénario : vomissements, asthénie, torpeur. Le bivouac s'imposa en pleine paroi – joie de la montagne ! On réussit tout de même à sortir la voie et, comme la fois précédente, le moral revint de l'autre côté de la montagne, dès qu'il eut les deux pieds solidement plantés sur le glacier du Talèfre.

La dernière aventure en date nous a quand même refroidis. On avait embarqué mon copain Michel, celui avec qui j'avais brillé dans la face nord du Cervin, dans la face ouest de l'aiguille Verte par l'itinéraire du Nant Blanc. Nous progressions corde tendue dans la première partie qui ne présentait pas de problème majeur. Bien que Grand Chef ait été le seul à avoir déjà effectué la course, dans le temps, Michel et moi menions la cordée de manière alternative. Le temps était médiocre et le plafond bas, mais les conditions annoncées étaient bonnes. Arrivés au premier tiers de la voie, nous n'étions plus d'accord sur l'itinéraire qui semble pourtant évident lorsqu'on regarde la face depuis Chamonix. Michel et moi voulions rejoindre une goulotte qui s'enfuyait vers la gauche, alors que Grand Chef soutenait qu'il fallait continuer tout droit. Une grande discussion s'ensuivit, mais comme il avait déjà réalisé cette ascension, comme sa voix portait plus loin que la nôtre, et comme il restait toujours un peu le « chef », nous finîmes par obtempérer. Une heure plus tard, c'était la galère la plus totale. Nous dûmes entreprendre, avec la plus grande vigilance, de grandes traversées sur des plaques de neige glissantes pour tenter de rejoindre l'itinéraire. Bien sûr, chacun accusait l'autre. Grand Chef avait quand même accepté de prendre un peu sur lui. Pour couronner le tout, la cousse*, qui avait englouti depuis le matin le sommet de la Verte, descendait tranquillement vers nous. Nous avions perdu trois bonnes heures sur une course que nous avions prévu de sortir à la journée. Le bon sens nous commanda d'appeler l'hélico avant que le temps ne se bâche complètement, d'autant que nous approchions l'altitude 3 500 mètres et que Grand Chef commençait à ressentir les premiers symptômes que lui et moi connaissions trop bien…

L'hélico nous envoya le spécialiste des opérations délicates, Gulio, qui nous tira d'affaire en deux temps trois mouvements. Ce jour-là, par manque de bol, c'était crampon Cassepipe qui était de permanence. Il nous en a mis plein la tronche. Et il nous en parle encore !

Depuis cette aventure et depuis que le mal aigu

---

* Cousse : Vent mêlé de bruine.

des montagnes le guette, Grand Chef a mis un bémol à ses ambitions. Il s'est reconverti dans le bricolage. Le temps est venu de vivre de souvenirs et de contemplation...

Ma radio se remet à couiner...
– Crampon-toubib, de Dragon ?
– Ouais, c'est pourquoi ?
– T'es prêt pour embarquer ? On a un autre secours.
– C'est quoi ?
– Un Tchèque, au Tacul, avec une jambe cassée. On a pris Jansé et on te chope au passage...

Je me sauve comme un voleur. Aujourd'hui, je suis content de ne pas être de garde aux urgences, il y a trop de monde. Ils ont l'air pénible et l'ambiance est morbide. Je retourne là-haut avec mon oiseau.

Accroupi sur la DZ d'urgence de l'hôpital, je ne regarde même pas l'hélico faire son tête-à-queue au-dessus de ma tête dans un barouf d'enfer. Le *touch and go* de la grosse bestiole est une manœuvre impressionnante, un spectacle privilégié et pourtant si commun pour nous, les sauveteurs. Les spectateurs s'immobilisent, les portes claquent, les enfants restent bouche bée... Si monsieur le docteur veut bien se donner la peine... Casque, écouteur, fermeture de porte... C'est bon pour la queue ? Déjà le pilote a remis la patate.

Le petit hôpital au pied de la montagne rétrécit sous l'hélico. Je le regarde, pensif. Sa forme particulière me rappelle la faucille et le marteau du drapeau russe... Est-ce l'effet du hasard ? Cet hôpital de Chamonix qui a résisté pendant plus de vingt ans

Docteur Vertical

aux assauts répétés des conquistadors de la plaine et qui s'est battu pour son indépendance, a toujours eu un côté révolutionnaire. Une sorte d'îlot d'irréductibles, un peu arrogant, critiqué et convoité à la fois...

« TCHÈKOTACUL »

— D'après le guide qui a appelé, ça se passerait vers 3 800 mètres, au niveau d'un des derniers séracs. Mais la météo est limite, je sais pas si je vais pouvoir vous poser dessus ! nous annonce Michael, le pilote.

Comme pour en remettre une couche, Cordial nous donne des renseignements complémentaires par radio :

— Dragon, de Cordial ?
— Ouais, on t'écoute...
— T'as décollé de l'hôpital ?
— Affirmatif. T'as des précisions sur la nature des blessures ? demande Michael.
— Alors, il y en a un qui aurait sauté une barre de séracs et qui aurait une fracture déplacée de la jambe...
— On a une idée de l'endroit ?
— Ouais, un gars du groupe est descendu jusqu'aux Cosmiques pour donner l'alerte. Marianne

les a repérés à la jumelle. Ils sont tout en haut, sous l'épaule, vers 3 800.

L'aiguille du Midi nous file entre les pattes, des Japonais plein ses balcons. Ça bouge pas mal. Décidément, la météo ne s'arrange pas ! Ça risque d'être sportif pour le Tacul... D'ailleurs, nous voyons maintenant une accumulation de gros cumulus très mobiles sur toute sa partie supérieure. Le vent est fort. Michael toussote. Il a brutalement perdu l'accent sénégalais qu'il aime imiter quand tout va bien. Souvenir d'Afrique équatoriale où il a dû faire ses classes...

– Bon, je ne sais pas bien comment on va s'y prendre. On va déjà essayer par en dessous...

Michael a beau tournicoter, plonger, remonter la pente, zigzaguer et slalomer, ça ne passe pas. Il attaque par au-dessus : même topo, impossible de se poser sur l'épaule. Finalement, il propose de nous larguer le plus haut possible dans la pente.

Première approche à 3 300 mètres. Le plafond descend rapidement... Le nuage nous enveloppe brutalement. Jansé saute de la machine sans trop réfléchir. Michael s'éloigne du sol au plus vite car il a perdu ses repères. Il revient à la charge pour me larguer à mon tour. Le plafond est encore descendu. Tout est blanc, la pente est à 30 degrés. Le patin effleure la neige. Je saute dans la bourrasque en retenant un juron. Je me retrouve enfoncé jusqu'aux cuisses, écrasé par le poids de mon sac à dos. Je m'aplatis avec la sensation d'avoir échappé de justesse à la décapitation. La grosse bestiole se sauve, me laissant seul dans un silence lourd de présages. Il neige.

Jansé, qui se trouve quarante mètres au-dessus de moi, me crie :

« Tchèkotacul »

– Eh, t'as vu les traces des pales ?

Je monte vers lui en brassant la poudreuse. Je remarque alors la découpe horizontale laissée par les pales de l'Alouette dans la neige fraîche. Je déglutis, effaré… C'est quand même limite, ce métier !

Nous voilà tous les deux abandonnés dans cette face avec la perche pesant 12 kg et nos deux sacs de matos. Le blessé doit être au moins six cents mètres plus haut. Le temps s'est complètement bouché. Jansé appelle Cordial pour les informer de la situation problématique. Secours en hélico ou caravane terrestre ? Il va falloir qu'ils s'organisent, en bas, pour venir nous filer un coup de main.

Je l'interroge :

– Bon, qu'est-ce qu'on décide ?

– On commence à monter, non ?

– Ouais… Et qu'est ce qu'on fait de la perche ?

Je nous vois mal traîner le bazar sur plus de six cents mètres de dénivelé dans une pente chargée de neige fraîche avec en plus nos sacs de 12 kg…

– On n'a qu'à la laisser… Les autres la prendront en montant nous rejoindre. On va commencer à tracer, ça sera déjà pas mal ! propose Jansé.

Je lui emboîte le pas dans la pente, à peu près d'accord avec cette stratégie.

Jansé est de la jeune génération. Il est guide, promu depuis peu. Un peu rêveur, blond aux yeux bleus, il ne correspond pas à la vieille image du gendarme-secouriste des années soixante-dix. Il passe du 8a mais ça ne l'empêche pas d'être plutôt discret. Quand je pense que ça fait vingt ans que je n'arrive pas à dépasser le 7 et qu'il a quinze ans de moins que moi, ça me fout en l'air ! Sa copine est sympa et

Docteur Vertical

jolie. Tous les deux, on les croirait sortis d'une pub Hollywood chewing-gum. Surtout quand on les voit avec leur Berlingot aménagé en camping-car. Moi aussi, lorsque j'avais vingt ans, j'avais toujours de quoi manger, dormir, et surtout de quoi grimper dans ma camionnette Talbot ! Des fois, je me sens vieux...

La copine de Jansé est adjudant à la brigade de gendarmerie. Il arrive qu'elle vienne aux urgences, accompagnée d'un autre gendarme, pour un accident sur la voie publique ou une agression. Comme on se connaît, je lui fais la bise. Je n'ai jamais eu d'à priori sur les officiers de police judiciaire, c'est un métier comme un autre, mais c'est la seule que j'embrasse...

Je monte, je monte depuis une heure et je transpire. Jansé brasse toujours devant. Un vrai husky ! De temps en temps, on lance un appel pour localiser nos Tchèques... Toujours pas de réponse. Je laisse Jansé prendre les initiatives. J'essaye autant que possible de m'en tenir à mon rôle de médecin pendant que les secouristes assurent le leur. Je ne saurais dire si je connais mieux la face nord du Tacul que Jansé, étant donné mon âge, mais je m'en fous, je le laisse faire. Il n'y a rien de plus pénible que d'avoir un ancien sur le dos qui croit tout savoir !

Un cri... Enfin ! Et une ombre qui se dessine au-dessus de nous. Un des alpinistes tchèques est venu à notre rencontre. On tente de s'expliquer en anglais... Le blessé est au-dessus... Il faut le suivre ? On s'en serait douté ! Nous le suivons donc dans un dédale menaçant de séracs superposés. Le parcours, de pont de neige en pont de neige, n'est pas insurmontable, toutefois, je me vois mal porter un bonhomme là-dedans. Il neige toujours.

– *Hello, I'm the doctor !*
Le type est adossé à son sac. Il me regarde comme si je lui avais parlé chinois. Je vais devoir deviner seul ce qu'il a. Mais en voyant sa jambe droite, je n'ai pas de mal à prononcer le diagnostic : un semblant d'attelle a été bricolé autour de sa cheville fracturée et luxée vers l'extérieur. J'enlève l'attelle constituée de morceaux de Karemat. Sa chaussure en cuir baille misérablement. Je déballe mon attirail : garrot, tampon d'alcool, cathlon vert, bouchon, tout en lui expliquant que je vais devoir remettre sa cheville dans son axe pour éviter la souffrance des tissus et limiter l'ischémie tissulaire… Autant pisser dans un violon, il ne comprend rien à ce que je lui raconte, bien qu'il opine du chef. Je lui explique aussi que pour réduire la fracture, je vais lui administrer un petit calmant par l'intermédiaire d'un outil pointu perméable en son centre, que l'on appelle cathéter, et que ça va faire un peu mal parce que je vais le lui enfoncer dans une veine du bras, afin de diffuser la morphine au travers. Ne complique pas, Manu, il est d'accord !
Je finis donc par me taire et lui injecte l'ampoule de nalbuphine, un dérivé de la morphine que nous utilisons quotidiennement et qui a l'avantage de laisser le blessé plus ou moins coopératif. J'attends deux minutes, puis je prends la cheville et tire dessus. Ça fait crac ! Le bruit classique de l'os que l'on replace dans son logement. Un bruit que les patients n'aiment pas entendre mais qui ravit les médecins. Mon Tchèque fait la grimace, mais bronche à peine. Ils

sont costauds, ces Tchèques ! Avec Jansé, on lui pose l'attelle à dépression.

On peut dire que le plus facile est fait, mais maintenant, il faut le descendre dans la vallée et ça va être une autre histoire...

Jansé rappelle Cordial pour avoir des nouvelles de l'équipe de renfort. Il est dix-neuf heures, le temps file.

– La télécabine de l'Aiguille du Midi s'est arrêtée, trop de vent au sommet... Et l'hélico ne passe plus, plafond complètement bouché ! me transmet Jansé.

– C'est la merde ! Si les huit gars sont coincés en bas avec le traîneau, après en avoir chié, on va finir par se refroidir !

– Ouais, c'est bien parti pour...

– Bon, Jansé, si on commençait à le descendre à l'ancienne ? J'ai pas envie de creuser un trou pour la nuit, surtout avec la météo pourrie qu'ils annoncent pour le week-end.

– Il faudrait au moins qu'on le descende au plus près des Cosmiques. S'il neige toute la nuit, ça va charger la face...

En route pour le sauvetage démerde ! On va faire avec ce qu'on a : Karemat, cordes, sacs et sangles... Dans un premier temps, on traîne le blessé entre les séracs. Un coup sur le dos de Jansé, un coup en le tirant dans la neige avec un bout de corde en guise de remonte-pente. Au moins une heure et demie de galère épuisante. Les copains du gars nous auraient bien aidés, mais étant donné le matériel qu'ils avaient à charrier, entre leur équipement et celui du blessé, nous avons vite compris que ça n'allait pas être possible. On se débrouillerait donc tout seuls.

« *Tchèkotacul* »

La bande de séracs passée, il paraît difficile d'employer la même technique pour descendre le gars dans cette pente qui commence à se charger sérieusement. Non pas que nous ayons peur que ça nous coule dessus, mais parce que progresser dans cette poudreuse avec 80 kg sur le dos n'est pas envisageable. Alors on réquisitionne tous les Karemat disponibles, et heureusement, nos Tchèques en ont un bon stock. On sort également le sac de couchage du blessé que l'on saucissonne à l'intérieur. Enfin, on lui enfonce son bonnet sur la tête, et on bricole une poignée avec des sangles à chaque extrémité du « saucisson ». Jansé confectionne un relais super dynamique puisqu'il ne faut pas espérer que la profonde supporte des tonnes. Et moi, je pars avec le Tchèque, accroché à lui par la sangle du haut, pour le tirer ou le pousser suivant la configuration du terrain. Cela ne se passe pas trop mal au début. Notre attelage a plutôt la forme d'un chasse-neige, mais il avance. Le seul défaut de notre système, c'est que la neige submerge le traîneau de fortune… Pourtant le Tchèque est stoïque, il ne moufte pas. On l'a équipé d'un masque de ski, pour faire plus pro, et le lacet de son sac de couchage serré sous son nez limite les dégâts. Aux dernières nouvelles, le vent a baissé du côté de la télécabine de l'Aiguille du Midi, l'équipe des « seconds à marcher »* attend la benne exceptionnellement remise en marche pour le secours. Au train où l'on descend, on va rejoindre le bas du Tacul avant leur arrivée !

---

* Seconds à marcher : Les « premiers à marcher », comme le nom l'indique, sont les premiers à partir lorsque l'alerte est déclenchée. Les « seconds à marcher » viennent donc en renfort.

Docteur Vertical

Mais la situation se gâte plus vite que prévu. La nuit nous tombe dessus comme une chape de plomb. La radio rend l'âme : plus de batteries. Puis les ennuis commencent. Je sais que le Tacul n'est pas commode au niveau de son tiers inférieur. Deux belles pentes presque verticales viennent mourir dans deux rimayes profondes, pas vraiment larges, mais capables de vous engloutir un secouriste et son blessé. Le problème, c'est que je ne sais pas vraiment à quel niveau elles se situent, ni dans quel état elles se trouvent, l'hélicoptère nous ayant déposés au-dessus d'elles.

Mon champ de visibilité est réduit. Je vois tout juste les flocons de neige tournoyer dans le faisceau de ma frontale fatiguée. La pente s'accentue et devient de plus en plus dure et glissante. Au lieu de pousser le traîneau, je me retrouve maintenant tiré par lui. Je suis persuadé que nous glissons inexorablement vers l'une ou l'autre des rimayes. Il faut que je bloque le traîneau pour pouvoir faire le point. Jansé doit descendre jusqu'à moi afin que l'on se préoccupe de franchir ce passage...

Mais Jansé ne m'entend pas :

– Jeansé, bloque ! Bloque la corde !

Aucune réaction, grand moment de solitude...

– Bloque la corde, Jansé !

Je continue à glisser désespérément vers ce qui me paraît être un gouffre noir. Le traîneau m'entraîne et semble de plus en plus lourd. Jeansé ne m'entend pas à cause des bourrasques. Ou peut-être qu'il rêvasse en s'imaginant grimper en tee-shirt dans le Verdon avec sa copine...

Et moi je continue à m'égosiller :

« *Tchèkotacul* »

– Bloque, Jeansé ! blooooque !
Il ne réagit toujours pas.

Je n'ai plus que deux solutions : soit me laisser glisser vers la rimaye en espérant qu'elle soit bouchée à l'endroit précis où je descends, soit m'arc-bouter jusqu'à ce que je n'en puisse plus. Mais en lâchant d'un coup, j'arriverais avec une telle brutalité que si pont il y a, on passera à travers à coup sûr. Me laisser digérer par cette rimaye avec mon blessé ne m'enchante guère, pas plus que l'idée de transformer la caravane de soutien en équipe de secours en crevasse. Devant cette perspective, les bons vieux réflexes de survie prennent le dessus : je me vois enfoncer rageusement mon piolet dans la glace blanche avec ma main gauche, tailler deux malheureuses marches pour caler mes crampons, et bloquer le traîneau de ma main droite.

Le pauvre Tchèque ne comprend rien à la manipe. Les mains ficelées dans son sarcophage, il ne peut pas m'aider, mais il ne proteste toujours pas. Sans doute n'a-t-il pas conscience qu'il est suspendu au-dessus d'une profonde rimaye et que c'est moi qui le retiens... Nous sommes solidaires puisque nous sommes attachés, et donc voués au même sort, celui de nous écraser au fond de cette rimaye.

J'aurai bientôt l'épaule luxée à force de résister et je hurle toujours, espérant que Jeansé sorte enfin de sa léthargie. Il doit quand même se demander pourquoi la corde n'est plus tendue... Je ne peux plus l'avertir par radio puisque mes deux mains sont occupées. De toute façon, ma batterie est nase. Suspendu, à bout de forces, je n'attends plus rien de particulier, si ce n'est le moment où je vais lâcher. La chute brutale de deux corps de 80 kg va arracher le relais, et Jansé avec... Et hop! tout le monde dans la crevasse.

Heureusement, il ne faut jamais désespérer, il y a toujours une issue. J'attendais la lumière et elle arrive, non pas au bout du tunnel, mais en dessous de la rimaye. Un rai lumineux surgit. Ce n'est pas Jansé qui répond à mes cris, mais une autre voix connue venant d'en dessous :

– Manu, c'est toi ? me fait la petite lumière.
– Ouais, je suis dans la merde... C'est qui ?
– Fabrice... On arrive. Qu'est-ce que t'as ?
– J'ai que je ne vais pas tarder à me vautrer dans la rimaye avec la perche. Jansé n'entend que dalle, je n'ai plus de radio et je préférerais qu'il me bloque plutôt que de me filer du mou... Tu peux faire quelque chose ?
– Jansé, de Fabrice ?

Il avait ressorti sa radio toute chaude.

– Oui, Fabrice, je t'écoute !
– Jansé, bloque Manu, il est pendu au-dessus de la rimaye !

Presque instantanément, comme par miracle, la corde qui nous relie à Jansé se tend fermement. Soulagement inespéré.

Fabrice et les autres secouristes ont rejoint le pied du mur. Ils escaladent à gauche la pente de glace blanche où doit passer la voie normale. En tirant sur le traîneau à trois, nous parvenons à dévier celui-ci de sa trajectoire funeste. Je ne suis pas fâché de m'en tirer à si bon compte.

Le retour à l'aiguille du Midi a lieu dans la bonne

humeur. Tels les sept nains rentrant du labeur dans la nuit noire, nous tirons le traîneau dans la neige profonde. Il y en a une bonne couche, et même à dix, on en bave, mais il n'y a plus de danger. Ça ne chante pas, mais ça discute comme des gonzesses. Ça cause technique, matériel, chausson moulé, etc. Un secouriste qui tousse depuis quatre jours veut à tout prix mon avis, des fois qu'il ait chopé la tuberculose... Un autre m'explique souffrir d'une douleur articulaire dans l'épaule droite qui le prive de ses trois séances d'escalade hebdomadaires. Je lui conseille d'arrêter de tirer dessus comme un malade !

Les temps ont bien changé. Il y a quinze ans, à mes débuts, les secouristes, étaient plutôt des « rûles », bourrus et pas très causants. Ils ne grimpaient pas du 8b et ne draguaient pas beaucoup les filles. C'était encore le temps du secours à l'ancienne : on marchait plus et on réfléchissait moins. En tout cas, on ne se posait pas de questions existentielles. Aujourd'hui, on a plutôt affaire à des formules 1. Certains relèvent de la catégorie « athlète de haut niveau ». C'est affûté, mais ça casse facilement. Et il y en a même pour jouer les *Top Gun*. Bref, il y a du mieux et du moins bien.

Le col du Midi, c'est long quand on tire un traîneau... La discussion s'est orientée vers des considérations beaucoup plus pratiques : comment ramener le blessé à Chamonix ? Gulio a eu l'idée judicieuse d'installer le treuil électrique Paillardet au sommet de l'Aiguille. Car pour l'atteindre, il y a encore deux cent cinquante mètres de dénivelé à remonter. Ne pas penser qu'avec les années, on finit par devenir feignant, non, mais ne pas croire non plus qu'un TPG*, ça glisse comme un bobsleigh, surtout dans la profonde à 3 800 mètres d'altitude ! Arrivé au couloir des Poubelles, je suis tellement épuisé que je bénis Gulio. Il est vingt-trois heures, alors le coup du Paillardet, on est tous d'accord. Une heure plus tard, tout le monde a été treuillé et on se retrouve dans la benne, d'équerre, mais contents. À travers les vitres embuées de la télécabine, Chamonix *by night* se rapproche. J'ai encore la barbichette gelée. On est trempés de sueur. Au bruit que produisent mes tympans, je sais que l'oxygène reprend tranquillement sa place au sein de mes petites cellules cérébrales. Mais c'est seulement arrivé en bas que je me rends compte qu'on a oublié de détacher le Tchèque ! Il est toujours ligoté comme une saucisse, sans rien dire. Quand je lui demande si ça va, il répond : « *Dobje, dobje* ». Ça doit vouloir dire « d'accord » !

En fait, les caravanes terrestres, on aime ça... surtout quand ça s'arrête. Nous avions été dix à nous exciter sur ce secours qui nous avait pris près de neuf heures à plus de 3 000 mètres d'altitude. Tout ça pour une simple fracture-luxation de la cheville. En hélico, une demi-heure aurait suffi, et on aurait réglé ça à deux. Là réside tout le paradoxe du secours en montagne. On s'habitue à la facilité, jusqu'au moment où la réalité ressurgit comme le nez au milieu de la figure... Sans hélico, le secours en montagne relève de l'héroïsme. Et il faudra encore bien des années avant que la technologie

---

* TPG : Traîneau polyvalent de gendarmerie.

nous dispense d'effort et d'engagement dans ce métier.

Sur le parking, à une heure du matin, il fait presque chaud, tout le monde déconne. Puis on se disperse en s'ébrouant. Une ambulance réceptionne le blessé qui va être déposé aux urgences. Je lui adresse un petit signe d'adieu, il me sourit.
Je lui lance :
– *Dobje* ?
– *Dobje* ! me répond-il.
Ça doit vouloir dire « ça va »... Mais après tout, qui sait ? Si ça se trouve, ça veut dire « connard »...
Je rentre chez moi fourbu mais heureux, comme si le fait d'avoir participé à un secours plus contraignant que d'habitude allait me dispenser de travailler pendant quelques jours. Je sais bien qu'il n'en sera rien puisque nous préférons grouper nos gardes afin de profiter de périodes de liberté plus longues... pour faire de la montagne, par exemple !

À la maison, Dina et Daisy m'attendent. Comme toutes les chattes, elles ont la fâcheuse manie de venir se coller dans vos jambes en miaulant. Leur dessein, c'est que vous vous cassiez la figure avec le sac de secours, la radio et la paire de skis dans la main. Pour vous faire comprendre qu'avant de vous occuper des blessés en montagne, mieux vaudrait penser à leur filer à bouffer ! Elles ont dû se faire virer par la patronne assez tôt dans la soirée, et la chasse aux campagnols n'a pas été fructueuse. Dina, la moins trouillarde, ne me lâche pas d'une semelle. J'ouvre vite la porte de la cuisine, celle qui donne vers l'extérieur de l'autre côté de la maison. Elle ressort, croyant que je vais suivre avec une gamelle pleine... Manque de bol, je referme aussitôt. Bien joué ! M'en voilà débarrassé pour un moment ! Mais ça ne marche pas à tous les coups, et la technique est peu glorieuse, je l'admets.

J'ai quitté ma Gore-Tex et j'ai débranché l'ARVA, qui a bien failli me servir, si je m'étais fait engloutir par cette fameuse rimaye... L'assiette de petit-salé aux lentilles n'attend plus que je la pousse dans le micro-ondes... J'ai faim ! Pris de remords, je fais quand même rentrer Dina avant de manger.

JAMIE

C'est dimanche. Pas de programme défini pour la journée. C'est si rare, et ça fait tellement de bien, parfois. Je suis encore épuisé après le secours d'hier. Profitant du soleil et de la neige abondante, avec les « nains », nous allons faire de la luge. Khando s'éclate. Elle a hérité de tous les vêtements qui pouvaient lui aller. Elle traîne derrière elle une écharpe démodée longue de trois mètres. Le jeu consiste à trouver la position la plus débile pour dévaler le talus jusqu'au camping qui borde la maison.

Khando a pris ses marques avec une rapidité impressionnante. Elle est très organisée, toujours occupée. Les premiers mots de français sont déjà en cours d'assimilation. L'anglais, aussi rudimentaire soit-il, vient en renfort. Mais chez les gosses, tout est dans le contact. La parole, c'est vraiment un truc d'adultes.

Pierrot, mon fils de dix ans, reste extrêmement

indépendant. La présence de Khando ne change rien à son mode de vie.

Pour Alix, c'est plus compliqué. D'abord très fière de présenter Khando à toute sa classe, elle s'est ensuite inquiétée de sa trop bonne intégration. Sa position stratégique au sein de la famille est menacée.

En classe, Khando lève le doigt à toutes les questions que pose la maîtresse, même si elle ne comprend rien. Ça fait rire tout le monde. Elle a maintenant ses propres copines. Tous les gamins ont vu le film de son grand-père à la télé. Il est presque devenu une célébrité, et Khando aussi.

Je les regarde se disputer la luge. Je pense que Khando aura du mal à retourner dans son pays. Ici, tout a l'air de lui plaire !

Était-ce une bonne idée de la faire venir ? La semaine prochaine, déjà, elle devra repartir. On a beau le lui expliquer, elle ne veut pas comprendre. Son foyer est ici désormais.

Khando m'accaparera l'esprit tout l'hiver, comme Jamie avait occupé mes pensées au cours cet hiver maudit où la poisse s'était abattue sur la vallée de Chamonix, comme une malédiction : le tunnel en feu et ses trente-neuf martyrs carbonisés dans des circonstances atroces, les avalanches meurtrières, les inondations et la fameuse tragédie de Jamie et Jamie…

Non loin de l'Écosse, il y a deux ans. Jamie, complètement bourré, danse les *kellies*… Bourré, mais heureux.

Il a du mal à se tenir sur ses quilles, Jamie, et pour cause, il n'a plus de jambes ! Je le tiens en joue dans

Jamie

le viseur de ma petite caméra. Il est ma vedette : depuis son accident je suis devenu l'attaché de presse personnel de Sa Majesté, héros malgré lui.

J'ai bu pas mal de whisky moi aussi et je ne sais plus très bien où je me trouve. J'ai quelques soucis de mise au point. En revanche, je n'ai aucun mal à me rappeler qui est ce type incroyable qui gesticule en kilt, sous ce petit chapiteau. Il est déjà tard, la piste de danse s'est vidée peu à peu, mais lui tient la distance. L'orchestre suit. Deux heures du matin ont sonné, et Jamie ne lâche pas.

On voit ses deux prothèses métalliques s'entrechoquer au rythme du violon. La fille qui le soutient pour qu'il ne se rétame pas, doit le connaître depuis des siècles. Elle hurle de rire et se laisse complètement aller. Il faut dire qu'il n'a plus de bras non plus, Jamie.

C'est le plus beau mariage auquel j'ai jamais assisté. En dehors du mien, bien entendu... Il est beau, mon Jamie, un vrai seigneur !

Anna, sa fiancée, avait envoyé une invitation aux urgences de l'hôpital de Chamonix : le mariage écossais d'un survivant et d'une fille qui n'a jamais cessé de l'aimer.

J'ai pris l'avion avec Pascale, une des infirmières qui avaient entouré Jamie lors de son séjour dans notre service. Je me souviens d'un voyage bruyant aux relents de bière, d'un train de banlieue qu'on cherche sur un quai désert... Jamie et Anna nous attendaient, fiers de notre fidélité. Je revois Jamie maniant avec classe la boule de porcelaine qu'on fixe sur le volant des voitures pour handicapés. Les chemins étaient tortueux, bordés de murets de pierres derrière lesquels glandouillaient des troupeaux de moutons indifférents.

Il y a trois ans, perdu dans la tempête au sommet d'une des faces glaciaires les plus difficiles des Alpes, la face nord des Droites, Jamie avait vu son meilleur ami s'endormir pour toujours à quelques mètres de lui. Ils s'étaient fait avoir, coincer, piéger par la montagne. Ce n'était pas de l'inconscience, ce n'était pas de l'imprudence, ce n'était pas un manque d'entraînement ou de technicité, ce n'était pas non plus une erreur d'itinéraire. Non ! c'était la dure loi de la montagne, l'accumulation de malchance, le choix d'un style de grimpe.

Fidèles à leur habitude, Jamie et Jamie avaient préféré s'alourdir un peu. Davantage de matos, et du matériel de bivouac, au cas où… Ils avaient décidé de la jouer « à l'écossaise ». Et puis le mauvais temps s'en était mêlé. Il était arrivé plus tôt que prévu. Ils avaient traîné un peu, éreintés par la densité de la glace… Premier bivouac sous les couloirs de glace, puis deuxième bivouac au sommet dans la tempête. L'épuisement s'était fait sentir lourdement. Il aurait fallu attaquer la descente qui était là, à deux longueurs de corde. On bascule sur l'autre versant par une série de rappels pour rejoindre une goulotte plus rassurante et un peu protégée. Facile à dire quand on connaît. Mais voilà, ça ne s'éclaircissait pas, bien au contraire, et ils n'avaient plus rien à manger ni à boire. Tout était gelé. Leurs mains et leurs pieds aussi. Alors ils se résignèrent à une troisième, puis à une quatrième nuit de bivouac.

Jamie

Le cinquième jour, les nuages s'étaient déchirés. Un vent du nord violent les avait congelés. Un vent mortel, froid comme l'acier qui avait pétrifié les derniers relents d'espoir. Jamie Fisher n'en pouvait plus de ce froid qui lui mordait les os. Il s'était endormi définitivement. Jamie Andrew attendait son tour, il avait compris. Plus rien ne pourrait le sauver de ce requin aux dents blanches qui tournait autour de lui...

Pourtant, le dimanche matin, un bourdonnement avait enflé dans l'air glacé. Un « petit d'homme » bleu pendouillait dans le ciel, maltraité par les bourrasques. Suspendu sous l'hélico, il s'était agrippé à la pointe du gendarme de granit qui dépassait sur la droite du col. L'hélico avait ravalé le câble et s'était fait dégommer dans l'abîme. Cela avait été limite !

Un gobelet de thé chaud, voilà le premier souvenir de Jamie. Le secouriste du PG, c'était Gulio, celui qui passe son temps à crapahuter dans le massif. Hasard ou destinée ? Ça lui allait si bien d'être de permanence pour cette mission impossible !

Puis cela avait été l'évacuation vers l'hôpital. Rêve ou réalité ? Jamie s'était retrouvé en quelques minutes dans cette atmosphère confinée si redoutée des bien-portants. Cet endroit qui avait accueilli tant de candidats à l'aventure, tant de héros refoulés. Ce lieu que l'on vénère ou que l'on déteste, qui sauve ou qui tue...

Pour Jamie, ce fut le miracle. La chaleur d'abord, puis la lumière, l'agitation silencieuse du corps médical. Un court répit avant la rechute. D'abord le vide qu'on mesure subitement : Jamie Fisher, son meilleur ami, n'était plus de ce monde. Et ses mains, et ses pieds inertes, dévorés par le gel, qu'il regardait sans comprendre. Ensuite, la fièvre s'installa, la septicémie, le délire. Ces gens autour, qui décidaient pour lui... Enfin, le coma. Le réveil fut lent, difficile. Jamie était handicapé des quatre membres que l'on avait sacrifiés pour sauver sa peau... Le monde bascula. Plus jamais il ne ferait de montagne. Plus jamais on ne le regarderait avec les mêmes yeux. Lui, si fort, si autonome, si sauvage. Devrait-il se laisser choir dans le monde des assistés ?

– Je reviendrai ! m'avait-il dit dans son français mal ajusté. Je reviendrai te voir et je referai de la montagne !
– Envoie-moi des *e-mails* pour me tenir au courant ! avais-je répondu, peu convaincu, en pensant : « Comment fera-t-il pour taper sur son clavier ? » Je l'imaginais mal revenir à Chamonix, avec tout ce qu'il y avait laissé...
Un an plus tard, je risquai un petit message de sollicitude pour savoir où il en était. Je savais que je le pouvais. Jamie nous avait accordé une telle confiance que toutes les barrières étaient tombées entre nous. À ma grande surprise, sa réponse fut rapide et sans complexe. Contrairement à la plupart des anglophones qui nous visitent, Jamie se faisait un devoir de parler notre langue bien qu'il n'eût aucune base. Cela donnait parfois des résultats étonnants, du genre : « Je m'entends bien avec mes prothèses, je fais 16 secondes au 100 mètres... » ! Il préparait les jeux olympiques handisports...
L'hiver suivant, Jamie décida de se mettre au

snowboard. En apprenant cela, je lui proposai de venir s'entraîner à Chamonix. Je l'invite, il vient !

Genève, aéroport. Jamie rayonne. Derrière la vitre, je le vois lever les bras au ciel d'un air victorieux... ces bras qui n'existent plus, comme pour nous montrer qu'il fera sans, et que ça fonctionnera quand même !

Jamie revient encore à Chamonix au printemps suivant. Il s'était juré de gravir le mont Blanc... `

Nous ne sommes plus qu'à trois cents mètres du sommet. La tempête nous bouscule sur la dernière bosse.

Depuis qu'il a perdu ses extrémités, Jamie ne souffre plus du froid, il s'habille léger. Il va bien. Il avance comme un vrai guide, lentement mais sûrement, il a de la réserve. Philippe, un ami, boucle la cordée. On a placé Jamie entre nous deux.

Nous croisons deux alpinistes qui descendent, les yeux exorbités, le visage congelé, la frousse aux fesses. C'est Nathalie, l'une des trop rares femmes guides de la vallée, en compagnie d'un client. Elle est interloquée de voir Jamie aussi serein.

– Ça décape au sommet, il y a des bourrasques qui vous couchent par terre ! nous gueulent-ils.

Jamie doute. Je sens bien qu'il revit son cauchemar. Les fantômes sont sortis des placards... Une claque plus violente que les autres le couche par terre. L'arête est de plus en plus effilée. Il y a un risque... Jamie hésite encore. J'essaye de l'aider à prendre sa propre décision. Je ferai ce qu'il voudra...

– Jamie, c'est toi qui décides !

Long et difficile moment de réflexion. Le vent s'amplifie et des giclées de grêlons nous assaillent.

Deux gros nuages mal définis nous encerclent dangereusement. Je suis incapable de choisir pour lui, je ne veux pas l'influencer.

– Manu, non, c'est trop dangereux, vaut mieux redescendre. On le refera une autre fois…

Jamie s'est résigné et ce n'est pas dans son caractère de revenir sur une décision. Nous prenons la direction du retour, sans amertume. Le bonheur n'est décidément pas au bout du chemin : nous avons échoué, mais nous sommes heureux.

Jamie et Anna font désormais partie de la famille. Quelque temps plus tard, Jamie s'est vengé sur le Kilimandjaro avec quatre « clampins-clopant » de sa fondation. Il m'a envoyé la photo du sommet… Un vrai bonheur ! Si cela ne tenait qu'à moi, je lui donnerais son diplôme de guide, à Jamie. Il y en a qui l'ont eu pour moins que ça – moi par exemple !

Mike

Aujourd'hui j'ai pris une heure pour faire le point avec Jérôme, le seul infirmier masculin du service. Il a récupéré la responsabilité du matériel médical du secours en montagne, je le plains et le lui dis. Pour avoir assuré cette tâche avant lui, je sais qu'il va en baver. Les toubibs du secours ne sont pas des fées du logis. Il faut courir sans cesse après eux pour qu'ils rangent et entretiennent les outils mis en commun. Jérôme me regarde, un peu vexé de voir que j'en rigole d'avance. Comme on discute au fond du couloir, Patricia m'apporte le téléphone depuis l'office :

– Manu, c'est pour toi... des gelures au pôle Nord !

Depuis plusieurs années, nous sommes devenus, en quelque sorte, LE centre de référence pour le traitement de la gelure et, chaque saison, nous recevons deux ou trois gars qui rentrent d'expédition avec les doigts des mains ou des pieds tout noirs.

Je prends le combiné qu'elle me tend et réponds d'un ton solennel :
– Allô, oui ?
– Docteur Cauchy ? me demande une voie inconnue.
– Lui-même. (Là, j'en rajoute un peu.)
– Docteur Delange, médecin régulateur de Groupama Assistance ; je ne vous dérange pas ?
– Non…
– Voilà, je vous appelle, car notre société sponsorise un explorateur au pôle Nord. Il s'agit de Mike Horn, vous connaissez ?
– Non ! Le sentant déçu, j'ajoute : mais c'est pas grave, vous allez m'en parler, je suppose ?
– Oui… Alors c'est un explorateur qui est parti au pôle Nord en solo et en autonomie complète. Nous l'avons eu par téléphone satellite ce matin, il a les doigts gelés et nous voudrions un avis de votre part
– Ben oui, mais où est-ce que je peux le rencontrer, ce vaillant personnage ? demandé-je sur ton moqueur.
– On va rentrer en communication à trois, si ça vous convient…
– Ah bon ?

Trois minutes plus tard, j'ai en ligne ce fameux Mike Horn, perdu sur son iceberg à quelques centaines de kilomètres du Pôle. Sa voie est déformée par la transmission satellite, mais la communication n'est pas mauvaise. Mike me décrit l'aspect de ses mains et répond à mes questions orientées. Il insiste sur ses inquiétudes concernant l'aspect que ces gelures prennent depuis quelques jours. Quand

Mike

il enlève ses pansements, ça pue et des ampoules sont apparues. Les pulpes commencent à noircir. Ce qui l'inquiète le plus, ce n'est pas tant l'état de ses mains que le fait d'avoir à interrompre son challenge alors qu'il a accompli le plus dur. Pourtant, étant donné ce qu'il me raconte, je ne peux guère lui conseiller de continuer. Pour le moment, ses gelures sont sérieuses mais peuvent encore guérir sans séquelles, s'il rentre. Par contre, en continuant, il aura de plus en plus mal et risque l'amputation.

Mike est torturé par ce choix difficile, mais il décide de continuer quand même. Je lui donne quelques conseils pour limiter les dégâts, puis il raccroche.

Deux jours plus tard, le docteur Delange me rappelle pour me dire que Mike rentre. Il a été rapatrié dans un petit hôpital sibérien et d'après ce que le médecin de Groupama a compris, le chirurgien local veut déjà lui sauter dessus pour lui couper les doigts… Delange me demande de partir avec l'avion sanitaire affrété pour le rapatriement de Mike.

J'ai deux jours de libre. J'accepte. Aller chercher quelqu'un sur la banquise, ça me changera des montagnes.

Le lendemain matin, j'attends mon Falcon perso pour traverser la Russie. Sièges en cuir, deux pilotes, hôtesse de l'air particulière, tout va bien pour moi… Un jeune cameraman qui suit Mike depuis le début de son aventure est de la partie. Je m'endors, bercé par le ronflement des turbines.

À Moscou, atterrissage forcé : il faut embarquer un troisième pilote russe car là où l'on va, personne ne parle anglais, pas même la tour de contrôle de l'aéroport de Norilsk, notre destination. Le Falcon repart, bourré de kérosène, et c'est le défilé qui commence : des milliers de kilomètres de toundra ratissée par le vent et la neige à perte de vue.

On atterrit sur une piste de glace, au milieu d'un hameau aux allures de kibboutz. Aucun doute, on est en Sibérie. Dehors, on aperçoit trois Russes en épais manteaux de fourrure avec d'impressionnantes chapkas sur le crâne.

La porte s'ouvre, nous sommes encore en chemise. Le froid nous agresse avec un – 40 degrés qui vous fige les poils du nez et vous serre la tête dans un étau. J'imagine Mike évoluant pendant plus d'un mois dans ce genre d'ambiance. Alors que je pensais prendre un hélico pour aller le chercher sur la banquise, on nous apprend que c'est lui qui va nous rejoindre ici, mais que la tempête sur Dickson l'empêche de décoller. Ça peut durer plusieurs jours... Génial ! On nous invite à aller nous reposer dans un établissement qui voudrait être le *Hilton* local. Vieux papier peint kitch et gros téléphone à cadran bruyant dans un immeuble vétuste surchauffé. Au menu, biscuits secs et jus de café bouillant. On nous donne des chambres pour dormir, mais vu le décalage et la clarté qui passe par tous les plis des rideaux râpés, je préfère bouquiner.

Quatre heures plus tard, un énorme hélico, tout ce qu'il a de plus russe, se pose lourdement sur la surface gelée de la DZ. Un gars trapu, complètement hirsute et vêtu d'une combinaison criblée d'étiquettes de sponsors, débarque, comme s'il revenait d'une autre planète. Je ne l'avais jamais vu auparavant. J'imagine le choc, pour lui. Retomber dans cet univers, après ce qu'il a pu vivre. Nous faisons connaissance. Je suis surpris. Généralement, je me méfie des types de ce genre, lançant les défis les plus délirants que l'on puisse imaginer dans la seule ambition de devenir connu. Chez la plupart de ceux que j'ai rencontrés, il y a une grande part d'égocentrisme et un complexe d'infériorité difficile à refouler. On trouve également chez eux une proportion non négligeable de *border line* : profil psychiatrique instable évoluant dans l'étroitesse d'une zone frontière située entre réalité et psychose. Ceux-là sont susceptibles des pires réactions dès que les choses se compliquent. Ils sont capables aussi d'auto-flagellation, ce qui leur permet de supporter bien des supplices.

Mais il existe aussi de grands explorateurs plus à l'aise en autarcie qu'en société, amoureux des grands espaces austères. Ces gens-là aiment retrouver dans l'effort et le défi les valeurs originelles de l'existence humaine. Revenir de ce genre de combat remet les pendules à l'heure, permet d'apprécier les choses les plus simples et d'identifier les valeurs essentielles.

Mike me plaît bien, je suis persuadé qu'il fait partie de cette seconde catégorie. Je crois qu'il est le genre de personne qui vit mieux dans l'austérité qu'en société.

Nous devons repartir. Le seul problème, c'est que son traîneau n'entre pas par la porte du Falcon. Toutes les positions sont tentées... Impossible. Il faudrait le plier en deux. Mike ne veut absolument pas l'abandonner. C'est comme si l'on voulait séparer l'escargot de sa coquille. L'un des pilotes, pris de remords, décide finalement de démonter l'issue de secours par laquelle nous arrivons enfin à enfiler le traîneau. Mike est rassuré, on peut décoller.

Le retour est très convivial, Mike a des réserves phénoménales de foie gras et de saumon conditionnés par l'un de ses sponsors et ami, Rocha, célèbre traiteur suisse. Toutes ces choses divines ainsi que le champagne de la Compagnie nous permettent d'agrémenter le voyage qui a lieu dans la bonne humeur. J'en profite quand même pour regarder l'état des doigts de Mike, puisque je suis là pour ça...

Je sens son regard peser sur moi au moment où j'ôte ses pansements. Je m'attends au pire. Les doigts sont couverts de phlyctènes, sorte d'ampoules caractéristiques signant le phénomène de stase vasculaire qui succède au gel des tissus. Les extrémités sont légèrement grises et nécrosées sur certaines de ses pulpes, mais l'état général ne me paraît pas désespéré.

– Je pencherais pour un stade 3 ! déclaré-je.
– Ça veut dire quoi ? me demande Mike.
– Ça veut dire qu'il y a un risque d'amputation de la dernière phalange de trois de tes doigts.
– Et alors, ça veut dire que c'est pas perdu ?
– Ça veut déjà dire que t'as bien fait de résister à ton bourreau bolchevik !
– Y'a moyen de les conserver, t'es sûr ?
– C'est pas impossible. Ça vaudrait le coup de tenter un traitement de choc.

Mike a compris. Prochain objectif : Chamonix.

Huit heures plus tard, nous sommes dans le service. J'ai téléphoné aux filles afin que l'on garde une chambre pour notre explorateur. Dominique, l'une de nos aides-soignantes, très attachée aux valeurs morales qui unissent le personnel de cette unité, nous regarde d'un air amusé. Ce n'est pas la première fois que je lui ramène un extraterrestre. Déjà sous le charme de Mike, elle a préparé la chambre avec amour et lui montre, non sans sous-entendu, la porte de la douche... Ce qu'elle ne sait pas, c'est que, dans l'hôpital sibérien, Mike a été récuré sans pitié par une énorme infirmière velue au moyen d'une brosse en chiendent et qu'il est rose comme un bébé !

Je le laisse s'organiser dans ses nouveaux « appartements » pour aller lui prescrire notre protocole « spécial gelures ». Celui-ci utilise un nouveau type de vasodilatateur beaucoup plus puissant que celui des prises en charge standard. Après plusieurs années de persévérance et de paperasserie, nous avons obtenu l'autorisation de l'employer dans le cadre d'un protocole thérapeutique expérimental. Dans le cas de Mike, c'est un peu tard, mais le jeu en vaut la chandelle.

Finalement, Mike conservera l'intégrité de ses doigts et repartira quelques mois plus tard pour un nouveau défi complètement dingue : le tour du cercle polaire. Il le réussira, le racontera, et en tournant les pages de son bouquin, je lirai, stupéfait, la façon dont il a vécu son aventure mais aussi celle dont il a apprécié son séjour dans nos murs. Je tomberai carrément de ma chaise en découvrant qu'il me qualifie de « gourou » !

Docteur Vertical

Je rentre à l'école, crevé, mais enrichi d'une nouvelle énergie. Mike a dû me transmettre un peu de son fluide. D'une certaine manière, je l'envie de se donner les moyens de vivre de telles expériences. Je vais m'offrir une bonne nuit de sommeil pour rattraper le décalage que m'a fait subir cette petite excursion arctique, car demain, les affaires reprennent...

JARVIS

Depuis quelques jours, l'hiver est revenu. Le froid est mordant en cette fin d'après-midi. Je suis de permanence « département » avec le « gros bourdon ». J'appelle ainsi le nouvel hélicoptère qui partage dorénavant le travail de l'Alouette dont la longue carrière se terminera dans l'année. En réalité, son nom de code est « Fox-trot ». C'est une grosse machine deux fois plus puissante et plus rapide que l'Alouette III. Il y a également deux fois plus de place à l'intérieur, si bien qu'en une seule rotation, on peut emmener toute l'équipe, le docteur, le matos, le chien et la grand-mère… Attention ! ce n'est plus la même ambiance. L'espace est compartimenté : la cabine de pilotage devant, et les légionnaires derrière. Au top chrono, tout le monde descend, style GIGN.

Pendant qu'une deuxième équipe est en charge du massif du Mont-Blanc, nous sommes donc d'astreinte pour la surveillance du reste du département.

Il est seize heures et l'activité semble s'éteindre.

On vient de s'occuper d'un « arrêt » à Notre-Dame-de-Bellecombe. La dame n'a pas survécu, malgré notre acharnement. Une Anglaise de cinquante ans, en vacances dans cette petite station de sports d'hiver tranquille, qui s'était présentée hier chez un cardiologue pour une douleur thoracique. Ce dernier n'avait rien détecté, l'épreuve d'effort était normale... Le médecin avait rassuré sa patiente et l'avait laissée continuer son séjour de ski en famille... Elle est tombée brutalement, la syncope à l'emporte-pièce, devant son mari et sa fille qui ne comprennent toujours pas.

Je reste quelques minutes à cogiter dans la cabine de l'hélico en regardant le sac de réa. J'en ai marre de ces arrêts cardiaques qui ne repartent pas ! Et quand, par chance, ils redémarrent, c'est pour s'éteindre quelques jours plus tard à bout de souffle, le cerveau muet.

Le secours en montagne, c'est une activité maniaco-dépressive. D'une heure à l'autre, le contexte peut s'inverser. Après une histoire qui s'est terminée dans la bonne humeur, vous pouvez plonger aussitôt dans l'horreur.

Ben, mon pote, de huit ans plus jeune que moi et qui fait le même boulot, vient d'encaisser une série noire : cinq morts en moins de trois gardes ! Il n'a rien pu faire. Chute de trois cents mètres, avalanches de pierres dans le couloir du Goûter... La sensation d'être inutile le ronge depuis une semaine. Il est pourtant le roi de l'intubation dans les conditions foireuses – même s'il n'est pas celui de l'organisation ni du rangement. Il en a ressuscité, du monde, ces dernières années ! Son plus grand succès, ce n'est pas au cours d'une garde qu'il l'a vécu, mais au cours d'une journée d'entraînement personnel.

Un jour d'hiver, alors qu'il attaquait les premiers mètres d'une petite cascade de glace près du gîte *La Crémerie des Glaciers*, elle s'est écrasée à ses pieds... Une adolescente de dix-neuf ans. Le cœur de la jeune fille s'est arrêté brutalement sous l'effet du choc. Ben s'est jeté sur elle pour lui faire un massage cardiaque pendant que son copain appelait le 15... Par miracle, peut-être aussi grâce au massage, le cœur a redémarré. Deux ans plus tard, elle avait entrepris des études d'infirmière et venait faire son premier stage à Chamonix, avec Ben.

Je sens qu'une phase déprimante me guette. J'en discute avec Bertrand, le médecin de garde sur le massif aujourd'hui. Il est plus jeune que moi.

– C'est chiant aujourd'hui, y'a rien à foutre, mais toi, t'arrêtes pas ! se lamente-t-il.

– Eh ouais ! Et toi, t'arrêtes pas d'arrêter, c'est ça ?

– Si tu veux... Ça s'est passé comment, ton arrêt ?

– Comme d'hab'... il est pas reparti !

Alors que j'espérais puiser un peu d'énergie dans cette conversation, je me rends compte que ce métier va finir par me lasser. Même dans les gestes de réanimation qui m'excitaient, il y a dix ans, je ressens désormais une certaine lassitude. Perfuser, calmer, remplir, intuber... voilà les quatre mamelles de la médecine d'urgence en montagne. Le tout est de pouvoir les exécuter dans toutes les positions imaginables. J'ai passé toutes ces années à apprendre à les réaliser, or maintenant que j'ai fait le tour de la question et que je pourrais me rendre utile, j'ai envie d'arrêter. Quel gâchis !

Bertrand essaye de me rassurer. Mais je n'ai pas le temps de m'appesantir sur ces considérations : Robin, le pompier-secouriste de garde, m'interpelle...

– Manu, on y retourne ! Une alerte du côté du col des Saisies...

– Non ! Si tard ?

– Ouais, faut pas traîner, dans une heure, c'est rideau !

– Qu'est-ce qu'on va faire ?

– Une reco... Des appels, on sait pas trop d'où... On va devoir chercher, c'est pas gagné !

Le coup classique : on est sur le point de rentrer la machine, on s'apprête à ranger, on a tombé le baudrier, rebranché les chargeurs pour la relève du lendemain... mais il faut y retourner ! Il n'y a pas de loi, dans ce métier...

Le soleil s'éclipse en traître alors qu'un petit souffle d'air polaire se lève et nous glace les os. L'hiver, lui, n'a pas fait ses valises.

Cinq minutes que nous volons dans le gros bourdon et déjà, tous les versants nord sont dans l'ombre. Le froid glacial de l'anticyclone s'est emparé du fond de la vallée que nous explorons à l'aplomb du pic de la Croix-Blanche. Cinq paires d'yeux scrutent les arbustes et les bosquets au pied des barres rocheuses susceptibles d'être responsables de l'accident. Il faut chercher des traces de skis dans ce domaine hors-piste peu fréquenté. Depuis l'auberge en contrebas, des cris ont été entendus en début d'après-midi. Puis plus rien... En fin d'après-midi, quelqu'un a repéré à la jumelle des traces de sang en dessous d'une barre.

Le bourdon pivote sur lui-même, le nez pointé sur une trace isolée qui s'arrête pile au-dessus d'une petite falaise. Elle indique que le skieur a sauté. Pour une fois, les faits correspondent à la description fournie par les témoins. Qu'est-ce qui a pu passer dans la tête de ce type pour qu'il n'ait pas vu le vide en contrebas ? Un plongeon d'au moins trente mètres !

Daniel descend progressivement le long de la paroi. L'effet de sol que produit l'EC 145 est impressionnant. La neige poudreuse tournoie furieusement en gerbes blanches. Les aulnes sont secoués et se font dépouiller de leurs dernières branches. Au pied de la falaise, dans le cône de déjection presque vertical qui précède la forêt de taillis, une cuvette dans la neige, de la taille d'un homme, marque l'impact de la chute. Quinze mètres plus bas, une tache de sang au pied d'un arbuste... mais toujours personne.

– Descends encore Daniel. Le gars a dû glisser vers le bas et s'accrocher dans les arbres, dit Robin.

– Ouais, plus bas... Vu ! hurle Mathias le gendarme. Je le vois, il est enroulé autour d'un tronc.

– Oh la la !... il a l'air cuit ! Avec la chute qu'il a faite ! constate Daniel d'un air abattu.

Il y a du sang partout. Il doit être là depuis au moins trois heures...

Daniel a rejoint l'équipe cette année. Il découvre petit à petit les drames quotidiens qui font de ce métier un jugement parfois sans appel. Les corps que l'on ramasse sans vie et que l'on ramène, pas fier, à la famille, avec la déprimante sensation d'avoir été inutile ou d'être arrivé trop tard.

– Attends ! je crois qu'il bouge... s'exclame Daniel en se tordant le cou pour essayer de s'approcher.
– Non, là, faut pas rêver... c'est le souffle de l'hélico qui le fait bouger ! lui rétorque Robin.

Mathias prépare le sac de plastique rigide et vérifie son anneau de baudrier pour se faire treuiller sur le corps. L'obscurité va bientôt tomber, il ne faut plus traîner. Les hélicos sont capables de voler la nuit et même de réaliser des manœuvres relativement techniques, mais treuiller des secouristes dans la toundra au fond d'un vallon, présente tous les risques de se mettre au tas.

Alex, le mécano, ouvre la grande porte coulissante et vérifie le treuil en actionnant la grosse télécommande. Je suis sûr qu'il prend son pied à jouer avec ce treuil. Ça doit lui rappeler l'enfance. Comme tous les gamins, il a dû passer des journées entières à jouer à la grue !

Le froid et le boucan s'engouffrent brutalement dans la cabine. Mathias s'accroche et Alex l'envoie dans le gaz en manœuvrant le bras hydraulique vers l'extérieur. Je me cale à l'arrière de la machine. Décidément, il devait être écrit que je ne servirais à rien aujourd'hui... Inconsciemment, mon corps se libère du stress qui s'était installé dans l'attente de savoir si la victime aurait besoin de mes soins. Il est mort. C'est à la fois douloureux d'imaginer la lente agonie qu'il a peut-être endurée, et libérateur de penser que la souffrance n'existe plus pour lui. Son corps repose en paix désormais.

Je me souviens du sentiment qui m'habitait à mes débuts. Le soulagement égoïste que je ressentais en apprenant que la victime était décédée et qu'il n'y avait plus rien à tenter. Je me souciais davantage des prestations que j'allais être capable de produire que du drame que la mort de cette personne allait provoquer dans son entourage. Aujourd'hui, ma pratique est rodée, je ne me pose plus trop de questions sur mes compétences. Elles sont ce qu'elles sont. Mais je me surprends à cogiter sur les aspects psychologiques qui entourent la mort accidentelle des gens que l'on ramasse et sur les considérations morales que cela suscite.

– Fox, de Mathias ?
– Ouais, Mathias, parle ! répond Daniel.
– Il est vivant...
– ...
– Tu peux descendre le toubib et le Chamois* avec le matos et la perche, ajoute Mathias.

Une poussée d'adrénaline me ramène brutalement à la réalité. Il faut que j'y aille ! J'ai à peine le temps de remettre mes gants et mon masque qu'Alex me tend le crochet. Robin est déjà posé avec la perche.

– Vite, Manu ! dans une demi-heure, je ne pourrai plus te récupérer... Tiens-moi vite au courant pour qu'on s'arrache avant la nuit, me prévient Daniel.

Sans lui répondre, je me débranche pour descendre. Les choses sont claires : ça va se terminer en *scoop and run*. Je n'aime pas bien travailler comme ça. On va le prendre tel quel, le saucissonner dans la perche, sans rien lui faire, sans calmant, et le

---

* Chamois : Nom de code des secouristes du Groupement de montagne de sapeurs-pompiers (GMSP).

treuiller en espérant qu'il tienne le coup jusqu'à l'hosto. Ce n'est pas du bon boulot, mais dans ce genre de situation, il n'existe pas de meilleure solution. Le fait de se retrouver sans hélico change les données du problème. En cas de retard, descendre à pied dans la poudreuse jusqu'au premier village en portant à trois un blessé qui s'enfonce – et nous avec –, ce serait le condamner.

Robin me réceptionne dans une tornade de poudreuse qui nous glace le sang. Il n'y a que vingt mètres à descendre dans la pente pour rejoindre le skieur, et déjà, la profondeur de neige dans laquelle on brasse, confirme qu'il faut oublier l'évacuation terrestre. Mathias se trouve devant le moribond sans trop savoir comment l'aborder. Je jette un coup d'œil rapide sur son aspect général... C'est bon, j'ai compris : si le type n'est pas mort, c'est tout comme. Il a déjà un pied de l'autre côté de la barrière. Question de minutes. Sa mâchoire est fracturée en différents endroits. De grosses plaies au visage ne saignent plus car il s'est vidé de son sang. Il est en train de « gasper », le regard est vitreux, les pupilles complètement dilatées.

Je m'enfonce dans un trou entre deux branches en essayant de décharger mon sac. C'est inconfortable au possible. Le skieur est dans une position défiant toutes les règles de l'anatomie. Complètement tordu, la tête en bas, il est couvert de neige. Je désespère devant ce cas désespéré. Ce type est en train de mourir. À quoi bon s'énerver ? Que faire d'autre, en trente minutes, sinon le mettre sur la perche et l'évacuer ? Je cherche un pouls carotidien... Que dalle !
Je réfléchis trois secondes de plus... Le treuiller ainsi,

bien que cela soit la solution la plus évidente pour nous, ce serait l'achever. Je ne peux pas faire ça ! Je dois lui donner sa dernière chance.

Robin a réussi tant bien que mal à poser les électrodes et à brancher le scope. Son cœur bat. Ce n'est pas complètement perdu. Reste une petite lueur de vie. Je sors mon attirail dans la neige qui s'infiltre partout et j'essaye, en m'énervant, de mettre mes gants de protection avant de commencer. Impossible : mes mains sont déjà gelées et le latex colle à ma peau sans glisser. J'abandonne. On décide de placer le skieur sur la perche pour qu'il se retrouve en position à peu près horizontale et soit isolé de la neige. Ce n'est pas une mince affaire. La neige le recouvre à nouveau. Elle embarque au passage ma pochette contenant tout le nécessaire pour perfuser. J'ai de moins en moins espoir d'arriver à quelque chose. Je relance ma mécanique gestuelle et laisse mes émotions dans ma poche. Oxygéner, piquer, remplir, calmer, « sédater », intuber... Y'a qu'à faire ! Oui, mais comment ? Abord veineux fantôme, tout est spasmé. À l'aveugle, je tente de lui mettre un cathéter dans le pli du coude. Peine perdue, les veines périphériques sont vides de sang. Il faut tenter la voie centrale. Je vais chercher directement la veine sous-clavière en plantant un trocart sous la clavicule gauche. J'en pose souvent aux urgences et, d'habitude, j'ai plutôt du succès sur ce coup-là. Robin m'aide à découper les couches de vêtements superposés. Je tente ma chance. Bingo ! Mon moral remonte. Je vais pour enfiler le guide métallique dans le trocart qui me servira à enfoncer le cathéter définitif. Mais trop sûr de moi, je prépare mal cette dernière manœuvre. Mon pied ripe dans le trou de neige que j'avais oublié, en dessous de moi. Le guide métallique bute, mon trocart sort de la veine. Impossible de la récupérer. Robin, pendant ce temps, a sorti la bouteille d'oxygène. Lui aussi se bat avec les branches qui nous compliquent la tâche depuis le début. Furieux d'avoir perdu ma veine, je décide d'intuber le blessé sans sédation. Je veux absolument le brancher sur le respirateur et l'oxygéner mieux que ce que l'on fait pour l'instant. L'opération se révèle catastrophique. Sa mâchoire est en morceaux, les repères anatomiques habituels sont chamboulés et je suis dans une position impossible.

Un téléphone sonne, c'est celui de notre victime. J'entends Mathias répondre. Il cherche à obtenir des informations sur son identité. Au bout du fil, une personne de son entourage qui ne comprend rien à ce qui se passe. Mathias a du mal à se dépatouiller de cette situation délicate. Il aimerait avoir des informations supplémentaires concernant le blessé, mais il ne parvient pas à mentir. Difficile de cacher l'évidence tout en respectant le secret médical. Les batteries du téléphone résolvent le problème. La communication, déjà hachée, s'interrompt. On sait seulement qu'il s'appelle Jarvis.

L'intubation est impossible. Il faut vraiment le « sédater » pour avoir une chance. Mais cela impliquerait de faire chuter encore sa tension. Or il n'en a pratiquement plus. C'est l'éternel dilemme de l'urgentiste face au blessé qui s'enfonce. Il faut toujours l'oxygéner au maximum, et pour cela l'intuber, donc l'endormir. Actuellement, toutes les drogues présentent deux effets adverses : elles interrompent la respiration autonome et dilatent les vaisseaux périphériques. Lorsque la personne saigne énormément, il est primordial de la remplir au préalable, afin d'éviter que le cœur ne s'arrête. Je me sens impuissant.

Toutefois, une idée germe dans mon esprit envahi par le doute. Je décide de l'endormir à la kétamine en administrant celle-ci en intramusculaire. Je force la dose. Quitte à tenter l'impossible, autant être efficace. Deux minutes plus tard, comme par miracle, une veine apparaît. La kétamine est un des rares produits de la panoplie à augmenter la pression dans la circulation de façon presque instantanée. Je plante avec fébrilité un gros cathéter orange. La chance me sourit de nouveau. Sans perdre une seconde, je vide le contenu de la perfusion de salé hypertonique dans les veines de Jarvis. C'est comme si je lui fournissais un bon litre de sang. J'ajoute une ampoule de célocurine et me jette sur mon laryngoscope.

– Manu, il a l'air de s'arrêter ! annonce Mathias d'une voix inquiète.

– Ouais, c'est normal...

Je n'en dis pas plus, trop concentré à chercher les cordes vocales de Jarvis au milieu du caillot de sang qui s'est accumulé au fond de sa gorge. Robin fait de son mieux pour m'aider en me passant l'aspirateur de mucosités. Mais rien à faire, je suis trop mal installé, arc-bouté sur la perche dans une position on ne peut moins académique. À moins que je ne sois trop nul...

– Merde, merde ! j'y arrive pas... Fait chier ! Remets-lui le masque, Robin.

Robin s'exécute, un peu peiné pour moi. Ça y est, je craque, j'abandonne... Pour couronner le tout, Daniel, qui a posé l'hélico un peu plus loin dans la vallée, nous appelle.
– Chamois, de Fox ?
– Oui, on t'écoute, renvoie Robin.
– Dans dix minutes, je pourrai plus vous treuiller...
J'annonce, déconfit :
– O.K., on va l'embarquer comme ça. On n'a plus le choix.
Je ne suis pas fier de moi. Dans un ultime espoir, j'abandonne le laryngoscope souillé, j'arrache le masque à oxygène, m'empare d'une canule d'intubation plus fine et tente de passer par la narine. Quand on n'y voit rien, ça peut marcher... J'enfonce la sonde, force un peu. Je m'applique à placer la tête bien dans l'axe du rachis. Ça passe, et dans le bon trou. Je vérifie avec le ballon et le stéthoscope... Victoire ! J'entends le bruit rassurant de l'air qui s'insuffle symétriquement dans les bronches. Une onde de chaleur me remonte l'échine. Ne jamais baisser les bras !
– Vite ! on a juste le temps de le brancher.
Robin branche l'oxygène sur le respirateur pendant que je fixe la canule. Mathias fait rapidement le ménage pour sangler Jarvis et le matos sur la perche. En trente secondes, je remplace la perfusion vide par une autre et j'ajoute une demi-ampoule de fentanyl pour le voyage. On entend déjà la turbine de l'EC 145 qui se met en route dans le fond de la vallée, impatient et inquiet d'avoir à treuiller à la nuit tombante.

L'hélico arrive au-dessus de nous. La poudreuse recommence à s'affoler. Daniel a allumé le puissant projecteur ventral qui nous éblouit. La nuit nous est tombée dessus comme un dais noir. Accroché à Jarvis et à son destin, je pars dans les airs en direction de la vallée qui, déjà, s'enfonce dans les ténèbres. Nous subissons les effets dynamiques du rotor contre la paroi, nous commençons à tournoyer. Au fur et à mesure de l'ascension, les tours s'accélèrent et nous nous transformons en toupie. Nous n'avons pas eu le temps d'installer le système anti-giratoire qui permet d'éviter cet inconvénient. Je résiste, en tournant la tête de façon saccadée, comme un patineur sur glace. Mais ça devient vite insupportable. Je n'ose penser aux contraintes hémodynamiques abominables que Jarvis doit subir... À moins qu'il ne se soit tout bonnement arrêté de vivre...

Alex, au-dessus, s'est probablement rendu compte du problème. Il l'a certainement signalé à Daniel qui prend de la vitesse pour contrecarrer le phénomène. Les tours ralentissent, mais le vent violent nous entraîne vers l'arrière de la machine. Le câble au bout duquel nous pendons résiste à des tensions phénoménales. Si j'avais oublié qu'on pouvait avoir la trouille lors d'un treuillage, me voilà remis au pli ! Pour tout arranger, mon sac, qui flotte comme un drapeau au vent, me bourre de coups comme si j'étais un punching-ball.

Arrivés sous le cockpit, Jarvis et moi sommes déportés sur l'arrière du patin. Avec l'EC 145, les manœuvres d'embarquement de la victime sont plus complexes qu'avec l'Alouette. La technique homologuée consiste à se présenter dos au patin, afin de passer au-dessus sans que la perche reste coincée. Il faut ensuite faire pivoter celle-ci de façon à l'introduire les pieds les premiers. Si la manœuvre est réalisable quand l'hélico reste en vol stationnaire, les choses n'en vont pas de même en vitesse de croisière. Alex me tire avec la perche pendant que je me tracte de toutes mes forces sur la poignée latérale. La violence du vent glacial qui nous repousse prend appui contre la perche comme contre la voile d'un bateau. Je suis plaqué à la carlingue. J'ai peur que tout pète. Pas moyen de faire comprendre à Daniel qu'il faudrait ralentir. Croyant bien faire, il fonce vers Chambéry pour déposer le polytraumatisé le plus vite possible en réanimation. Après cinq minutes de lutte, Jarvis est à l'intérieur et moi, je m'affale, le câble entre les jambes. J'écarte sa capuche pour jeter un coup d'œil à Jarvis. Impossible de dire s'il vit encore. Le respirateur fait son boulot, c'est tout ce que je constate. Le scope, trop gros, est resté en bas.

À Chambéry, je suis content qu'on nous attende sur le toit de l'hôpital. Trois personnes en blouses blanches discutent gaiement jusqu'à ce que les pales s'immobilisent. Impossible de savoir s'il s'agit de brancardiers, d'aides-soignants ou de médecins. En descendant de l'hélico, je casse un peu l'ambiance :

– Là, mon patient, il est vraiment en train de mourir...

Les trois types s'activent. Nous courons vers le déchoquage. On croirait le feuilleton *Urgences* !

– O.K... prêts pour lever ?

– Prêts ! répondent presque en chœur les trois acolytes.

– Levez !

Une sangle s'accroche... Classique. Deux instruments tombent par terre. Une infirmière un peu plus

âgée que les autres rouspète, histoire de faire monter la pression.
– Prêts pour poser ?
– Prêts !
– Posez !

Le réanimateur de garde a pris les choses en mains. Il note d'un air très professionnel toutes les infos que je lui livre en vrac, sans aucun commentaire.

Jarvis est dans un état déplorable. Nous n'avons même pas eu le temps de nettoyer son visage. Les infirmières qui le déshabillent doivent penser qu'on a travaillé comme des sagouins. Au moment d'enlever sa manche gauche, dans l'empressement, elles arrachent la perfusion que j'avais eu tant de mal à placer. Je soupire. On branche les fils, la pression est remontée à 9, le cœur bat... Le réanimateur s'équipe pour installer une voie veineuse profonde au niveau de la fémorale. Pauvre Jarvis ! s'il savait ce qu'on lui fait subir... Mais pourquoi a-t-il sauté cette barre ?

Je récupère mes outils et, rempli d'espoir, abandonne Jarvis aux mains de l'équipe soignante. Et s'il s'en sortait sans séquelles ?

De retour dans la nuit vers le col des Saisies, nous récupérons Mathias et Robin qui attendaient près d'un hameau éclairé. Je leur apprends que Jarvis n'est pas mort. Il a franchi un premier cap, il a une petite chance. Tout dépend de ce que le scanner révélera...

Lorsque nous arrivons à Chamonix, la DZ est déserte, il est vingt heures. Seul le hangar est resté allumé pour accueillir le gros bourdon. On décharge la machine. Mon sac de réa est en vrac, cela va me prendre encore une heure pour le reconstituer...

La saison d'hiver touche à sa fin. Toute l'équipe est sur les genoux. Des hordes de touristes nous sont passées sur le corps. Les urgences ont explosé, comme d'habitude. Comme chaque fois, on se dit : « Plus jamais ça, c'est la dernière. Je rends mon stétho... Métier de con ! ». Comme chaque fois, on n'avait plus un lit disponible dans l'hosto. Comme chaque fois, on s'est fait pourrir par des gens trop pressés qui n'avaient presque rien mais voulaient passer devant tout le monde. Ils étaient là pour des vacances, pas pour se casser la gueule. On s'est ruiné la santé et on a serré les fesses. Et comme chaque fois, c'est passé, et on oubliera jusqu'à la saison d'été.

KHANDO VOULAIT RESTER

Fin de semaine, début du printemps, l'ambiance est pourtant maussade. On avait essayé de préparer Khando au départ, mais il n'y a rien eu à faire. Elle freinait des quatre fers. Elle voulait rester là.

Les adieux à toute la famille qui agitait les bras sur le quai de la gare de Bellegarde ont été déchirants.

Je l'emmène à Paris, mais je ne pourrai pas l'accompagner à l'aéroport demain matin car je serai de permanence. Je dois être rentré à Chamonix ce soir même. Cécile et moi étions très ennuyés de ne pouvoir être avec elle jusqu'à l'avion. Il n'était pas question de la confier à Marie-Jeanne qui nous l'avait proposé. Comme je le pensais, nos rapports ne se sont pas améliorés. J'ai fini par me fâcher quand elle m'a sommé de lui rembourser les frais qu'elle avait engagés pour Khando, à savoir quelques vêtements et une visite chez le médecin pour un rhume.

Nous nous rendons chez Gilles. Je l'ai rencontré à Chamonix récemment, nous nous connaissons peu. Il accompagnait un jeune instituteur népalais d'une école du Dolpo en visite en France. Lorsque nous lui avons raconté notre histoire, il a proposé d'emmener Khando lui-même. J'ai immédiatement eu confiance en cet homme.

Khando a triste mine. Elle pleure. Je n'ai de cesse de lui promettre que rien n'est terminé. Mais que si elle ne part pas maintenant, au terme de son visa, elle ne pourra jamais revenir... Je dois finalement la laisser à Gilles et à son épouse qui vont faire de leur mieux pour la rassurer...

Le lendemain matin, à l'hôpital, mon téléphone cellulaire sonne alors que je me prépare à suturer le doigt d'un apprenti de cuisine qui s'est coupé jusqu'à l'os. Au même instant je pensais que Khando avait dû retrouver Norbu et Marie-Jeanne dans la salle d'attente... C'est Gilles. Ennuyé, il me passe Khando. Elle a piqué une crise. Elle a décidé qu'elle ne partirait pas. Je la sermonne le plus gentiment possible en essayant de faire preuve d'un soupçon d'autorité. Elle finit par se raisonner. Je l'embrasse en ayant toutes les peines du monde à raccrocher.

J'ai besoin de quelques secondes avant de recouvrer mes esprits. L'apprenti cuisinier me regarde d'un air compatissant. C'est pourtant lui qui va dérouiller dans deux minutes !

3ᵉ partie
· · · · ·
L'été

L'été à Chamonix... « *Death Valley* » comme la présentent les tabloïds à sensation londoniens. Une fourmilière de clampins qui se dandinent sur un terrain miné. Depuis l'hélicoptère, on en voit partout, suspendus à des clous rouillés, encordés comme des saucisses. Chaque fois que je survole le massif, les jours de pointe, je m'étonne du peu d'accidents qui se produisent, compte tenu du nombre d'alpinistes ou de randonneurs au mètre carré...

Rob

Devant la caisse du téléphérique de l'Aiguille du Midi, Olive trépigne. Il est vert : avec Rob, c'est toujours pareil, il ne peut jamais être à l'heure. Le feu aux joues et transpirant, la braguette ouverte, le voilà qui arrive en courant. Son sac mal fermé pendouille misérablement sur son dos laissant échapper la moitié de ses affaires qui traînent par terre derrière lui.

– Rob, t'as perdu un gant ! Allez, magne-toi, voilà ton ticket !

– Ouais, ouais… j'ai mis trois plombes à trouver une place pour me garer. C'est pas croyable, maintenant, il faut payer aussi pour garer sa bagnole !

– Tu fais chier ! râle Olive.

Rob, c'est un mec bien, mais vraiment bordélique. Toujours à rêvasser, il ne parvient jamais à dire non, si bien qu'il est toujours dépassé.

Olive l'a rencontré dans le Verdon, il y a cinq ans. Au début, Rob l'a un peu gonflé avec son adulation pour le matériel Chouinard qu'il considère comme des pièces de collection. C'en était devenu une obsession, il en avait une armoire pleine. En fait, Rob est plus obsessionnel que collectionneur. Il se lance immanquablement dans des explications interminables auxquelles Olive acquiesce tout en pensant à autre chose. Pourtant, en grimpant avec Rob, Olive a fini par le trouver sympa. Disons plutôt qu'il est attachant. Rob est surtout très attentionné envers les autres et cela rattrape largement ses défauts aux yeux d'Olive.

Ils ont fait plus ample connaissance à l'occasion d'un voyage dans le Hoggar. Lors de cette expédition saharienne, Rob s'est pris de passion pour la photo. Il était tombé en extase devant un vieux Leica avec lequel il a joué les chasseurs d'images. Des heures durant, allongé dans le sable, il peaufinait ses réglages et s'oubliait dans des poses interminables. Cela en a agacé quelques-uns. Mais Olive, ça l'amusait de voir Rob vivre dans son monde et s'émerveiller de tout et de rien.

Tout le groupe garde en mémoire le « coup de Calgon » que Rob leur a fait le dernier jour à Tamanrasset... Avant de rentrer en France, ils avaient décidé de s'offrir le couscous du siècle. Rob, bien qu'il ne soit pas plus épais qu'une chèvre, a toujours faim. Ce soir-là, il était tellement affamé qu'il s'est jeté sur son assiette comme un damné. La plâtrée de semoule n'a pas résisté plus de trois minutes, montre en main. Olive le regardait du coin de l'œil, interloqué. Soudain, il l'a vu pâlir. Ses yeux toujours brillants de curiosité ont soudain perdu leur éclat.

Rob

Il a basculé en arrière au ralenti, sans que personne n'ait eu le temps de réagir, et il est allé s'étaler entre les tables dans un grand bruit de couscoussiers. Une femme a crié, un verre a été brisé et le chien du proprio s'est mis à hurler à la mort. Drôle d'ambiance !

Il y a eu quelques secondes d'arrêt sur image. Ils se sont regardés stupidement, puis dans un même élan, ils se sont levés, histoire de vérifier que Rob ne faisait pas un arrêt cardiaque... Quelques claques bien placées l'ont arraché à sa syncope. Personne n'a compris ce qui avait bien pu lui arriver. Ils apprendraient plus tard qu'on peut tomber dans les pommes en remplissant massivement et brutalement un estomac vide...

La benne s'est mise en route silencieusement pour le plan de l'Aiguille. Rob continue à ranger son sac en donnant des coups de coudes autour de lui, pendant qu'Olive discute avec Maxou et Dod et passe en revue tout le matos.

Ils avaient programmé l'ascension du pilier Gervasutti depuis un bon moment, mais ça n'avait jamais marché. Soit, c'était la météo qui coinçait, soit, un des quatre ne pouvait pas se libérer. Mais ce projet de course était une histoire d'amitié, et ils s'étaient juré de le réaliser ensemble. Ça devait les rassurer... La mi-août était là : c'était maintenant ou jamais. Les conditions avaient été bonnes toute la semaine et ils disposaient juste d'un créneau pour leur ascension avant l'arrivée d'une nouvelle dégradation annoncée pour le week-end.

Le pilier Gervasutti, au mont Blanc du Tacul, est une voie d'envergure. Si le topo la présente comme une course de deux jours, beaucoup de cordées de bon niveau la sortent dorénavant dans la journée. Or les quatre lascars ont la frite ces derniers temps. Ils ont enchaîné de beaux circuits à Fontainebleau. Olive s'est entraîné en faisant du vélo à Paris et Maxou a réussi deux 7c. Tout le monde compte sur lui pour les passages clés. De toute façon, ils n'ont pas l'intention de se taper un bivouac. Les bivouacs, c'est pour les *has been*. Eux, ils grimpent moderne, léger et rapide !

Le topo ne laisse pas entrevoir trente-six possibilités : dodo au refuge des Cosmiques le jeudi soir, pilier Gervasutti le vendredi, puis descente sur le refuge dans la soirée. Il leur restera éventuellement un peu de rabe dans la nuit en cas de petits soucis. La dégradation étant annoncée samedi soir seulement, ça leur ménage un peu de marge...

Pilier Gervasutti. Vendredi

J'attaque une fournée de pain. Un rêve de jeunesse. Pourquoi avoir choisi la médecine alors que je suis fait pour pétrir la pâte ? J'ai encore aux narines les parfums du fournil de La Palud... Une nuit passée à regarder mon copain boulanger préparer ses miches, ses croissants et ses pains au chocolat...

J'ai décidé de m'y mettre à la maison, avec une petite machine trouvée en promo dans mon hypermarché. Je mélange les farines un peu n'importe comment, teste les différentes levures en apprenti sorcier. Petit à petit, mes œuvres ressemblent de plus en plus à du pain. Cécile et les enfants me félicitent un peu trop facilement pour que leur admiration soit honnête. Ils me traitent comme un gamin qu'on encourage pour ne pas le décevoir. Je me suis quand même fait engueuler pour les débris de pâte qui traînent et la farine qui colle à l'éponge...

Mais j'insiste, je persiste et ne désespère point. J'y arriverai !

Ce week-end, je cuirai trois ou quatre pains que je cacherai dans le congélateur...

Deux heures... Quatre loupiotes se dandinent sous le col du Midi en direction du Rognon.
– Hé, les gars ! Y'a un problème...
Malgré le manque de lumière, Olive avait bien vu que quelque chose n'allait pas. Rob avait la tête du type qui a fait une connerie. Avec lui, on peut s'attendre à tout.

Rob est mal foutu. La nuit à 3 500 mètres l'a secoué. Par deux fois, il avait rendu les nouilles de la veille et il n'était pas parvenu à s'endormir. À minuit, il avait voulu prendre un somnifère. Du coup, maintenant, il est dans le pâté.
– Vas-y accouche ! lui lance Olive.
– J'ai oublié mon « baudard »...
– Ah, bravo ! Et qu'est-ce qu'on fait maintenant ? T'as une idée ?
– Bah, je crois que je vais vous laisser... Vous grimperez à trois. De toute façon, j'ai pas la frite...
– Non, c'est trop con ! Tu grimperas avec une sangle, on va te bricoler un harnais. De toute façon, vu la tronche que t'as, j'imaginais pas que t'allais passer en tête. T'auras qu'à grimper avec Maxou, en second.
– Ah merci, bonjour les coucougnettes !

Ils avaient décollé du refuge non sans mal et bien en retard sur l'horaire prévu. Mais ça avait été un moindre mal, étant donné la cohue au petit déjeuner.

Pilier Gervasutti. Vendredi

Dans la salle hors-sac, il y en avait dans tous les sens. Des petits, des gros, des qui allaient faire la TVB (traversée de la vallée Blanche) et qui s'étaient levés à deux heures pour être sûr de ne pas rater la dernière benne de dix-huit heures, des qui décollaient pour le MBPT (mont Blanc par le Tacul) et qui n'avaient pas les yeux en face des trous... Il y avait celle qui pleurait parce qu'elle avait deux pompes gauches, et un Espagnol qui cherchait partout son copain. Celui-ci était sûrement parti en croyant que l'autre le cherchait devant...

– Eh, attends, attends ! Merde ! mon crampon a sauté...
– Rob, tu deviens chiant !
Olive n'est pas loin de penser que ce n'est peut-être pas le bon jour pour s'embarquer dans une histoire pareille. Pourtant, dans la nuit pâlissante, on devine le profil du pilier Gervasutti...

Six heures trente... Maxou cherche son chemin dans la paroi.
– Oh ! Maxou, t'es au relais ? Maxou, on se caille ! s'impatiente Olive.
À cause de la nuit, il a attaqué au jugé, sans avoir repéré l'itinéraire de loin, et en particulier la longueur de départ. Du coup, il n'est pas sûr d'être dans la voie. En plus, le rocher est trempé. Avec les grosses chaussures qu'il a gardées au pied, ce n'est pas du gâteau. Il galère alors qu'il est censé se trouver dans du 4 sup... Ah ! on est loin du circuit rouge de Milly-la-Forêt ! Il y a un petit moment, un vieux clou l'avait rassuré, mais il n'a plus rien rencontré depuis au

Docteur Vertical

moins quinze mètres et il s'est fourré dans une position précaire. Son pied gauche est délicatement posé sur un aplat lichéneux. Sa main gauche tire en opposition sur une microfissure oblique. Son pied droit est peut-être son seul appui correct, mais sa main droite bredouille, cherchant désespérément une prise.

– Putain, merde ! qu'est ce que je fous ? Je devrais courir là-dedans ! grogne-t-il tout haut.

Après quelques minutes d'hésitation, il tend la jambe gauche en espérant trouver une aspérité qui la retiendra dans le mouvement. De toute façon, il fallait bien tenter quelque chose. La tétanie gagne progressivement les muscles de sa cuisse.

En entendant les autres qui gueulent à cause du froid, il lui vient des idées de meurtre. Ça commence très mal, ce pilier ! S'il tenait le salaud qui a équipé ça ! Et toujours pas le moindre clou en vue… Sa frontale ne sert plus à rien : on est à ce moment de l'aube où l'on ne sait pas s'il fait encore nuit ou si le jour est déjà là. Bref, on y voit que dalle dans cette longueur de merde…

Au prix d'une acrobatie sans nom, Maxou réussit quand même à glisser un *friend* dans la fissurette qu'il utilisait déjà pour sa main gauche. Il y accroche une dégaine. Avant de passer la corde dans le mousqueton, il tire dessus d'un petit coup sec pour caler le *friend*, plus par habitude que par conviction. « Celui-là, je n'y vacherais même pas ma belle-mère ! » se surprend-il à penser…

– Du mou, merde ! Du mou, en bas ! hurle-t-il, en secouant la corde qui se coince.

Le pire, c'est que les autres ne doivent pas se rendre compte du merdier dans lequel il se trouve.

Pilier Gervasutti. Vendredi

La pression monte. Soudain, une poussée d'adrénaline lui intime l'ordre de s'extraire de cette position devenue insupportable. Maxou décide de tenter le coup en montant son pied gauche sur une réglette pitoyable. Il essaye de le placer le plus près possible de sa fesse. Il est pourtant conscient que, avec son gros sac et le tirage de la corde, il ne parviendra sans doute pas à pousser sur sa jambe... « Quelle connerie de ne pas avoir mis les chaussons ! »

Il prend au moins trente secondes pour se concentrer en soufflant comme un taureau. Puis il se soulève lourdement en poussant un cri étouffé. Sa main gauche se crispe, un ongle casse, tout son corps se tend dans un même élan. Le but est de choper ce qui, un peu plus haut, ressemble à un becquet...

Raté ! Tout est parti d'un bloc, dans un raffut infernal... La main de Maxou gratte encore la roche dans un dernier espoir. Mais le poids du sac a raison de sa force. Les mousquetons et les *friends* qu'il porte à son baudrier raclent le granit en produisant une gerbe d'étincelles. Maxou vole de cinq mètres. Il se retrouve miraculeusement suspendu à son malheureux *friend*.

– Maxou ! ça va ? Max ! hurle Olive que le choc a surpris.

– Ouais, ouais, ça va...

Il a le souffle coupé et se sent brutalement ramollo. Pendant cinq minutes, il reste déstabilisé. Lui qui se balade dans le 7 tous les week-ends, voilà une heure qu'il se met minable dans une longueur de 4 ! C'est à pleurer...

Entre-temps, l'aube a revêtu son voile pourpre, dissipant l'obscurité. Dix mètres à droite, une fissure évidente le nargue. Quel abruti ! Ça paraît tellement évident maintenant. Il en a presque honte.

Il leur faut encore deux heures pour atteindre tous les quatre le sommet du premier socle. Là, ils tombent nez à nez avec trois Polonais qui attaquent tranquillement le petit déjeuner devant leur tente de bivouac.

« Hypothermes » au mont Blanc

M a journée d'hier a été plutôt cool. Cécile a déposé Pierrot à l'anniversaire d'un copain, Alix est partie jouer chez Aline, alors on est restés peinards à la maison. Puisque le temps était trop maussade pour aller grimper, Cécile s'est attaquée à ses confitures. À travers la fenêtre, d'heure en heure, j'ai vu les pots s'aligner sur le comptoir de la cuisine. De mon côté, je me suis attelé à terminer la terrasse. J'avais commencé, il y a plus d'un mois, mais ça n'avait pas avancé : le tas de sable trônait devant le préau et le monticule de pavés saumonés n'avait pas diminué.

Ce matin, je suis parti l'esprit tranquille. Il avait plu une bonne partie de la nuit et un coup d'œil sur le massif m'avait permis d'envisager la matinée à la DZ avec une relative quiétude. Le ciel était bouché et il devait y avoir quatre-vingts kilomètres heure de vent à l'aiguille du Midi... J'allais pouvoir prendre mon temps, passer à l'hosto pour boire un café et répondre à mes *e-mails* par la même occasion.

À onze heures, à la DZ, chacun vaque à ses petites affaires... Pendant que trois secouristes sont vautrés dans le canapé à regarder une émission de télé débile, trois autres refont le monde en sirotant leur énième café. En bas, deux secouristes bidouillent l'admission des gaz du treuil Paillardet. Moi, je mets de l'ordre dans mon sac. J'évacue les ampoules brisées, les morceaux de sparadraps et les pochettes d'*Opsite* qui traînent partout.

Bob est arrivé pour sa petite visite du dimanche matin. Il a l'air en forme. Bob c'est notre mascotte. Quatre-vingt-un ans, toujours opérationnel ! Il a été l'un des premiers secouristes de la vallée. Il figure même dans une des *Histoires de l'oncle Paul* que je lisais dans *Spirou Magazine*... Quand j'étais petit, je dévorais les *Histoires de l'oncle Paul* ! Celle-là raconte le sauvetage périlleux que Bob entreprit en pleine tempête pour évacuer une dizaine de personnes coincées dans le vieux téléphérique de la Mer de Glace. Bob conserve un exemplaire tout fané du magazine. La bande dessinée montre le secouriste – Bob – en équilibre sur le toit de la cabine, en train d'aider de pauvres gens affolés. L'hélico l'avait treuillé dessus avec beaucoup d'adresse... Pour le taquiner, je m'amuse désormais à l'appeler Bob Sinclar !

– Salut, éminent professeur de la Faculté ! attaque-t-il d'emblée en entrant dans le local.

– Salut, Bob !

– Alors, doc, les affaires sont au point mort ?

« Hypothermes » au mont Blanc

– Bah ouais ! Faut bien se relâcher de temps en temps. Et toi, la tension, ça grimpe ?
Il faut savoir que Bob vit en sursis. Il a eu quelques petits problèmes de santé pour lesquels on ne lui avait pas laissé beaucoup d'espoirs. Bob se marre quand il raconte ses ennuis : ça fait maintenant sept ans qu'il tient le choc et il n'est pas près de lâcher. À l'entendre, son seul problème, c'est la mémoire... il s'en plaint sans arrêt. Malgré la déception des membres de la Société chamoniarde de secours en montagne, dont il était le président, Bob a préféré démissionner, de peur d'être responsable d'erreurs de trésorerie. Maintenant, son truc, c'est la truite. Mais quand il n'est pas à la pêche avec son copain Jacques, Bob est toujours fourré à la DZ, il aime se tenir au courant des affaires en cours.
Ce matin, pour lui faire plaisir, je prends sa tension...

La chape de nuages se déchire en début d'après-midi. Pas un début de secours n'est venu déranger notre oisiveté. Et puis, vers quinze heures, Jules, le pilote de garde, reçoit un appel de Cordial.
– Ouais... O.K., mais à quelle altitude ? Col de la Brenva... On n'en sait pas plus ? Bon, on va faire un saut. Attends, je regarde par la fenêtre... Ouais, on dirait que ça peut jouer... Bon, on y va !
– C'est parti ? questionne quelqu'un.
– Allez, debout les morts ! On va jeter un œil au col de la Brenva. Il y a des gens qui ont ramassé la tempête à récupérer ! claironne Jules.
Il fallait au moins ça pour que ça bouge.
Dix minutes plus tard, je me retrouve dans le mouvement. On m'a gentiment proposé de venir parce

qu'un des alpinistes épuisés serait inconscient. Comme d'habitude, je n'en sais pas plus. Arrêt cardiaque, « hypotherme », mort-vivant ? Qu'est-ce que c'est encore que ce bilan foireux ?

À 4 000 mètres, ça chahute. On a l'impression que la carlingue encaisse les baffes. Certaines fois, c'est comme s'il n'y avait plus d'air en dessous. Des trous à vous faire rendre le petit déjeuner de la veille ! Le mauvais temps n'est pas encore passé. Je vois Jules qui se bat avec le manche. Ça monte, ça descend, je vais renvoyer aussi mon sandwich de midi ! Entre deux nuages, on distingue le sol... Le sol de quoi ? Ça doit être le col de la Brenva...

– Putain, y'a un de ces zéph' ! Ça tient pas un caramel ! Je vais pas pouvoir rester longtemps, annonce le pilote.

Là, devant nous, surgi de nulle part, un type court vers la machine en gesticulant.

– Langlois, descends et va voir ce qu'il veut le bonhomme ! Je vais tâcher de revenir te chercher, décide Jules.

Yan entrouvre la porte coulissante et sort la tête pour observer la queue de l'appareil et la position des patins par rapport à la neige. L'Alouette fait des bonds de cabri.

Jules commence à s'énerver :

– Va, saute ! J'arrive pas à la tenir.

Langlois saute. Je reste dans la machine pour le moment. On s'éloigne vite fait de cet enfer pour plonger en radada vers le Petit Plateau. Avec un peu plus d'espace autour, ça rassure...

Au bout de dix minutes, Langlois appelle par radio.

— Il faut que tu viennes prendre deux personnes. Un gars a l'air mort dans son trou... un Anglais. L'autre n'a pas l'air mieux, dans un autre trou... un Français apparemment.

L'appel est parasité par le vent qui hurle...

— O.K., j'en prends qu'un à la fois. Tu l'envoies ! lui répond Gilles nerveusement. Puis il enchaîne presque aussitôt :

— Manu te le réceptionne, on le descend et on revient te chercher avec l'autre.

Le même cirque recommence. Voyage en machine à laver, ouverture de porte... Je saute pour donner un coup de main. On charge et je remonte dans la machine. Apparemment, le gars est raide. Yan referme la porte, l'hélico plonge.

Je jette un œil sur l'alpiniste : il est rigide, les coudes et les poignets repliés devant le visage. Ses jambes sont en bois, complètement gelées. Mais j'ai comme un doute... Par acquit de conscience, je dégage la neige de sa figure. Le fasciés est crispé, les joues sont gelées, pourtant il me semble voir une lueur dans le regard voilé par le gel de la cornée. Je le stimule un peu, j'écarte ses bras avec difficulté... C'est là que l'incroyable m'apparaît : le mort, il n'est pas si mort que ça : il bouge !

« Le mort... il est pas mort ! »

– Jules, le gars, il est pas mort, j'te jure !
– Alors, qu'est-ce que je fais ? J'te l'descends où, ton gars, à la morgue ou à l'hosto ? me demande Jules.
– Attends deux secondes !
Je prends sa température avec le thermomètre épitympanique. 25 degrés... c'est incroyable ! J'essaye de lui coller mon mini-scope sur la poitrine, histoire de vérifier à combien bat son cœur. Tant bien que mal, je dégage le haut de sa Gore-Tex gelée, soudée comme un carcan avec toutes les épaisseurs qu'il porte en dessous. Le tracé qui s'inscrit sur mon appareil est parasité par les vibrations de l'hélico qui interdisent toute interprétation. Fibrillation ventriculaire, bradycardie sinusale ? Impossible de se prononcer. Je reste là, démuni, à me demander s'il faut masser la victime ou pas... Finalement, j'opte pour la

deuxième solution. De toute façon, on est déjà arrivés à l'hôpital. On s'est posés sans que je m'en rende compte. La porte est ouverte et le chariot attend son client.

On décharge l'alpiniste congelé en le glissant sans vergogne sur la surface métallique du brancard. Avant même que je puisse récupérer mon scope, je vois mon type qui file, emporté par les infirmières. Je suis presque obligé de me battre pour récupérer mes outils.

L'hélico redécolle dans un fracas assourdissant. Les badauds ahuris nous regardent, en se demandant vers quel genre de catastrophe nous nous envolons. Je me prépare psychologiquement pour la deuxième victime. Un autre mort-vivant ?

La trouée persiste au-dessus du Tacul. Langlois braille dans la radio.

– Dragon, de Langlois ?
– Ouais, Dragon, parle !
– Vous êtes en montée ?
– Ouais. Sur toi dans sept minutes. Qu'est-ce que ça dit ?
– De là où je suis, je vois l'aiguille du Midi. Ça doit passer, mais le vent à tendance à forcir. Faudra pas traîner !
– Comment il est, ton deuxième gars ?
– Il est tout raide, mais vivant. T'as Manu avec toi ?
– Affirmatif.
– Il va falloir qu'il le voie vite, il est bizarre, il se tortille dans tous les sens. On a eu du mal à le ficeler...

Qu'est-ce que c'est encore que ce gag ? La situation est inhabituelle. Généralement, je préfère descendre

« Le mort… il est pas mort ! »

de l'hélicoptère pour examiner le blessé et le conditionner avant de le faire évacuer. Mais là, c'est ce qu'on peut appeler un cas de force majeure. Dans un quart d'heure, le ciel sera bouché de nouveau, et on aurait l'air fin avec un « hypotherme » sur les bras, coincés dans la mouise à plus de 4 000 mètres !

Le col de la Brenva va et vient à quelques encablures sous les roues de l'hélico. Une bouteille d'Orangina dans la tempête !

Jules parvient à se vacher tant bien que mal à quelques dizaines de mètres de Langlois. La porte glisse, j'agrippe le type et le hisse comme un vulgaire sac de patates. Ça secoue dans tous les sens. Impossible de reprendre Langlois, on est trop limite. On file comme des voleurs en plongeant dans la pente pour profiter de l'effet de sol. La pointe de l'aiguille de Saussure nous passe entre les patins, puis l'hélico retrouve un peu de stabilité. Ça me permet de jeter un coup d'œil sur l'Anglais qui convulse.

Son état ne ressemble à rien de ce qui est décrit dans les bouquins ! J'ai l'impression d'avoir affaire à un de ces artistes de rue qui imitent des automates. Raide comme une poupée mécanique, il se contorsionne dans tous les sens. Impossible de prendre son pouls, il gigote trop ! Je tente de lui mettre l'oxygène sur le nez – un geste intuitif qui n'a jamais démontré son efficacité. Il se débat, repousse mes mains comme il peut. Aucun son ne sort de sa bouche. Son regard vide et angoissé semble celui d'un mort-vivant.

L'hélico s'enfonce dans la brume en claquant des pales, pendant que je sens une bouffée de chaleur me monter au visage.

– Jules, tu peux baisser le chauffage, s'il te plaît ?

– Tu veux pas que j'te le réchauffe ?
– Si, mais pas comme ça...

J'ai à l'esprit l'histoire de cette fille morte à l'aiguille du Midi dans des conditions semblables. Exténuée et transie de froid après une hivernale, elle avait réussi à atteindre le bâtiment sommital. Croyant bien faire, les cabiniers l'avaient collée contre le poêle pour la réchauffer. Elle a fait un arrêt cardiaque quelques minutes plus tard, sans qu'ils comprennent pourquoi. On a tendance à penser que la chaleur dilate les vaisseaux périphériques, or cela provoque une baisse de pression sanguine si brutale que la pompe cardiaque peut se désamorcer.

J'aimerais bien lui mettre mon thermomètre épitympanique dans l'oreille, mais il est au fond de mon sac. Le temps de le sortir, on sera déjà en bas : autant attendre d'être à l'hôpital pour prendre sa température.

Il était grand temps qu'on se pose. Le type se secoue comme s'il voulait se débarrasser d'une camisole de force. Il me fait vraiment souci... La porte s'ouvre et je le pousse... Le gars semble se calmer à nouveau.

Devant le sas des urgences, le chariot du déchoquage nous attend. Il y a de l'animation dans le service ! Je file quelques minutes dans l'office des infirmières pour déposer mon sac tout en lançant les instructions classiques :

– Faut le « scoper » rapidement pour voir où il en est. Il doit pas être très chaud...

– On découpe les vêtements ? me demande une aide-soignante en faisant claquer ses ciseaux.

J'ai toujours du mal à accepter qu'on saccage les équipements de montagne qui coûtent des fortunes.

« *Le mort... il est pas mort !* »

– Essaye déjà de le brancher sur le scope par-devant, qu'on puisse le surveiller pendant qu'on le déshabillera, proposé-je.
– O.K., on l'installe avec la perche et on attaque.
En passant de la civière au brancard de l'hôpital, le blessé se renverse sur le côté gauche, puis le franchissement de la marche le bouscule encore une fois. C'est sans doute le truc qu'il fallait éviter car brutalement, le voilà qui s'agite comme s'il convulsait à nouveau.
Grand Chef arrive sur ces entrefaites, on l'a prévenu qu'il se passait des choses bizarres. Un coup d'œil lui suffit.
– On y va ! Il m'a tout l'air de se mettre en arrêt, votre bonhomme...
C'était le ton à prendre – et qu'il savait prendre ! – pour faire monter la pression. Le petit personnel – c'est-à-dire nous – s'agite tout à coup comme une fourmilière dans laquelle on aurait foutu un coup de tatane. Quelques minutes plus tard, l'Anglais est scopé, intubé et massé. L'hypothermie à 25 degrés est confirmée grâce à la sonde qu'on lui a glissée dans le rectum. L'affaire ne s'annonce pas bien pour lui. Pas question de le défibriller avant que sa température centrale ne soit remontée à 30 degrés...
Tous les chirurgiens cardiaques le répètent : le cœur ne peut repartir que s'il est choqué une fois réchauffé. C'est là que réside tout l'intérêt d'une circulation extracorporelle (CEC)... Malheureusement, tout le monde ne peut pas en avoir une dans son garage. Non seulement la machine est coûteuse, mais encore faut-il disposer d'une équipe spécialisée susceptible de la faire fonctionner vingt-quatre heures

sur vingt-quatre. On en avait bien une qui traînait dans l'arrière-boutique de notre ancien hôpital, mais à raison de deux ou trois utilisations par an, les anesthésistes n'étaient pas bien rodés. À l'heure actuelle, seuls les grands centres hospitaliers pourvus d'un service de chirurgie cardiaque sont en mesure de fournir ce service. À défaut, Grand Chef avait mis au point des techniques de réchauffement actif interne plus simples. Elles ont été décrites avec force détails dans des bouquins de médecine par des auteurs qui, bien sûr, en vantent les mérites. Pourtant, comme souvent, la pratique est moins évidente que la théorie. Ces protocoles consistent à réchauffer par diffusion de liquide chaud dans tous les espaces possibles de l'organisme. Espace péritonéal, espace pleural, vessie, estomac, tout est bon pour diffuser le sérum physiologique préalablement chauffé à 38 degrés, en utilisant des drains implantés transitoirement au travers des parois.

Leur histoire aurait pu être banale, celle de deux Anglais qui tentent de gravir le mont Blanc par le Goûter. La tempête survient alors qu'ils atteignent la dernière bosse. Là, c'est le jour blanc. À deux cents mètres du but, ils décident de tenter le coup... Plus personne au sommet, excepté deux Français pris dans la tourmente, eux aussi. Les Français sont du coin, un des deux est même douanier à Chamonix. Les quatre naufragés se retrouvent dans la même galère et décident de se suivre.

Les Anglais emboîtent le pas aux Français en direction du col de la Brenva où l'arête est moins exiguë. Ils errent dans les rafales de grêle. La trace

« *Le mort... il est pas mort !* »

est laminée par le vent, les stragoulis s'organisent comme pour dissimuler les repères... Lorsqu'ils atteignent la première dépression qu'ils identifient comme étant le col la Brenva, la tourmente est à son paroxysme. Leur épuisement aussi.

Les Français creusent un trou. Les Anglais également, vingt mètres plus loin. Dans le couple français, comme toujours, il y en a un qui tiendra plus longtemps que l'autre. Chez les Anglais, c'est pareil. Au total, deux hommes se battent, deux autres s'abandonnent à la mort blanche.

Pour le premier des deux, sur l'écran du scope, tout est pour le mieux : trente-sept battements de cœur à la minute. « Hibernatus » en phase de réveil ! On l'a dépouillé de ses vêtements de montagne gelés. On lui a mis une couverture chauffante, une perfusion de liquide salé isotonique à 38 degrés dans les veines, et maintenant, tout le monde l'observe avec compassion. Chacun se tient prêt à lui sauter dessus au cas où l'idée lui viendrait de passer brutalement en fibrillation ventriculaire. Tout est en place pour la grosse réa. Mais après l'*after drop*, sa température corporelle remonte avec une régularité arithmétique. Ce terme anglais qui impressionne et qui est utilisé à toutes les sauces dans les congrès, désigne un phénomène encore mal expliqué : la température centrale d'un « hypotherme » que l'on est en train de réchauffer, chute ! Paradoxalement, au lieu de reprendre des degrés, il en perd encore un peu. Différentes hypothèses ont été avancées, plus ou moins tirées par les cheveux. Pour le moment, la théorie la plus sensée, invoque le retour massif du sang froid de la périphérie vers le noyau central. C'est toujours un passage délicat, car à cette température, le cœur est très instable. Il ne faut pas grand-chose pour qu'il s'emballe et passe en fibrillation, ce qui revient à faire un arrêt cardiaque. On imagine qu'il repartira facilement avec un petit coup de défibrillateur… Pas de chance : la température du cœur doit être remontée à 30 degrés pour qu'il ait des chances de repartir ! Le massage est donc l'unique alternative en attendant ce délai. ce qui rend les chances de survie très limitées dans un petit hôpital ne disposant pas d'appareil de circulation sanguine extracorporelle.

C'est sans doute ainsi que l'alpiniste anglais est mort dans la salle d'à-côté. Il n'a pas eu la chance de son compagnon d'infortune. Il était sans doute passé en arrêt pendant le transport, et bien qu'on ait essayé de le réchauffer le plus rapidement possible et de raccourcir le temps du massage, il était resté réfractaire à toutes les techniques mises en œuvre par Grand Chef.

Le verdict est là : deux alpinistes « hypothermes » ont été récupérés dans les mêmes conditions, au même endroit. Leur température à tous les deux était descendue à 25 degrés. Trois heures plus tard, l'un des deux nous demandait l'heure et voulait rentrer chez lui, alors que l'autre était mort. Je reste incapable de l'expliquer parfaitement.

Quels sont les éléments qui ont fait basculer l'un vers la survie et l'autre dans l'irréversible ? Dès lors, comment ne pas douter sérieusement des diagnostics de décès que l'on signe en montagne ?

« *Le mort... il est pas mort !* »

Après tout, qu'est-ce qui définit la mort ? Désormais, comment pourrai-je être certain qu'un alpiniste est vraiment mort, même s'il est retrouvé raide et congelé dans un trou, mais sans lésion traumatique ? Qu'est-ce qui m'assurera que son cœur ne s'est pas ralenti progressivement de manière harmonieuse au même rythme que les fonctions organiques qu'il dessert ? Qu'est-ce qui me garantira que son cerveau n'est pas indemne ? Pourquoi ne demanderait-il pas à repartir si l'on réussissait à le réchauffer correctement ?

Comme l'énonçait Emsly Smith, un de nos éminents confrères : « Aucun mort par hypothermie ne peut être déclaré comme tel avant d'avoir été réchauffé ». Cet adage aura eu au moins le mérite de nous inciter à revoir nos méthodes de travail. Le message se répand lentement : en montagne, la mort n'est plus prononcée avant que l'on ait rassemblé l'essentiel de l'anamnèse[*]. Dorénavant, au moindre doute, les secouristes essayent d'avoir recours à un médecin qui mesurera la température tympanique et détectera les premiers signes d'instabilité cardiaque. La logistique permettant le transport direct de ce type de patient dans une unité possédant une CEC est encore loin d'être opérationnelle. Encore faudrait-il bénéficier des vecteurs sanitaires *ad hoc* !

L'hypothermie qui guette l'alpiniste me traque désormais jusque dans mon sommeil. La mort

---

[*] Anamnèse : Interrogatoire médical permettant de préciser les circonstances de l'accident.

blanche ne prend pas qui elle veut. J'ai toujours pensé que l'on n'était pas égaux face à elle. J'ai pu le constater à mes dépens. Un jour ou l'autre, à trop jouer avec ses limites, l'hypothermie finit par vous brûler les doigts. C'est ce qui m'est arrivé, il y a quelques années, dans l'Himalaya...

Souvenirs du Dolpo

Je terminais un séjour de trois mois dans le haut Dolpo où j'avais eu la chance d'être embauché comme médecin et guide sur le tournage du film très remarqué *Himalaya, l'enfance d'un chef*.

Au cours de ces longues semaines passées à plus de 4 000 mètres, j'avais tout de même profité de quelques moments de liberté pendant lesquels je m'étais amusé à crapahuter sur toutes les montagnes qui dépassaient alentour. Souvent, je gravissais seul des sommets plus ou moins faciles et sauvages. Certains n'avaient probablement été foulés que par quelques originaux locaux.

Grâce à ces « excursions », j'avais acquis une bonne acclimatation au froid et à l'altitude. À force de vivre avec les Dolpopas, j'en étais arrivé à m'identifier à eux. Comme eux, je n'avais plus besoin de doudoune le soir pour avoir chaud. Comme eux, j'aimais désormais la *tsampa*, le yaourt de *dri* et le thé au beurre

Docteur Vertical

de yack. Comme eux, j'étais capable de marcher avec des charges de plus en plus lourdes et de franchir les cols enneigés à plus de 5 000 mètres en baskets. Je me tirais même la bourre avec celui des porteurs que l'on avait surnommé TGV en raison de la rapidité avec laquelle il avalait le dénivelé. J'étais encore loin de lui mettre la raclée, mais je ne désespérais pas. Peut-être aurais-je voulu être Dolpopa ?

De fil en aiguille, j'avais escaladé des sommets de plus en plus délicats. Tout seul, bien sûr, sans corde et sans matériel technique... Mon sac renfermait tout au plus une gourde d'eau, quelques barres énergétiques, et des galettes d'orge que je piquais le matin au petit déjeuner.

Finalement, j'avais convoité une paroi réellement exposée. Je m'étais retrouvé coincé vers 5 500 mètres d'altitude au niveau d'une barre rocheuse délitée. Cela m'avait valu de rebrousser chemin en désescaladant une cinquantaine de mètres verticaux de rocher pourri et instable. Une petite voix s'était fait entendre dans ma tête et m'avait ordonné d'abandonner pour rejoindre la vallée, de ne pas céder à l'orgueil. Mais rien à faire, j'étais aveuglé par l'euphorie de l'altitude et la fierté.

Depuis que le sommet de l'Everest m'avait échappé pour quelques dizaines de mètres, j'avais la hargne. C'est à mon excès de prudence que je devais d'avoir abandonné. Bourré de déception et de regrets, je ne m'en étais jamais remis. Cette décision ultime où tout va se jouer, qui met en balance l'inutile victoire d'un exploit et le plongeon dans l'abîme, je l'avais prise moi-même en mon âme et conscience. Ce choix transparaît souvent dans le regard absent des alpinistes que nous ramassons morts au pied des faces. Presque honteux, en tâchant de me dissimuler, j'essaie parfois de retrouver dans leur expression ces derniers instants où le combat s'est déroulé. Ce choix ultime qui a été le plus mauvais de leur existence.

À l'Everest, alors que j'étais seul au sommet Sud, sans oxygène, quelques neurones étaient heureusement encore valides dans la partie droite de mon cerveau, l'hémisphère cartésien, la partie « conservatrice » qui commande toute la machine. À 8 700 mètres d'altitude, j'avais obéi comme un automate alors qu'il me restait à peine trois cents mètres à parcourir sur une arête cornichée. J'étais dans un tel état de dégradation et d'épuisement que je ne serais peut-être jamais redescendu si j'avais atteint le sommet. C'est mon subconscient qui, fort des expériences emmagasinées, avait pris la décision pour moi.

Après l'Everest, je m'étais juré de terminer tout ce que j'entreprendrais. Les sommets, les projets personnels, plus rien ne devait être envisagé sans résultat. C'était désormais ma devise dans la vie de tous les jours, une forme de « jusqu'au-boutisme » peut-être.

La question du choix était réapparue au Dolpo... Sur cette paroi pourrie, c'est mon cerveau gauche qui l'avait emporté. Sans être un cador de l'escalade, je n'ai jamais cessé de grimper depuis le jour de mes dix-huit ans. J'ai escaladé tous les terrains possibles et imaginables, des dalles les plus compactes aux rochers les plus délités. La roche sur laquelle je progressais ne m'était pas inconnue. C'était une sorte de calcaire rouge et gris qui ressemblait aux parties les plus érodées du Verdon, et Dieu sait si j'en avais bouffé dans ma jeunesse !

Docteur Vertical

Je venais de désescalader deux fois de suite cette partie de la face et ça m'avait foutu en rogne. À la troisième tentative, j'avais retrouvé mon calme. J'étais décidé à sortir coûte que coûte. J'avais usé de toute ma concentration dans cette escalade peu difficile mais terriblement aléatoire. Je me déplaçais de feuillet en feuillet, en répartissant mon poids sur le plus grand nombre d'appuis possibles, utilisant jusqu'à trois prises branlantes en même temps. J'aurais voulu rester dynamique et léger sur ces prises instables, mais mon souffle était court et mes gestes aussi. Tremblant et tendu comme un arc, j'avais arraché les derniers mètres en poussant un cri hystérique que personne, heureusement, n'avait pu entendre. Au niveau d'une rampe de neige sans issue, j'avais finalement trouvé une échappatoire en suivant une vieille trace de léopard des neiges... J'étais sorti au sommet heureux, mais un peu secoué.

Cela n'avait pourtant pas suffi à calmer mon ardeur. En redescendant vers le merveilleux lac de Phoxundu, je n'avais pu détacher mes yeux d'un pic enneigé qui pointait à 6 000 mètres au-dessus de notre campement où m'attendait Cécile qui m'avait rejoint pour un trek en amoureux.

Cette montagne porte le nom bondissant de Kandjirolawe. Elle appartient à la chaîne du Kanjiroba. Il est évidemment interdit de la gravir sans autorisation. Ça ne me paraissait pas facile d'en tenter l'ascension au nez et à la barbe de Kalipati, l'officier de liaison qui nous accompagnait depuis le début du tournage.

Souvenirs du Dolpo

Kalipati était le seul officier de liaison que l'on avait gardé parmi les trois qui étaient censés nous encadrer. Le réalisateur du film pensait devenir fou à l'idée de les supporter durant tout le tournage. Heureusement, le premier se fit la malle rapidement, prétextant divers symptômes du mal des montagnes que je n'avais eu aucune peine à soigner avec détachement. Quant au deuxième, je lui avais refilé un antiseptique connu pour colorer les urines en rouge. Très inquiet, il avait préféré rentrer illico à Kathmandu pour pratiquer des analyses...

Kalipati, lui, était resté parce qu'il était d'un naturel jovial, et parce qu'il résistait particulièrement bien à l'altitude. Contrairement à tous les autres officiers de liaison que j'avais connus, il aimait son travail et participait aux festivités avec un certain entrain. Nous étions devenus copains. C'est assez rare de sympathiser avec un officier du gouvernement. Dans la majorité des cas, ce sont des gratte-papier du ministère du Tourisme, pingres, hypocrites et incompétents en montagne. De vrais parasites. On les reconnaît aisément dans les camps de base des expéditions, car tous les matins, ils sortent de leur tente avec une serviette éponge – toujours la même ! – enroulé autour du crâne comme un turban. On a vite fait de les détester quand on apprend qu'il faut les payer plus de 1 000 dollars, les nourrir et les entretenir pendant toute la durée du séjour. Tout le monde sait, par ailleurs, qu'une part importante de cette somme va dans les poches de quelques nantis qui rodent dans les coulisses de l'administration népalaise, pendant que les porteurs croulent sous le poids de nos excédents de bagages pour quelques centaines de roupies par jour. Kalipati connaissait quelques rudiments de français qu'il revendiquait fièrement depuis l'époque lointaine où il avait soi-disant étudié la sismologie à Jussieu. On avait pris l'habitude de se prodiguer quelques cours de langue réciproques à nos moments perdus.

J'étais donc pris entre le désir de réussir ce sommet avant de quitter le Dolpo et mes scrupules à devoir tromper Kalipati... Toutefois, j'étais farouchement opposé à la préemption que certains pays, comme le Népal, exercent sur leurs montagnes. J'estime que celles-ci ne leur appartiennent pas. Si bien que je me sentais dans mon droit. J'avais gravi les autres sommets du coin en toute discrétion, et je pensais pouvoir procéder de la même façon avec le Kandjirolawe. Pas vu, pas pris...

Je partis de Ringmo de très bonne heure, en disant à Cécile que je serais de retour le soir même... Juste le temps de m'offrir un petit 6 000 mètres de rien du tout ! Je pétais la forme, j'avais un lion dans mon moteur ! À aucun moment, il ne me serait venu à l'idée que cette face pouvait me poser le moindre problème... Dans mon sac, je n'avais emporté ni crampons ni piolet. Je m'étais simplement muni d'un bâton télescopique à moitié pourri, et j'avais enfilé un vieux pantalon de survêtement moche et crado. Pour parfaire l'équipement, j'avais conservé en dessous mon caleçon qui me tenait chaud surtout là où il n'avait pas de trous... Cette face que j'avais observée plusieurs fois depuis différents points de la vallée s'offrait à moi seul et j'allais la consommer comme les autres, dans le silence et l'anonymat.

Souvenirs du Dolpo

Bien en rythme, léger et presque euphorique, j'avalai sans compter les monticules de roches dépolies du torrent à sec qui drainait l'immense pente de neige sud-est. Au fur et à mesure que j'avançais, la face paraissait s'aplatir, prenant une allure débonnaire. Mon sang bouillonnait de désir et m'engourdissait de chaleur. Il lavait mon cerveau de toutes les interrogations parasites. Je nageais dans le bonheur, retrouvant mes pulsions de gosse. Au bout de trois heures, pourtant, le ton changea alors que la paroi se redressait. La pente de neige avalée, je me retrouvai en équilibre sur une dalle presque verticale, à évaluer les dangers qui me menaçaient et dont je ne m'étais pas rendu compte jusque-là. Pour rejoindre le fil de l'arête qui m'emmènerait à la base du dernier petit pilier, je prenais le risque d'un vol de sept cents mètres...

Il n'était plus question de rebrousser chemin. Progresser grâce aux marches que j'avais taillées dans la neige avec la pointe de mes chaussures n'était possible que dans le sens de la montée. J'avais rejoint le rocher presque en bout de course, car la neige durcissant avec l'altitude et le froid, je sentais mes pieds accrocher de moins en moins. J'avais préféré escalader ce pignon rocheux. De toute façon, je n'avais pas eu le choix. Ce n'était pas plus stable que ce que j'avais rencontré ces derniers mois : des plaques de calcaire fissurées et des gravillons épars... Après ces cinquante derniers mètres épuisants, alors que je croyais avoir gagné le droit de profiter d'une arête facile, je me suis senti verdir en découvrant à quoi ressemblait son profil. À droite, le gouffre bleu et froid, une neige pulvérulente incapable de retenir quoi que ce soit. À gauche, de la neige dure comme de la glace qui avait fondu puis regelé. Impossible de tailler des marches : il fallait ramper ! Heureusement, la volonté était intacte. Je n'avais même pas faim et la machine fonctionnait comme à 3 000 mètres. C'est à peine si je ressentais les effets de l'hypoxie. Une heure plus tard, en attaquant les pentes du pilier, je me retrouvai confronté à une neige profonde qui s'écroulait sous mes pas. Elle s'insinuait sous ma veste et commençait à traverser la modeste épaisseur de mon survêtement.

Pour gravir le pilier bien raide en mixte qui me séparait du pignon sommital, je ne pouvais compter sur rien qui vaille. Les appuis rocailleux étaient branlants et les ponts de neige qui les séparaient s'effondraient les uns derrière les autres. Tout en m'épuisant, je m'évertuais à gagner plus de terrain que je n'en perdais, châlant misérablement de névé en névé.

Je ne me rappelle plus l'heure à laquelle j'atteignis le sommet. Le soleil était encore bien haut et une bouffée de joie m'envahit. Une matinée pour gravir deux mille mètres de dénivelé à 6 000 mètres d'altitude : je n'étais pas trop nul ! Et il me restait bien assez de temps pour redescendre de cette immense pyramide par l'arête opposée...

C'était sans compter la mauvaise surprise qui m'attendait. Après avoir bu quelques gorgées et mangé le reste de mes *chapatis*, j'ai basculé de l'autre côté du champignon neigeux. L'espace d'une minute, je n'ai pas réalisé la situation. Les trois cents derniers mètres de l'arête dont je ne voyais pas le revers depuis le bas, et que je croyais en neige, formaient en fait une calotte de glace compacte qui fuyait vers une

Souvenirs du Dolpo

pente à plus de soixante degrés ! À mi-face, un petit attroupement de séracs constituait un replat. En dessous de celui-ci seulement, la pente semblait s'atténuer jusqu'à l'arête de neige qui menait en bas. Mais jusqu'aux séracs, c'était le toboggan de la mort, ou le tremplin de l'enfer, au choix... Et ce n'étaient pas mes semelles Contagrip qui allaient mordre là-dedans !

En faisant le tour du gros champignon, j'ai compris que j'étais coincé, un peu comme sur un iceberg au milieu de l'océan. Non seulement redescendre par le pilier me paraissait plus qu'aléatoire, mais je m'imaginais encore moins m'engager dans les sept cents mètres que je venais de gravir, à reculons et sans crampons. Cela aurait été du suicide ! J'ai tourné en rond pendant plus d'une heure à me demander ce que j'allais bien pouvoir faire. L'angoisse me gagnait sourdement, comme une boule indigeste.

Une dernière alternative s'offrait à moi : descendre les cent premiers mètres de la face qui étaient en rocher incliné et qui séparaient les deux arêtes principales, puis rejoindre l'arête que je voulais suivre un peu plus bas, là où la pente s'adoucissait et où la neige semblait remplacer la glace... Je repartis donc en désescalade, sachant que rien n'était plus imprévisible qu'une glissade dans la pente. Dans ma tête, les alarmes de sécurité s'étaient déclenchées. J'étais entré dans une phase de concentration absolue : chaque pas était vital, il n'y avait plus de place pour l'erreur...

Au début, la descente n'était pas extrême, mais je sentis que cela n'allait pas durer. Je voyais les goulottes de glace remonter sur la base du socle sommital où je m'agrippais. Je n'allais pas pouvoir descendre longtemps car sans crampons, la glace vive m'était interdite. Mais j'espérais perdre suffisamment d'altitude pour rejoindre l'arête au niveau des séracs. Armé d'un schiste pointu dans chaque main et utilisant avec les pointes de mes chaussures le moindre caillou enclavé dans la glace, j'entamai la traversée la plus délicate que j'aie jamais eu à parcourir. Les rigoles de glace larges de plusieurs mètres se succédaient, séparées par des lignes de rocher plongeantes qui, heureusement, me procuraient un appui suffisant pour décompresser. J'avais beau me mentir, je savais que plus l'arête salvatrice se rapprochait de moi, plus la pente devenait verticale. Je frissonnai en m'engageant dans les vingt derniers mètres.

« Putain, merde ! Quel con ! » Je m'injuriai à voix haute sans que cela me procure plus de force ou de courage. Je me sentis nul. J'avais déjà vécu ce genre de situation tant de fois dans ma vie que je me demandais comment j'avais pu manquer de pragmatisme à ce point ! Déjà quand j'étais petit, avec mon meilleur pote, nous nous étions retrouvés dans des situations similaires en voulant faire le tour du quartier par les toits. Nous sautions de gouttière en gouttière à la recherche de sensations, au grand désespoir de nos mères qui redoutaient jour après jour nos nouveaux défis. Trente ans plus tard, le même, crispé sur ses deux silex, muscles tendus à rompre, vibrant de peur, rampait sur la glace, les yeux rivés sur une amorce d'arête !

Quand je l'eus à portée de main, je me jetai dessus comme un enragé, la mort aux trousses. Mes deux cailloux filèrent dans le précipice et je me

Souvenirs du Dolpo

retrouvai nu, non mécontent de m'en être tiré... Vainqueur d'un jeu tellement stupide ! Je tentai un regard de l'autre côté, incertain de ce que j'allais trouver. J'étais tombé pile sur la petite plate-forme intermédiaire dessinée par cette poussée de séracs qui divisaient la pente en deux. J'étais sauvé ! C'est du moins la première impression que je ressentis...

La deuxième impression fut toute autre... En fait, j'étais pris au piège, comme un rat sur la banquise ! Il restait cinquante mètres de glace vive à descendre pour rejoindre l'arête de neige que j'avais cru atteindre. Cinquante mètres inclinés à 60 degrés qui auraient représenté une formalité si j'avais eu des crampons... Mais il s'agissait de glace grise et dure, et le genre d'article que je portais aux pieds n'était pas du tout adapté à ce type de terrain. À tous les coups, je partirais sur le cul, et les chances de me recevoir à cheval sur l'arête sous-jacente étaient minces. À droite, il devait y avoir mille mètres d'abîme... À gauche, c'était un peu moins haut : neuf cent cinquante mètres, peut-être !

Je tournais en rond sur mon îlot de fortune. J'avais tout essayé : remonter par le dôme, prospecter en face ouest... J'avais même tenté de descendre en spéléologie à l'intérieur des séracs qui paraissaient s'ouvrir vers le bas. Je m'étais retrouvé pendouillant, les pieds dans le vide, à patiner dans la semoule, asphyxié comme un thon sorti de l'eau !

Puis la nuit tomba, noire et glaciale, avec son haleine frigorifiante qui vous transperce de part en part... Pas drôle ! À ce moment, je repris conscience. Je sortis de ma torpeur pour réaliser ce qui allait m'arriver. Je revis les visages figés par le gel de ceux que nous n'avions pas pu sauver. Des hommes en pleine santé enchâssés dans la glace, pétrifiés. « Il va falloir te battre, mon gars ! »

Un calcul rapide me donna un aperçu de ce que j'allais devoir endurer durant la plus longue nuit de ma vie. Au lac de Ringmo, deux mille mètres plus bas, nous avions enregistré des températures nocturnes de −10 degrés... Je ne connaissais que trop bien le coefficient de refroidissement en fonction de l'altitude : quatre-vingt-cinq dixièmes de degré tous les cent mètres, valeur à laquelle il faut ajouter le pouvoir refroidissant du vent, ou facteur *wind chill*. Je pouvais donc m'attendre à subir des températures de −35 degrés, à condition d'être protégé du vent, ce qui n'était pas gagné puisque je me trouvais quasiment au sommet d'une montagne.

Mais je n'avais pas l'intention de mourir, je n'étais pas programmé pour finir ici. En bas, il y avait Cécile. En France, mes gosses m'attendaient. J'allais lutter. J'allais réfléchir et lutter pour m'en sortir !

Je m'enfonçai dans les mystères de la nuit blanche. En observant le soleil rougir derrière les montagnes, je me dis que c'était très beau mais très nul. Me laisser tomber dans un moment pareil, ce n'était pas sympa ! Le lac de Phoxundu, tout en bas, s'était renfrogné, lui aussi, arborant maintenant le noir le plus glacial et le plus lugubre qu'on puisse imaginer. Le bleu méditerranéen qui lui conférait en temps normal son aspect paradisiaque n'était plus qu'un souvenir. Plus d'oiseaux, plus d'insectes, il n'y avait plus que le vent pour me répondre. Alors les grandes questions de la vie m'ont assailli : Qui

Souvenirs du Dolpo

suis-je ? Où vais-je ? Qu'est-ce que je fous là ? Avec toujours une seule en même réponse : quel con !

– Ohé, y'a quelqu'un ?
C'était la blague que j'aimais lancer quand je me trouvais au taquet huit mètres au-dessus d'un clou pourri. Ce n'est pas parce qu'on est à deux doigts de mourir, qu'on ne peut pas avoir encore un peu d'humour ! D'habitude, ça me détend, et ça fait parfois rire mes potes. Mais là, ça ne m'a même pas arraché un sourire...

Alors j'ai pris conscience de l'immensité de la terre qui se perdait derrière l'horizon, et j'ai pensé qu'en proportion, le bas de la montagne, finalement, n'était pas si loin. Ça m'a rassuré.

J'ai tapé, tapé des deux pieds toute la nuit. Tous les conseils que je scandais dans les revues spécialisées ou auprès des gens qui me sollicitaient pour de la prévention, il fallait que je les mette en application. Le souvenir d'Alain Bombard, ce médecin qui s'était jeté à l'eau, a ressurgi dans ma mémoire. Il avait voulu démontrer la validité de ses théories de survie en mer en se laissant dériver sur l'océan pendant des semaines à bord d'un canot en caoutchouc. J'étais en train de vivre la même expérience. Sauf que moi, je ne l'avais pas préparée. Et je n'allais peut-être pas m'en sortir...

J'ai creusé mon trou. Avec les pieds. Je ne voulais pas me servir de mes mains. Je voulais conserver secs mes gants en peau de mouton retournée de chez *Monsieur Bricolage*, sinon mes doigts finiraient par geler. Et puis j'avais beau être sur un balcon de neige suspendu, ce n'était pas de la poudreuse. Même avec les pieds, je n'arrivais pas à entamer de plus de quelques centimètres la carapace de gel. Comme je suis du genre à considérer le bon côté des choses, j'ai pensé que mes travaux de terrassier présentaient au moins l'intérêt de me maintenir en éveil. Mes efforts répétés réchauffaient la température centrale de mon corps. Du coup, le temps comptait moins. Aux dépens du délai avec lequel j'allais pouvoir me blottir dans mon trou, c'est la persistance de cet effort musculaire qui m'éviterait peut-être l'hypothermie profonde. Comme le disait Grand Chef, restait à savoir combien de temps la pile allait tenir...

Le temps m'était compté, mais j'étais incapable de l'évaluer de manière rationnelle. Einstein, mon idole, aurait certainement su m'expliquer pourquoi j'étais si décalé. Cela faisait des heures que je frappais sans relâche... Du moins, c'est ce que je croyais. Mais plus je creusais, plus le sol résistait. J'avais dégagé tout juste de quoi caser mes fesses qui commençaient à devenir bien dures, elles aussi.

J'avais concentré toute mon attention sur les attitudes à adopter pour combattre le froid qui m'envahissait progressivement. Il gagnait lentement du terrain sur mon corps qui lâchait régulièrement quelques dixièmes de degré Celsius en frissonnant, perdant du même coup ses précieuses réserves. Je le repoussais en redoublant mes coups, en soufflant dans mon col pour réchauffer ma poitrine. J'avais recroquevillé mes doigts déjà insensibles dans la paume de mes mains pour profiter des dernières calories de l'arc vasculaire que je redessinais dans ma tête à partir de souvenirs d'anatomie.

J'avais enfoncé mon bonnet jusqu'au cou et j'avais

Souvenirs du Dolpo

resserré ma Gore-Tex, le dernier élément protecteur à peu près à la hauteur de l'environnement dans lequel je m'étais fait piéger. Le plus drôle, c'est le tendeur de Mobylette que je retrouvai au fond du sac. J'avais vraiment tout et n'importe quoi là-dedans ! Ça illustrait bien la décontraction avec laquelle j'avais vécu ces mois dans l'univers austère du Dolpo. J'enroulai ce tendeur autour de moi comme une ceinture pour plaquer mes vêtements contre ma peau. On explique habituellement qu'une petite couche d'air entre la peau et les vêtements est un isolant... Eh bien, c'est faux ! Qu'on ne me demande pas pourquoi, c'est comme ça, je le sais parce que je l'ai testé. Le tendeur me réchauffa !

Je n'osais regarder l'heure, sachant à quel point le temps passe lentement dans ce genre de situation. C'était peu dire ! Quand j'estimai avoir dépassé trois heures du matin, je me risquai à jeter un œil. Il me semblait en effet que la couleur de la nuit pâlissait, comme si le soleil avait fini de contourner le globe et était sur le chemin du retour... Erreur ! Ma montre marquait vingt-deux heures vingt-cinq. De quoi vomir ! Je frissonnais déjà de façon inquiétante dès que j'arrêtais de creuser alors que je me battais depuis quelques heures seulement. Le moral en prit un sacré coup ! J'essayai d'en remonter le niveau en allumant ma frontale. C'est fou ce que ça fait du bien de s'entourer d'un petit halo de lumière ! Deux heures plus tard, épuisé, j'essayai mon trou. En rentrant la tête dans les épaules, je parvins à me protéger tant bien que mal du vent qui me transperçait. Mais le fait d'arrêter tout effort physique entraînait une baisse rapide de ma température et le frissonnement devint permanent, preuve que je m'enfonçais sous la barre des 35 degrés. La lutte fut terrible !

Je découvris une heure plus tard l'un des premiers symptômes de l'hypothermie sévère : le compagnon imaginaire. C'était un type plutôt sympa dont il me serait impossible de donner la description physique. J'avais subi une sorte de dédoublement de la personnalité. Je me souviens avoir pensé que mon âme devait se détacher de mon corps. Ce drôle de compagnon me donnait des conseils : « Souffle dans ton col, mouline tes bras... Non, ne te laisse pas aller ! Défends-toi, allez ! Défends-toi, relève-toi ! Il faut que tu te remettes au travail, mon gars, tu vas crever ! »

Puis je sentis la mort blanche qui rôdait. Il devenait plus agréable de se laisser aller que de se battre. Finalement, la mort blanche n'était peut-être pas la plus horrible qui fût... Mon engourdissement était tel qu'il mettait en état d'hibernation mes neurones déjà atrophiés par l'hypoxie. Je songeai à la salamandre du Canada qui, congelée jusqu'à −10 degrés, est capable de revivre au printemps suivant. J'aurais bien aimé avoir, comme elle, un peu d'antigel dans les cellules... En attendant, j'étais à deux doigts de me laisser partir.

D'un seul coup, mon monde se résumait à ce trou mal équarri dans lequel j'avais calé mes fesses. Rien ne me semblait plus important que mes enfants, ma femme, mes proches. La vie et rien d'autre. J'étais en train d'effectuer un stage de survie que tout le monde devrait effectuer au moins une fois dans son existence. La précarité de celle-ci allait me révéler en une nuit sa vraie valeur. Les petits tracas du quotidien et les conflits minables pour lesquels tant de gens se

Souvenirs du Dolpo

prennent la tête, les altercations politiques et les prises de bec sur le port du voile islamique à l'école, la cote du CAC 40 et les états d'âme de l'euro... tout cela avait sombré dans le néant qui m'entourait. J'allais sans doute mourir, et tout se résumait à ça.

Je me pris en photo avec le petit Nikon qui ne m'avait jamais quitté depuis tant d'années. Un geste dérisoire qui me laissait pourtant espérer une chance de m'en sortir pour regarder cette photo dans quelques années en riant jaune. C'était aussi une façon d'occuper quelques minutes de cette interminable nuit d'angoisse.

Après de longues phases de combat psychique et de joutes hallucinatoires, je vis enfin l'aurore poindre. L'espoir revint lentement. J'étais au bord de la crise d'épilepsie : aucun geste intentionnel n'était possible sans convulsion.

Deux heures plus tard, je continuais à guetter l'arrivée du soleil qui allait me réchauffer. Je n'en pouvais plus. Mes réserves énergétiques étaient épuisées. J'avais sans doute attaqué aussi mon stock de protéines... Une forme d'autodigestion. Par miracle, aucun de mes doigts ni de mes orteils n'avait encore gelé. J'étais fier d'avoir résisté. Mais le problème n'était pas résolu pour autant. J'étais toujours en face du mur... Un mur de glace. Infranchissable. Et je ne pouvais compter sur personne pour venir me chercher en haut de mon perchoir, d'autant que seule Cécile savait où j'étais.

Alors j'ai fouillé dans mon sac, sans conviction, pour vérifier s'il ne contenait pas encore quelque chose qui m'aurait échappé, un bout de corde, une broche, une lampe magique, que sais-je ? Il n'y avait plus rien d'autre qu'une trousse de secours minuscule dans laquelle je découvris une paire de ciseaux pliants. C'étaient de vieux ciseaux un peu rouillés que j'avais dû récupérer dans quelque trousse d'expé passée. Ils avaient la particularité d'être pointus et bien solides. Je les ai observés, j'ai regardé la pente et je me suis dit que c'était probablement la dernière chance qui m'était offerte.

Du temps, j'en avais... Alors, je me suis mis à tailler mes marches à l'ancienne. J'ai pensé aux pionniers de la glace qui creusaient des encoches pour progresser. Tranquillement accroupi, je les ai imités, méticuleusement. Mètre après mètre, une jambe pendante, collé à la glace, j'ai fini par descendre cette saloperie de pente qui m'avait séquestré dans cet enfer glacé. Je me souviens à peine de la façon dont j'ai dévalé le reste de la face, tellement la difficulté m'a semblé dérisoire par rapport à ce que j'avais vécu. J'étais fou de joie de m'en être sorti, comme si cela avait été LA grande épreuve de ma vie...

Je rentre à la maison, perdu dans mes pensées. L'expérience que nous venons de vivre a provoqué une grande discussion entre nous tous. Les deux « hypothermes » ont « remis de l'eau dans le moulin », comme dirait Grand Chef, friand d'expressions qu'il aime recomposer à sa manière. Il a fallu ressortir les protocoles, s'organiser et se creuser la tête. En fait, les remarques finissent toujours par converger vers le même constat, à savoir que le seul moyen de progresser dans la prise en charge de ce genre de cas, c'est d'en avoir davantage à traiter !

Souvenirs du Dolpo

Je regarde encore une fois le haut du Tacul caché dans un magma de cumulus anarchiques qui défilent à grande vitesse sous l'effet du vent violent qui persiste. Il ne doit pas faire bon séjourner là-haut par un temps pareil...

Pilier Gervasutti. Samedi

— **P**utain, Rob ! qu'est-ce que tu fous ? Monte !

Rob est épuisé.

Ils avaient tous fini par atteindre le sommet de la partie d'escalade proprement dit. Il était vingt heures, ils avaient les mains en sang. Maxou avait peiné dans les dernières longueurs, sans qu'il comprenne pourquoi. Le poids du sac, l'altitude, l'itinéraire, tout avait contribué à casser son rythme. Pour arranger le tout, il avait été obligé de redescendre deux fois pour dégager sa corde bloquée par des becquets granitiques. Rob avait été incapable de grimper sans assurance pour la décoincer lui-même. Mais le plus pénible avait été d'attendre Olive et Dod. Trois quarts d'heure d'immobilité avaient suffi à les congeler. Quelques gros nuages étaient apparus au-dessus de leurs têtes et des bourrasques claquaient de plus en plus violemment dans les deux corridors latéraux. Même les chocards étaient en difficulté ! Dans un premier temps, ils avaient eu le sentiment que la partie la plus difficile de la voie avait été négociée. Ça les avait consolés. Mais c'était une erreur. Maxou s'en était rendu contre rapidement. L'évolution dans le mixte instable qui suivait, s'était révélée sans fin. Olive et Dod avaient d'abord préféré se décorder, puis, vaincus par la difficulté, ils s'étaient encordés à nouveau. Ça les avait retardés d'autant.

Il est vingt-trois heures maintenant. Il leur a fallu trois heures là où ils avaient prévu de passer en une heure... La neige recouvre désormais tous les rochers exposés. Rob est lessivé. Derrière Maxou, il s'est dépensé sans compter. Il est en surrégime depuis plusieurs heures.

– Rob, qu'est-ce que tu fous ? s'impatiente Maxou.

– Je me suis couvert et j'ai sorti la frontale. J'y voyais que dalle, répond-il, exténué.

– Il faut pas deux plombes pour sortir une Gore-Tex ! C'est moi qui vais remettre des fringues, maintenant, parce qu'à t'attendre, je me suis gelé.

– Oh, ça va !

– Allez ! on essaye de se magner, on doit plus être loin de la sortie... Où sont les autres ?

– Bah, j'en sais rien... La dernière fois que je les ai vus, c'était dans le couloir en mixte...

Bien obligés d'attendre... Maxou et Rob se blottissent derrière un monticule de pierres instable. La neige leur fouette le visage depuis dix bonnes minutes quand le premier coup de tonnerre claque derrière le gendarme qui se trouve sur la rive gauche. Rob, qui claque des dents, manque d'avaler sa langue. Maxou voit les yeux de son compagnon sortir de leurs orbites. À croire que ce dernier vient d'apercevoir le diable...

Pilier Gervasutti. Samedi

– Merde ! Maxou, t'as vu ça ?
– Non, où ça ?
– Putain, Max, arrête ! J'ai une trouille bleue de la foudre. Faut qu'on se tire ! C'est encore loin, la sortie ?
Maxou peine à déplier la photocopie du topo trempée et à moitié déchirée.
– J'en sais rien, ça n'en finit pas. On doit passer un « collu » et basculer à droite, en face nord, sur deux cent cinquante mètres au moins, pour rejoindre une rampe...
– Tu crois que tu trouveras, dans le noir ? interroge Rob.
– Qu'est-ce que tu veux que j'en sache ? J'en peux plus, je suis comme toi, mon pauvre !
Boum ! Deuxième coup de tonnerre. Et voilà la grêle qui s'en mêle ! Rob balaye comme il peut les grêlons déjà amassés sur le sommet de son sac.
– Ooolive ! Doood ! gueule Maxou dans le néant.
– ...
– Mais qu'est-ce qu'ils foutent, nom de Dieu !
Max et Rob se sont tassés l'un contre l'autre. Ils se refroidissent méchamment sous une neige qui colle à la roche et transforme progressivement la voie en glacière.
Soudain, un appel retentit :
– Maaaxou !
Ce sont bien les deux autres. Mais Maxou ne réagit pas aussitôt. Comme Rob, il s'est laissé envahir par une léthargie froide. C'est au deuxième appel seulement qu'il sursaute.
– Les voilà, Rob ! Les voilà, je les entends...
Olive et Dod arrivent enfin, transis. Leurs visages sont défaits. Dod a la pommette éclatée. Il a ripé sur

une plaque de glace pourrie. Et Olive ne sent plus le bout de ses doigts depuis plus d'une heure...

– On s'est plantés au niveau du premier gendarme. On a essayé de passer par-derrière en croyant que c'était par là. Mais c'était la merde, on s'est retrouvés complètement de l'autre côté, au pied d'une dalle lisse comme un cul, avec un vieux clou véreux. Il a fallu tout refaire en sens inverse. Entre-temps, les terrasses en dessous avaient pris plein de grêle. C'était craignos. On s'est vraiment mis au taquet...

Olive a du mal à s'expliquer tellement il est cuit. Ils avaient finalement repris l'itinéraire classique malgré les grognements de Dod.

Dod, qui a les boules...

– Fais chier, on est dans la merde maintenant! On y voit que dalle et ça pète de partout. C'est quoi cette météo pourrie ? Je croyais que c'était bon jusqu'à dimanche...

Le temps s'est effectivement dégradé. Les conditions sont devenues glaciales. Pendant un grand moment de flottement, tous les quatre restent assis, la tête dans le sac, à se taire. Il est minuit passé et personne n'y croit plus. Le vent s'est un peu calmé, mais c'est pour que la neige tombe encore plus lourdement.

Les trois autres comptent sur Maxou pour relancer la machine. Il en est conscient. Il va devoir aller chercher plus haut la fameuse rampe de sortie. Déjà Rob a sombré dans un sommeil pseudo-réparateur. Il n'a plus du tout l'énergie de la veille...

Max a retrouvé un peu d'énergie. Il se lève d'un bond et s'ébroue comme un chien, en poussant des cris de légionnaire.

Pilier Gervasutti. Samedi

– Putain de merde ! On va pas rester là comme des cons à se geler. Il faut qu'on se tire de ce bled !

– Mais Max, on n'y voit rien, il est trois heures du mat ! lui répond Olive. Ça va se calmer demain matin... Dors un peu !

Nouveau coup de tonnerre à moins de cent mètres. Les deux autres sursautent à chaque fois, comme s'ils se réveillaient d'un cauchemar. Il y a trois bonnes heures que ça tabasse. L'ambiance est insupportable. On a beau avoir lu des centaines de descriptions dans des bouquins, rien ne peut restituer la terreur que l'on ressent en vivant un orage en pleine montagne. Les farfadets, les éclairs, les boules de feu, tout y passe, surtout dans le cerveau déjà bien ralenti de Rob. Le froid glacial l'a pénétré jusqu'à l'os. Il essaye de se rassurer en évoquant l'image du professeur Tournesol arraché du sol par la foudre au milieu du salon de Moulinsart, dans *Tintin et le temple du Soleil*... C'était si marrant en bande dessinée ! Il pensait aussi à sa collection de *friends* et de coinceurs Chouinard si bien rangée dans l'armoire normande de sa chambre à Neuilly...

Max, lui, a décidé de tenter une percée.

– Rob, tu laisses filer la corde, je vais voir ce qu'on peut faire...

Rob comprend difficilement ce que Max lui dit. Le vent, la nuit... Continuer, pour quoi faire ? Il regarde la corde filer devant lui mollement en se demandant à quoi ce truc peut bien servir.

– Rob ! du mou...

La corde se tortille... Un serpent... oui, voilà, un serpent venimeux, la sale bête !

– Du mou, Rob ! la corde est coincée... Du mou !

Rob file un coup de pied au hasard dans le tas de nouilles.
Cinq minutes plus tard, Max rebrousse chemin.
– Merde ! j'y vois que dalle.
Il se jette par terre en boule et commence à gémir en se tapant sur les cuisses pour faire revenir le sang dans ses mains.
– Je sens plus mes pieds...

Quelques heures plus tard, un semblant d'aube se lève. Le vent claque encore avec furie contre les parois abruptes des piliers qui bordent de part et d'autre le pilier Gervasutti. Les giclées de grêle sont plus rares, mais le froid est toujours intense. Max s'est endormi, les bras enfouis dans sa veste. Il n'a pas eu le courage d'enlever les anneaux de corde enroulés autour de sa poitrine... Rob a l'air pétrifié sous une carapace de gel. Ses sourcils ont blanchi. Ils semblent soudés à ses petites lunettes givrées. Leurs deux compagnons sont collés l'un à l'autre, grelottant, à demi conscients. Il règne une atmosphère étrange, comme si l'inséparable groupe d'amis avait décidé de ne pas se désunir pour s'en remettre au destin...
C'est vers midi que Rob perd le peu de cohérence qui lui restait. Trois grondements de tonnerre se succèdent et la foudre s'abat à quelques mètres de lui. Il sursaute et se lève comme un zombie.
– L'hélico, les gars ! L'hélico, vous entendez ?
Personne n'entend rien, excepté le tonnerre qui redouble. Les trois autres aimeraient l'entendre, cet hélico, pourtant, même en se forçant un peu, ils ne perçoivent aucun bruit... Alors Rob avance, sans que

Pilier Gervasutti. Samedi

les autres puissent esquisser le moindre geste. Rob bascule dans le vide...

    Dimanche, c'est la famille d'Olive qui s'est inquiétée la première. Trois jours sans nouvelles... Ce n'était pas dans les habitudes d'Olive de ne pas prévenir, surtout quand il s'engageait en haute montagne.
    Plusieurs appels de Paris avaient mis en alerte la cellule de recherche du PG. Deux secouristes étaient partis vérifier sur le parking du téléphérique si des voitures correspondaient au signalement communiqué. On avait aussi téléphoné au refuge des Cosmiques. Ça n'avait pas été difficile de reconstituer le parcours des quatre alpinistes manquants.

    – Allô ? Bonjour, refuge des Cosmiques !
    C'est Marianne qui est au comptoir, ce matin. Elle met de l'ordre dans les factures. Une journée qui s'annonce plutôt calme. La plupart des alpinistes ont décommandé, à cause des mauvaises conditions, et les quelques badauds qui n'étaient pas redescendus disputent un poker menteur...
    – Ouais, salut Marianne, c'est Lionel !
    – Salut Yoyo, ça gaze ?
    – Ouais, ça gaze, et toi ?
    – Bah, un coup de grisou, ça permet de décoincer un peu. J'en profite pour m'occuper des comptes pendant que Christian nous prépare des tartes...
    – Dis, Marianne, on est à la recherche de quatre grimpeurs parisiens qui seraient partis dans le Gervasutti... Ça te dit quelque chose ?
    C'est comme si la tarte de Christian venait de tomber par terre... Bien sûr que ça lui dit quelque chose !

Docteur Vertical

On peut souvent recouper les infos de Marianne avec les nôtres quand on recherche quelqu'un. Mais il passe tellement de monde au refuge, qu'elle n'a guère le temps de s'intéresser à l'un plutôt qu'à l'autre. Pourtant, le visage de Rob lui est resté en mémoire. Elle le revoit encore, le soir, dans le réfectoire, l'air perdu, cherchant la table où se trouvaient ses copains. Envahie par une sensation étrange, elle se met à décrire à Lionel l'équipement que portait celui qui devait être Rob et que les autres n'arrêtaient pas de mettre en boîte. Elle se rend compte alors, un peu gênée, qu'elle est incapable de se rappeler l'accoutrement des compagnons de Rob. Elle raconte à Lionel qu'elle ne les a pas vus repasser et que le mauvais temps annoncé est arrivé beaucoup plus vite que prévu sur le Tacul. Ils ont dû se faire coincer près du sommet. Sous l'œil inquisiteur de Christian, Marianne repose le combiné, le regard perdu dans le vague.

Toute la nuit, la grêle a fouetté les vitres du refuge en rafales furieuses. Le retour du beau est annoncé pour le début de la semaine. Marianne regarde encore une fois par la fenêtre en direction du sommet du Tacul. Tout est pris, un panache de nuages trône majestueusement en regard de la face est. La dépression est venue du nord-ouest. Elle a progressé plus rapidement qu'elle avait été annoncée et elle a surpris tous ceux qui se trouvaient dans les faces est. Ce doit être l'enfer dans le Gervasutti... On devine les rouleaux de grêle et de neige qui lessivent la partie supérieure du pilier.

Marianne frissonne.

ITINÉRIS

Hier, la journée n'a pas été si mauvaise en basse altitude. À force de courir partout chercher des malchanceux et de ramasser des gens en mauvais état, j'ai décidé de la jouer cool. On s'est débarrassés des petits chez Arthur et Lucette, leurs grands parents. Un petit stage de « réinsertion sociale » dans le Vercors ! Du coup, je me suis fait une garde de nuit aux urgences et Cécile a pu s'occuper de ses chambres d'hôtes. Ensuite, tranquilles, nous avons profité de la météo pour nous offrir une belle voie dans les Aiguilles-Rouges. Ce massif n'est pas trop difficile, moins agressif et moins haut que son voisin. Pas de glacier, pas de grande face abominable. Les itinéraires sont souvent bucoliques et la vue sur le Mont-Blanc est à tomber.

Ce matin, la reprise est fraîche pour un lundi d'été. Ça pince. Je suis de retour à la DZ pour la semaine du 14 juillet qui s'annonce raide. Les cohortes de véhicules aux plaques d'immatriculation étrangères s'agglutinent devant le passage à niveau du train du Montenvers. Ils sont revenus, ils sont là... ça va donner ! J'ai appris qu'il y avait déjà quatre disparus dans le pilier Gervasutti et qu'on attendait une amélioration des conditions pour lancer une recherche.

Alors que je dégage mon pare-brise avec un malheureux bout de grattoir, la radio, que j'avais posée sur le siège avant de la bagnole, se met à brailler. Souvent, il n'y a pas de quoi s'affoler : ce n'est pas parce que ça s'agite qu'il y a forcément du taf pour le toubib. Une fois, c'est l'hélico qui décolle pour un vol technique, une autre fois, c'est Frédo qui appelle son pote pour lui expliquer où il a laissé les clés du 4x4 ! Mais cette fois, ça ressemble à une vraie alerte... J'ai vaguement entendu qu'on parlait du Planet ou d'un nom comme ça... L'ennui, c'est que dans le massif, il existe au moins trois hameaux qui s'appellent ainsi !

Je me suis pressé parce que ça avait l'air d'être pour moi, du genre « traumatique »...

Le décollage finit de me réveiller. C'est dur, quand on n'a pas pris son café, de se taper le hurlement de la turbine...

Déjà on plane du côté du col du Tricot, à la recherche d'un homme qui n'a pas pu terminer son message. Ça venait d'un portable... Probablement Itinéris, vu que ça coupait sans arrêt ! Le type n'avait pas l'air bien. Il a eu juste le temps de baragouiner le nom des chalets près desquels il était tombé.

– Bon, vous regardez si vous ne voyez pas quelque chose... nous demande Yaz, le pilote.

Pour ma part, j'y vois goutte, j'ai encore les yeux collés, sans compter la myopie.

– Là, vu ! À onze heures, juste en dessous ! crie Marco, le secouriste.

Yaz plonge. On devine effectivement quelqu'un au bas d'un couloir d'avalanche. Au fur et à mesure que nous perdons de l'altitude, le tableau se précise.

– T'as vu le type ? On dirait qu'il y a une mare de sang à côté de lui... Il a dû débarouler d'en haut avec la coulée, observe Marco.

– Pétard ! ça fait bien deux cents mètres, ça ! renchérit Yaz en négociant son approche de façon à se placer à sa hauteur.

En entendant l'hélico, le blessé s'est mis à s'agiter. À le regarder de dessus, on dirait une sorte de sauvage se déplaçant à quatre pattes ! Dix mètres en aval, on repère une raquette brisée que l'effet de sol du rotor fait voler. Il y a quelque chose qui me gêne dans l'aspect de ce type, mais je ne parviens pas à déterminer quoi... L'hélico nous débarque avec la perche, puis il s'éloigne. Je regarde en direction de notre bonhomme, mais je ne saisis toujours pas ce qui cloche. À en juger par son regard médusé, Marco est aussi dubitatif que moi.

– Tu trouves pas qu'il a une tête bizarre ? me demande-t-il.

– À vrai dire, je vois pas sa tête...

– Monsieur ? Monsieur, ça va ?

C'est en remontant vers lui que, brusquement, je comprends tout.

Ce que l'on prenait pour son visage était en fait une vue de l'esprit. De loin, il avait l'air hirsute, les cheveux grisonnants, longs et ébouriffés, surtout sur

les côtés. En fait, sur le crâne, il n'y a plus grand-chose ! Le scalp est complètement décollé et ne tient plus que par quelques centimètres de peau. Il pend en avant comme un rideau. Ça lui voile la face jusqu'au menton. Au-dessus il ne reste qu'un crâne tout nu, comme s'il avait une tonsure. Heureusement, on ne voit pas encore la cervelle !
– On dirait un figurant de la pub *Chaussée-aux-moines* ! me glisse Marco, un peu écœuré.
– Fais gaffe, ça dégouline de partout, dis-je pour garder un peu de sérieux.
Le gars mouline du bras dans notre direction pour essayer de nous toucher, comme s'il avait besoin d'un contact humain. Je l'invite à se calmer en lui expliquant qu'on va remettre tout ça à sa place. Après avoir enfilé une paire de gants de chirurgien, je soulève le morceau de peau sanguinolent qui pendouille et l'applique sur le crâne dégarni. Le « ploc » qu'on entend n'est pas vraiment ragoûtant.
Une grande bande Velpeau enroulée sur la tête, à la maharadjah, et on file dare-dare à l'hôpital de Chamonix...

Quand je pense à tout le mal qu'on dit des téléphones portables ! Évidemment, beaucoup de gens n'arrivent plus à se séparer de cet engin aussi débile que pratique. Alors pour se balader en montagne, vous pensez ! Ils sont persuadés qu'au moindre pet, un ange leur tombera du ciel...
Depuis deux ou trois saisons, nous avons pu observer l'impact du portable dans notre boulot. Un jour, on nous a appelés trois fois de suite pour le même

secours ! Ça nous a un peu agacés...

Un type avait dévissé sur un sentier de randonnée. Il appartenait à une famille du Nord dont même les membres les plus avertis n'avaient pas le pied marin... Le gars, en voulant faire le malin devant sa belle-famille, s'était « encrapoté » les pattes dans une racine. Il avait roulé sur une dizaine de mètres dans des épineux qui, comme on le sait, sont toujours placés de façon stratégique ! Josette, la belle-sœur, plus habituée à dégainer son portable qu'à pratiquer les premiers gestes de secours, avait composé le 15 avec fébrilité avant même de savoir s'il s'était blessé. L'appel nous avait été renvoyé par Cordial pour qu'on aille jeter un œil.

On a donc décollé *illico presto*. Mais trente secondes plus tard, on faisait demi-tour, Josette avait préféré annuler sa demande de secours puisque la victime avait assuré que tout allait bien. Toutefois, en remontant de son ravin, le gars s'était aperçu qu'il s'était quand même foulé la cheville et qu'il avait du mal à marcher... Du coup, la Josette, elle avait rappelé directement le secours en montagne, n'osant plus contacter le 15, de peur de se faire engueuler.

– Allô, les « secouristes de montagne » ? avait-elle demandé. Mon beau-frère, y peut plus marcher. En fin de compte, ça serait bien si l'hélicoptère rouge, y pouvait quand même venir le chercher !

– C'est toujours pour la même personne ? avait questionné le planton.

– Oui, c'est nous !

– D'accord, on renvoie la machine ! avait-il

répondu, un peu froidement. Ou êtes-vous, exactement ?
– Ben... sur un chemin, en montagne !
– Ouais, entendu, mais sur quel chemin, précisément ?
– Ben... on est partis y a une heure du téléphérique rouge qui monte vers le pic du Midi. Et maintenant, on est sur le chemin qui va à l'autre bout...
Il a fallu dix bonnes minutes au planton pour situer approximativement l'endroit en question !
C'était justement le temps qu'il nous avait fallu pour descendre de l'hélico, décharger les affaires et aller s'avachir dans le canapé devant une série américaine bien nulle. On avait loupé le début, mais on pensait avoir encore une chance de voir la fin. Quand le téléphone a sonné...
Au bout du fil, le planton, un peu gêné de nous déranger de nouveau, préfère prendre un air exaspéré :
– Bon, les gars, pour le secours qui vient d'être annulé, il faut y retourner, il a la cheville en vrac !
Quelques grognements se font entendre, mais on doit bien se résigner.
– Où est-ce qu'ils sont ? demande Henri.
– Ils ont eu du mal à m'expliquer. D'après leur description, ils seraient sur le Grand balcon nord, à peu près au niveau de l'M, ou sous le glacier des Nantillons. Un moment, j'ai cru qu'ils m'appelaient des Pyrénées quand ils m'ont parlé du pic du Midi ! Le gars en question aurait un ciré kaki et un pantalon marron. Génial pour le repérer ! Y'a encore des gens qui confondent la montagne et la chasse.

Itinéris

On redécolle avec les mêmes. Christian, aux commandes, traîne un peu avant de prendre de l'altitude, histoire de mater les vacancières qui bronzent sur les berges de l'Arveyron. Puis il entame l'habituelle danse ascendante au-dessus des mélèzes. Un coup à droite, un coup à gauche, à la recherche des thermiques qui propulseront sa machine vers le glacier des Nantillons. Arrivé là, il faut chercher... Sur le balcon nord, à en croire les bras en croix et les K-way qui s'agitent, il y en a des blessés ! Les randonneurs qui disent bonjour à l'hélico sont légion. Alors trouver la victime parmi tout ce monde-là, ce n'est pas évident. Encore que, souvent, c'est précisément vers celui qui ne lève pas les bras que l'on choisit d'aller : ça marche à tous les coups !

Au bout de dix minutes de va-et-vient, un groupe paraît correspondre à la description. On aimerait bien se poser, mais au sol, un membre de la bande n'a pas l'air de vouloir de nous. Il gesticule en agitant son ciré jaune d'un air mauvais...

– Qu'est-ce qu'il veut, ce casse-couilles ? Il s'est mis au seul endroit où je peux me poser ! gueule Christian.

À chaque fois que le pilote se replace en position d'atterrissage, le cinglé revient à la charge comme s'il voulait arrêter un tank ! Finalement, on se pose sur un patin, trente mètres plus loin. Henri descend pour aller voir ce que c'est que ce cirque...

Trois minutes plus tard, il appelle :

– Dragon, d'Henri ?

– Ouais, Henri, parle !

– Le type ne voulait pas le secours parce qu'il croyait qu'il allait raquer, alors il préférait ramener

son beauf tout seul en le portant sur son dos. Je lui ai dit de se détendre, que ça ne lui coûterait rien, et de ne pas confondre son téléphone avec un hygiaphone, dorénavant.
– Et maintenant, qu'est-ce que tu fais ? demande Christian.
– Apparemment, c'est pas bien grave. Je lui mets une attelle et je te rappelle pour l'embarquer.
– Ça marche !

Le problème avec le portable, c'est que tantôt il va sauver la vie de quelqu'un qui n'aurait jamais eu les moyens de se payer une radio, tantôt il va être utilisé pour des broutilles. Bientôt, on va nous appeler avant que l'accident n'ait lieu !

Iceberg

Je me souviens d'un gag qui s'est déroulé au lac Blanc, un petit plan d'eau d'altitude situé à 2 352 mètres dans le massif des Aiguilles-Rouges. Un objectif idéal quand on a envie de découvrir la montagne sans avoir la prétention d'être un alpiniste.

En ce début d'été, le lac n'avait pas encore totalement dégelé. Il restait des plaques de glace accrochées aux berges. Bien sûr, il a fallu qu'un randonneur un peu plus téméraire que les autres s'aventure dessus pour épater sa nana. Afin de ne pas mouiller ses chaussures, au cas où… il avait pris soin de les enlever, de même que ses chaussettes. Sa copine l'observait, non sans lui reprocher sa fougue d'adolescent et lui assurer qu'il n'avait plus besoin de ça pour s'affirmer à ses yeux. Avant même qu'il n'ait eu le temps de répondre, la glace a craqué sous son poids et la plaque s'est détachée de la rive. Notre héros malgré lui s'est retrouvé à quatre pattes sur son iceberg, à regarder la côte s'éloigner. À chaque fois qu'il tentait de s'approcher du bord de son glaçon pour pagayer avec ses mains, la gîte que prenait son radeau de fortune lui foutait la trouille...

Quand l'alerte nous est parvenue, on s'est marrés, bien sûr. Un gars naufragé sur un iceberg... dans le massif du Mont-Blanc ! Si c'était possible ! Comme quoi, dans ce métier, il fallait s'attendre à tout : un train qui déraille dans la Mer de Glace, un pompier à secourir dans les Flammes de Pierre, Rocco Sifredi à la station des Grands Montets... L'opération nous a bien fait marrer. Le rescapé aussi, finalement, avait de quoi rigoler puisqu'il s'en sortait indemne, même s'il a dû se faire sacrément chambrer par ses copains...

Il avait quand même fini par aller à la baille ! Comme il n'avait pas de baudrier, le secouriste avait dû lui envoyer la sangle de secours. Ce n'est pas compliqué à mettre sous les aisselles, mais quelques explications sont quand même nécessaires... Avec le bruit de l'hélico, le gars n'avait pas dû bien comprendre. En lui donnant la sangle, le secouriste lui avait indiqué qu'il devait attendre sans bouger que la corde se tende vers le haut. Ensuite, ce dernier s'était fait remonter en dévidant derrière lui la corde en question. Mais avant que l'hélico ne commence à prendre de la hauteur, le type s'était foutu à l'eau !

Quand je pense que le secours a été filmé et a fait le tour de la planète !

Vocation

Nous déposons « l'homme des bois » à l'hôpital pour qu'on lui recouse le cuir chevelu, du moins ce qu'il en reste. À mon avis, il y en a au moins pour une bonne heure et quelques bobines de propylène !

Pas de secours en vue. Retour à la DZ.

En posant mon sac sur le brancard déchiré qui nous sert à allonger les rescapés, j'entends japper. D'un naturel curieux, je passe la tête par l'encadrement de la porte.

– Salut mon gros !

Il n'a pas bronché, le toutou. C'est vrai que les bergers allemands des gendarmes ne sont pas du genre à se rouler par terre en se tortillant pour manifester leur joie.

Il est attaché à côté de l'entrée du bâtiment et paraît bien calme. Son épaisse fourrure qui déborde de son collier lui donne l'air d'un chef de meute. Les chiens d'avalanche sont de bonnes grosses bêtes dressées pour la recherche, mais ils sont également chargés de monter la garde. J'ai passé quelques heures à réparer les dégâts commis par ces gentils toutous à droite à gauche : une main, une joue, et même un nez.

Je le regarde, alors il me fixe aussi. Dans son œil passe une lueur suspecte. Bien qu'il soit attaché, je préfère lui renvoyer un regard amical pour que nous restions en bons termes, mais je ne l'approche point. Pas davantage que n'importe quel chien dont je ne connais pas le nom, ni même les autres, d'ailleurs. Vieux réflexe d'enfance ! Quand j'étais petit, les grands disaient que j'avais le feeling avec les animaux, jusqu'au jour où je me suis fait sauter dessus... Ça m'a calmé ! Maintenant, je reste à distance. Il y a quelque mois encore, alors que je me baladais en short sur le trottoir d'Iquique, au Chili, je me suis fait croquer le mollet par un cabot crado qui avait attendu que je passe pour mieux me surprendre par-derrière. Il en a pris pour son compte, celui-là ! J'avais dans mon sac de plage un pavé de huit cents pages et une bouteille d'un litre et demi... Le coup est parti tout seul. D'un mouvement circulaire de grande amplitude, je l'ai assommé et laissé sur le carreau. Celui-là, il aura pris pour les autres !

À l'intérieur du local médical, je me bagarre avec un rayon de soleil qui me frappe de plein fouet à travers la vitre et m'empêche de voir l'écran de mon ordinateur. J'ai un sacré paquet de fiches en retard, et je veux profiter de la quiétude matinale pour remplir la base de données qui nous sert chaque année à sortir quelques statistiques.

Vocation

Il est étonnant de constater à quel point la mise en œuvre d'un tel service – la médicalisation du secours en montagne – peut dépendre de tout sauf d'un effort de nos tutelles... « Montrez-nous que vous servez à quelque chose et on verra ce qu'on peut faire... » Il est vrai que tant que vous ne serez pas pendu dans le vide le visage en sang et hurlant de douleur, vous ne saurez pas à quoi peut être utile un médecin du secours. Tant que vous ne vous serez pas luxé l'épaule ou cassé le fémur sur une piste de ski, vous ne connaîtrez pas les bienfaits de la morphine. Mais voilà, tout le monde ne prend pas ses vacances à la montagne, notamment ceux qui pondent les textes à l'origine de notre organisation sanitaire. En réalité, la médicalisation du secours en montagne est d'abord née du désir d'un petit groupe d'individus avides de travailler dans un contexte excitant, et non d'un besoin sanitaire ou politique. Si nous n'avions pas été là, il y a quelques années, y aurait-il eu d'autres marginaux pour s'engager dans cette voie ? Il aura fallu plus de quinze années de travail pour que notre profession soit considérée comme indispensable. Bien qu'il paraisse évident aujourd'hui d'associer un médecin aux missions de secours, nous avons dû remuer des montagnes pour le faire admettre. Je me demande encore parfois s'il n'y a pas qu'à nos yeux que la chose reste évidente... On a parfois la sensation désagréable que l'argent ne viendra pas tant qu'un ministre ne se sera pas éclaté la tête contre un sapin !

À nos débuts, il a fallu pleurer pour obtenir quelques moyens. Bien que ceux-ci aient été insuffisants, nous avons continué à bosser, surtout par

Docteur Vertical

passion. Notre directeur, sous la pression de Grand Chef, avait créé quelques postes de vacataires, pas vraiment gratifiants, que nous avions pourtant acceptés. L'hôpital de Chamonix était déjà dans la ligne de mire de la direction départementale de la Santé et devait être supprimé dès que possible. Tout ce qui pouvait contribuer à justifier sa présence sur la carte sanitaire n'était pas bienvenu...

Je ressasse le sujet en me demandant où nous en serions si nous n'avions pas attrapé le taureau par les cornes... quand je vois passer une fille que je ne connais pas devant ma porte. Si ! j'ai dû la rencontrer une ou deux fois avec l'un des gendarmes secouristes... Ça doit être sa copine. Elle me salue de la tête et s'éloigne en direction du jardin... Je me replonge dans mes fiches avec toute la conscience professionnelle d'un bon fonctionnaire.

Au bout de quelques minutes, ma concentration est perturbée par un petit cri plaintif. Je lève les yeux et tends l'oreille, mais déjà je n'entends plus rien. Alors je retourne à mes statistiques. Quelques instants plus tard, la même voix lointaine se fait entendre, un chouia plus fort.

– Y a quelqu'un ? Au secours !

Silence... Décidément, ce métier me ronge : j'entends et je vois le danger partout ! Mais la voix retentit de nouveau :

– S'il vous plaît, au secours !

Je passe la tête par la porte et ce que je découvre me laisse pantois. Du pur *Vidéo Gag* ! J'ai failli me laisser tenter, mais ça n'aurait pas été élégant de ma part...

Vocation

La fille a sans doute voulu faire un câlin au chien en passant, mais celui-ci, qui doit peser pas loin de 40 kg, a rempli son devoir. Il l'a plaquée au sol d'un coup de patte et la maintient sur le gazon, la gueule à dix centimètres de son nez, sans un bruit. Il ne grogne même pas ! À croire qu'il veut se la garder comme ça jusqu'au soir. La fille est terrifiée, elle n'ose plus esquisser le moindre geste, de peur d'être dévorée. Étant donné la carrure de la bête, mon bon sens me recommande de ne pas m'interposer. Je m'empresse d'aller chercher le maître de l'animal. Blaise lance deux ou trois instructions à son chien qui, aussitôt, laisse filer la souris. Il a l'air content de lui. Moi aussi : je viens encore de sauver une vie !

Pilier Gervasutti. La fin des diables

Ma tête roule dans tous les sens. Ça va cinq minutes, ce gymkhana entre les séracs, mais maintenant j'ai envie de vomir ! Paulo, le pilote du Lama, nous a embarqués, Gulio et moi, pour la mission technique de la semaine. Il s'est enfilé dans le labyrinthe du glacier des Bossons, direction les Grands Mulets. Les nuées se sont donné le mot pour nous empêcher de franchir ce dédale de ponts et de crevasses. Un coup à droite, un coup à gauche, je suis complètement désorienté : un vrai jeu vidéo en trois dimensions...

Le Lama est la seule solution pour certains secours. Il est équipé de la même turbine que l'Alouette III, une Artousse, mais il pèse 300 kg de moins. L'équipement de l'Alouette III est plus lourd et sa carlingue plus volumineuse, ce qui autorise un habitacle adapté au transport des secouristes et des blessés. La place pour la médicalisation reste malgré tout limitée, une fois le brancard installé à l'arrière. Mieux vaut avoir bien prévu le coup avant de décoller car on est un peu à l'étroit pour quelque manipe que ce soit. Le Lama, lui, allégé de cet attirail, est doté d'une puissance nettement supérieure à celle de l'Alouette. Il détient le record d'altitude impressionnant de 11 000 mètres. Pour le réaliser, le pilote Jean Boulet s'était débarrassé de tout ce qui n'était pas absolument nécessaire. Après avoir fait le plein de kérosène, il était monté jusqu'à ce que le réservoir soit vide, avant de se laisser redescendre en autorotation.

Paulo, lui, n'a pas établi de record d'altitude, mais il doit être détenteur de celui du plus grand nombre d'heures de vol dans le massif. Il tourne depuis plus de vingt ans et en connaît les recoins les plus inaccessibles. Voler dans sa machine procure des sensations proches de celles qu'on ressent sur le grand huit quand on est mioche. Il conduit l'engin avec une habileté qui frôle la perfection. Il s'est quand même mis quatre fois au tas et en est ressorti miraculé à chaque fois.

Il ne lui faut pas plus de quelques minutes pour déjouer les pièges des Bossons et atteindre le refuge des Cosmiques où la visibilité est redevenue acceptable.

Les naufragés parisiens ont été localisés. Le PG a envoyé une équipe au niveau du rognon pour essayer de repérer les deux cordées. Un petit groupe correspondant à la description donnée a été observé entre deux masses nuageuses qui s'accrochaient encore au Tacul. L'Alouette a fait deux tentatives, sans succès. Le vent soufflait trop fort. Impossible de les choper, même à l'arrache.

Pilier Gervasutti. La fin des diables

L'aérologie est encore très mauvaise et nous n'avons aucune idée de l'état dans lequel nous allons retrouver nos quatre alpinistes. Une évaluation toujours difficile. La résistance des individus est variable et aléatoire. Beaucoup de paramètres entrent en ligne de compte : l'expérience, l'équipement, la fatigue, et surtout la capacité à lutter moralement...

Paulo vient de dépasser l'altitude de 4 000 mètres en franchissant le col du Maudit. De violentes secousses nous cueillent encore, mais les cumulus sont en train de se dissiper. Le pilote tourne autour du pilier pendant que nos trois paires d'yeux scrutent silencieusement la frise d'aiguilles acérées.

Gulio et moi avons déjà gravi cette voie magnifique et nous avons tous les deux une idée de l'endroit où nous risquons de les retrouver... Tout juste ! Trois présences se manifestent sur le « collu » qui précède la portion finale permettant de sortir au sommet du Tacul. Ce petit col est idéal pour recueillir les bivouacs de fortune... Ils s'étaient fait coincer tout près du but.

– Bon, on va treuiller pendant que ça passe. Faut pas traîner, ça va sûrement pas durer des heures ! nous lance Paulo.

– Attends, Paulo ! Il est où, le quatrième ? s'étonne Gulio.

– Je le vois pas... Il faudrait aller regarder de plus près. Je vous descends et je continue à tourner.

– O.K., fais descendre !

Paulo donne toujours l'impression d'être sur le fil du rasoir : un mélange de doigté inébranlable et d'inquiétude permanente, une forme de tension sans relâche.

Gulio file à toute allure, puis c'est mon tour. Ça tabasse dans tous les sens. Je sens la violence des secousses dans le câble qui me descend. Gulio m'attrape par le pied pour me ramener sur la petite terrasse où se trouvent les naufragés. L'air est glacial. On se croirait en plein hiver austral. Trois des alpinistes recherchés sont là, congelés. C'est à peine s'ils peuvent nous répondre. Couverts de neige et de glace, ils ne semblent pas réaliser ce qui leur arrive. Les yeux exorbités de Max contrastent avec la somnolence d'Olive et de Dod.

– Hé, les gars, ça va ? demande Gulio. C'est le secours en montagne, on vient vous chercher...

– On y croyait plus ! réussit à articuler Max.

– Vous pouvez vous lever ?

– J'en sais rien...

Je les examine rapidement. Tous sont conscients. Le dénommé Max tremble de façon permanente. Il a de la peine à articuler ses mots. Les deux autres sont plus calmes. Un peu trop calmes. Ils ne tremblent pas, mais je ne parviens pas à obtenir d'eux une réponse cohérente à mes questions. J'ai peur qu'ils ne soient en hypothermie sévère comme ceux de la semaine dernière. Décidément, cette année, j'aurais fait tous mes « hypothermes » en été ! Malheureusement, mon thermomètre tympanique pété ne répond plus. « De la porcelaine, maniez-les comme de la porcelaine », rabâche Grand Chef dans mon esprit. Porcelaine ou pas, il faut dégager vite fait avant de se retrouver coincés. La gerbe de nuages est à deux doigts de tout reboucher, et même si Gulio et moi avons de quoi sortir la voie par nos propres moyens, il nous serait impossible d'emmener les autres. Paulo tourne autour

de nous comme un frelon en attendant notre signal... Mais où est le quatrième alpiniste ?
Nous n'avons pas besoin de chercher longtemps. Il suffit de suivre la corde qui s'est coincée derrière un becquet. Elle est tendue comme une arbalète. Dix mètres en contrebas, une forme inerte pend dans le couloir de glace...
Après avoir déliré toute la nuit, victime d'hallucinations visuelles et auditives, Rob avait pété les plombs. Il avait sauté.

On évacue d'abord ceux qui sont en vie. Paulo les descend un par un au col du Midi où l'Alouette III prend le relais pour les emmener à l'hôpital. Rob est évacué en dernier, telle une statue figée pour l'éternité. Plus jamais il ne s'émerveillera de tout et de rien comme il savait si bien le faire.

Le froid a causé des dégâts. Deux des rescapés souffrent de gelures sévères des pieds dont le pronostic reste sombre. C'est en venant prendre de leurs nouvelles que je découvre l'identité de leur compagnon décédé... La découverte que je fais alors me fauche net. Rob était mon vieil ami que je n'avais pas revu depuis dix ans mais avec qui j'avais vécu des tribulations mémorables. Je n'avais pas reconnu ses traits ravagés par le gel... Il était le seul des quatre à ne pas avoir d'enfant et je ne peux m'empêcher de penser que c'est peut-être ce qui lui a manqué pour survivre à son calvaire.

Marianne avait appelé à l'hôpital ce matin pour connaître leur sort. Elle n'avait pas laissé de message...

Morsure de vipère

Les aoûtiens ont débarqué, encore tout blancs de peau. Les juillettistes s'en sont allés, tout rouges.

Certains jours, tous les éléments sont réunis pour que ça pète. Allez comprendre pourquoi...

– Rien ne se passe aujourd'hui ? Ils ne veulent pas tomber ou quoi ? Il fait beau, pas d'orage en vue, la montagne est truffée de clampins et il n'y en a pas un pour pleurer ! Merde alors !...

Mattéo a les nerfs. D'ailleurs les autres ont pris l'habitude de l'appeler « crampon-les-boules ». Il en a rêvé pendant cinq ans avant de devenir secouriste à Chamonix. Il est originaire du Val d'Aoste. Il s'est acoquiné avec une petite Française pulpeuse qui s'appelle Véronique et il n'a pas l'intention de repartir de sitôt. Aujourd'hui, il ne tient plus en place. Il n'arrête pas de râler.

Je le titille :

– Ben, Mattéo, ça ne va plus, on fait du mauvais esprit ?
– Ouais, je m'emmerde, on fait que des conneries, aujourd'hui !
– T'inquiète pas ! dans une heure, l'orage va péter, tout le monde va s'affoler et ça va sonner de partout...
– Peut-être, mais là, je marche pas, j'ai pas envie de me prendre une châtaigne. L'orage, c'est pas mon truc. L'année dernière, un jour où il a fallu récupérer des mecs coincés en haut des Charmoz, j'ai cru que j'arriverais jamais à choper le crochet. Il était bourré d'électricité statique. Je me suis pris une de ces décharges, j'te dis pas ! Trois jours après, j'avais encore du jus dans les arpions. Il a fallu que Dragon fasse traîner le crochet sur le caillou pour le décharger. Moi, les orages, ça me fout la trouille !

C'est vrai qu'on n'a pas foutu grand-chose aujourd'hui. Pourtant, il y a du monde en montagne, ça grouille de partout. C'est étonnant d'avoir si peu d'alertes. On était pourtant bien venus dans l'intention d'exploser les scores, ce matin. Or, on a fait juste un petit secours en début d'après-midi, pour une morsure de vipère qui n'en était pas une...
Quoique les morsures de vipère au mois d'août, il faut se méfier. Je me rappelle m'être laissé surprendre à mes débuts.

C'était une belle journée comme aujourd'hui, particulièrement lourde. Je m'en souviens car on avait inauguré le nouveau réfrigérateur pour les boissons que tout le monde réclamait depuis deux ans. Le ciel

Morsure de vipère

était lourd et chargé d'humidité. Tout collait à la peau...

René, un ancien pilote de la Gendarmerie était plongé avec Henri dans une partie d'échecs destinée à « s'enkyster ». Aucun des deux n'avait trouvé la stratégie pour mater l'adversaire. Chacun allait bouffer les pièces de l'autre, une par une, jusqu'à ce que mort s'ensuive.

Dehors, ça bouquinait ou ça discutait. Il y en avait même deux qui jouaient à la pétanque derrière le petit chalet en bois, notre unique repaire avant que la DZ actuelle ne soit mise en service.

La journée avait commencé aux aurores par une reconnaissance en hélico. On était à la recherche de deux alpinistes partis faire la traversée des Grandes Jorasses et dont on était sans nouvelles. En fait, ils avaient fait demi-tour et étaient rentrés sans rien dire à personne...

Ensuite, hormis deux épuisés au mont Blanc et une gastro au refuge du Couvercle, l'activité était retombée en même temps que la canicule montait en puissance.

Le téléphone sonna longuement sans que personne ne réagisse. Finalement, c'est Henri qui se sacrifia et alla décrocher en soupirant.

– Allô, la DZ ?
– Ouais !
– C'est Gaby ?
– Ouais !
– Y'a une alerte, faudrait se bouger !
– C'est quoi ? demanda Henri.
– Morsure de vipère, à Samoëns, au Fer-à-Cheval...
– T'as des éléments ?

– Ça serait sur le sentier des chalets du Boret au « Bout du Monde ».
– Je sais pas si on va pouvoir arracher René à sa partie d'échecs...
– Déconne pas ! D'après l'appel, le type n'est pas top, allez-y avec le toubib. Le gars porte un tee-shirt jaune, il est accompagné d'une dame, et c'est une troisième personne qui est descendue chercher du secours.
– Ça roule, on décolle !
Les affaires reprenaient...

Les morsures de vipère, c'était une alerte déjà banale, à l'époque. Quand je pense à la description qu'on en faisait lorsque j'étais scout ! Urgence vitale, aspiration, garrot... la panique, quoi ! Je m'imaginais inciser la plaie au poignard pour en extraire le venin. La belle affaire ! À vrai dire, dans ma carrière de médecin, je n'avais encore jamais vu quiconque trépasser à la suite d'une morsure de vipère. Et puis les spécialistes de la question n'étaient jamais d'accord entre eux pour valider une stratégie consensuelle : héparine, corticothérapie, sérothérapie, ou ne rien faire... ? Comment s'y retrouver ? Malgré les progrès de la science, on ne savait pas vraiment quoi proposer à tous ceux qui déboulaient affolés aux urgences. D'ailleurs, la plupart du temps, les victimes n'avaient pas été piquées par une vipère mais une guêpe ou un chardon... Et quand il s'agissait vraiment d'une morsure de vipère, il arrivait souvent que la bestiole ait mordu sans injecter de venin...

On mit un bout de temps à le trouver, celui-là ! À croire qu'il n'avait jamais appris les signaux de

Morsure de vipère

détresse. L'hélico nous déposa finalement près d'un type allongé par terre. Il était angoissé et livide. Un gros bébé de 90 kg.

– Bonjour monsieur, je suis le médecin du secours. Comment ça va ?
– ...
– Monsieur, ça va ?
– Non, j'ai été mordu par une bête !
– C'était quoi, comme bête ? Un serpent ?
– Non, c'était... comme un gros lézard bleu, avec des dents. Je ne l'ai pas bien vu...

Il avait tout du fiston à sa maman. À peine sevré et plutôt douillet. À tout dire, sa morsure de vipère, je n'y croyais pas vraiment. Sur sa main, il me montrait un point rouge qui ne ressemblait en rien à la trace de crocs de vipère, et son état général n'était pas alarmant. Sa tension était bonne. Son pouls était rapide, mais c'est classique quand on est un peu émotif et qu'on voit pour la première fois de sa vie un gros hélico se poser à cinq mètres de soi en faisant un bruit infernal. Après avoir tenté de le rassurer, en vain parce qu'il restait persuadé d'avoir été mordu par un monstre, je l'invitai à monter dans la machine pour l'emmener à l'hôpital de Chamonix. Il accepta avec docilité.

Le vol aurait dû se dérouler tranquillement. Le spectacle de tous ces petits randonneurs qui levaient la tête vers l'hélico m'amusait. Mais à mi-parcours, la balade se gâta. Je vis mon patient pâlir et se transformer soudainement en chiffe molle. Son pouls devint filant, exactement comme le décrivent les manuels d'urgences à propos des morsures de

Docteur Vertical

vipère... Y avait-il du vrai dans ce qu'il m'avait raconté ? Par acquit de conscience, je lui administrai 120 milligrammes de methylprednisolone dans les fesses, un corticoïde qui prévient l'état de choc allergique. Vu son poids, il fallait au moins ça ! Son état n'eut pas l'air de s'arranger pour autant... Alors je préférai le poser directement à l'hôpital sans repasser par la DZ.

Quand je revins le voir à l'hôpital deux heures plus tard, c'était le grand nettoyage aux soins intensifs. On passait la serpillière sur le lino et une odeur désagréable du genre « WC-Primevère » vous agressait les narines. Mon patient était à moitié comateux, moite et blanc comme un linge. Lorsque je le lui avais confié, mon collègue des urgences ne l'avait pas trouvé folichon. Il avait également eu du mal à croire à la thèse de la morsure de vipère, mais devant son teint virant au gris, la prudence lui avait conseillé de le placer en observation aux soins intensifs.

Quelques instants plus tôt, Grand Chef avait fait sa visite avec son infirmière. C'était à lui de se pencher sur ce cas étrange. L'origine de cette symptomatologie éclectique l'avait laissé dubitatif, lui aussi. L'infirmière, qui n'était autre que Cécile, ma future femme, et lui s'étaient arrêtés au pied du lit, l'une attendant les ordres de l'autre, et l'autre se frottant le menton à la recherche d'indices...

Pendant ce temps, le patient était resté calme, voire un peu trop ramollo... On n'entendait plus que le sifflement de l'oxygène qui lui était administré par l'intermédiaire d'un masque sur le nez.

Grand Chef avait jeté un coup d'œil distrait par la fenêtre devant laquelle venait de passer un parapente mal parti pour se poser au Clos du Savoie, le terrain d'atterrissage officiel pour les libéristes...
« Un client pour nous... » l'avait-on entendu dire.

Brusquement, un rictus sur le visage du patient les avait interpellés. Du blanc cassé, il avait viré au bleu. Puis voilà qu'il s'était mis à se tendre, se tortiller et s'arc-bouter. Son visage était devenu pourpre et son corps était secoué de spasmes comme s'il allait convulser. Grand Chef et son infirmière ne savaient que faire...

– Monsieur, il y a quelque chose qui ne va pas ? Vous avez mal quelque part ? tenta Cécile.

Impossible d'en tirer quoi que ce soit...

– On dirait qu'il a mal au bide ! avait commenté Grand Chef. Fais-lui une ampoule de Spasfon pour commencer, avec 80 milligrammes de Solumédrol. On va voir si ça le calme. On l'a rempli de combien, depuis tout à l'heure ?

– 500 de Ringer et 500 de Plasmion. Mais il navigue entre 9 et 10 de tension, avait répondu Cécile.

– Je comprends pas ce qu'il nous fait... Ça ressemble pourtant pas à une morsure de vipère, son truc !

– Ça peut pas être une piqûre de guêpe ou un truc comme ça, chef ?

– Mouais...

Grand Chef s'était de nouveau frotté le menton, il n'y croyait toujours pas. Cécile avait fait l'injection. Le patient ne s'était pas calmé pour autant. On avait senti qu'il avait envie de s'exprimer, mais rien ne sortait. Il était écarlate et continuait à gémir.

Quelques minutes avaient passé encore et, soudain, quelques mots s'étaient échappés de sa bouche. Ça avait presque ressemblé à une phrase. Grand Chef et Cécile se hâtèrent de s'approcher en essayant de la lui faire répéter. Mais la phrase était restée inaudible. Alors ils s'étaient penchés davantage...
Erreur fatale : ç'avait été l'explosion ! *L'Exorciste*, le retour ! Un jet de vomi avait jailli à plus de deux mètres. Dans un même élan, Grand Chef et Cécile avaient reculé d'un bond désespéré... Trop tard. Deux autres jets presque aussi puissants que le premier avaient inondé la salle. Grand Chef en avait eu plein sa blouse. il n'avait pas été content, il avait gueulé. Une odeur pestilentielle remontée des entrailles de l'Enfer s'était répandue dans l'atmosphère... Les sphincters du patient avaient également lâché, il fuyait par tous les orifices. Grand Chef et Cécile avaient contemplé les dégâts, écœurés, les bras ballants.
– Crotte, j'en ai plein ma blouse ! avait juré Cécile qui mettait toujours un point d'honneur à ne pas employer de gros mots devant les patients.
Grand Chef l'avait regardé d'un air abattu et avait déclaré :
– J'aime pas ce métier...
On ne saurait jamais quelle bête l'avait mordu...

Quinze heures. Comme je l'avais prédit l'orage éclate sur le mont Blanc et le téléphone se met à hurler. Mattéo se jette dessus...
– Une demande de secours du Requin. Un type qui aurait « bambé » dans la Renaudi. Le gardien le voit. Il a l'air pendu dans la dalle du milieu, lance-t-il à la cantonade, une intonation victorieuse dans la voix.

Morsure de vipère

— Et la météo, c'est comment sur le refuge ? Parce que, vu d'ici, ça n'a pas l'air super, s'inquiète le pilote qui scrute le ciel en direction de la Mer de Glace.

— Il dit que pour l'instant, ça va, mais il faudra pas traîner...

La DZ est entrée en ébullition. Treuil, perceuse, corde statique, tout le monde s'est attelé à sa tâche.

Il y a là deux journalistes qui attendaient depuis trois jours de pouvoir tourner des images de secours pour le journal de vingt heures de TF1. Manque de bol, c'est justement le moment qu'a choisi leur cameraman pour aller chercher des sandwichs au troquet du coin ! Les deux Parisiens essayent de comprendre ce qui se passe, mais les secouristes sont trop affairés à préparer leur matériel pour perdre du temps à leur donner des explications. On va les laisser sur la touche, pour le seul secours intéressant de la journée, parce qu'ils sont trop encombrants. Pour couronner le tout, le cadreur, dont le rôle est de monter avec nous pour prendre des images, est le plus gros des trois. Il porte des grosses godasses en plastique pas du tout pratiques et une veste de chasseur couverte de poches pleines d'objectifs et de batteries de rechange. Ça lui pendouille sur le ventre et ça s'accroche partout...

Quant à moi, je suis prêt. J'ai relacé en deux secondes mes chaussures que je ne peux pas supporter plus de dix minutes lorsque je suis au sol. On fait rentrer les deux ou trois gamins qui étaient venus voir leur papa sauver des vies, afin d'éviter qu'ils ne se fassent découper en rondelles, et on décolle ventre à terre.

La Renaudi à la Dent du Requin est une classique. La cordée en détresse n'est pas difficile à repérer.

L'un des deux alpinistes – qui doit être le second – est collé à un relais dans le haut, pendant que le deuxième – celui qui a volé – pendouille dans le vide, en dessous. Jules se positionne en vol stationnaire pour qu'on puisse analyser la situation. Mattéo, qui est le chef de caravane, donne ses directives :
– O.K., Gilbert, tu poses Manu au Requin pendant qu'on consolide le relais. Je te rappelle ensuite.
– T'auras besoin de renforts ? demande Jules.
– Pas pour l'instant, ça devrait aller...

Jules me pose sur la DZ du refuge. Le gardien m'attendait pour me donner des infos complémentaires. Il commence à m'expliquer ce qu'il sait avant même que l'hélico ne se soit éloigné. Du coup, je ne comprends pas grand-chose...
– C'est un gars et sa nana... ils sont partis ce matin. J'ai entendu gueuler, alors je suis sorti voir. J'ai pas mis longtemps à comprendre quand j'ai vu le gars pendouiller comme une saucisse !
Bref, je ne suis pas beaucoup plus renseigné, si ce n'est le fait de savoir que l'un des deux est une fille et qu'elle n'est pas le blessé. J'allume ma radio pour suivre en direct le treuillage de Mattéo et de Nanard dans la longueur fatale...
Nanard me dépeint rapidement le tableau :
– Le type est amoché... Il saigne au niveau du bassin et il a vachement mal. J'te fais monter !
– Ça roule, je suis prêt !
– Tu feras gaffe, on est pendus dans le vide...
L'hélico est déjà sur moi. Avec le barouf, je n'ai pas compris la dernière phrase de Bernard. Fred m'ouvre la porte, je m'engouffre dans l'appareil. Pas

le temps de remettre le casque pour qu'on m'explique où ils vont me larguer. Je me doute bien que ce n'est pas dans du velours... La porte s'ouvre de nouveau. J'ai le sac entre les jambes, je suis assis dans le fond. Fred me tend le crochet, je le clippe sur le gros maillon ventral de mon baudrier.

– Paré pour l'éjection ?

Je fais O.K. du pouce. Traction brutale vers le haut. Attention à la tête ! Merci le casque... La trappe s'ouvre sur le gaz. Le câble de 5 millimètres me largue dans le vide qui m'engloutit. Ça tourne : le vent, la roche, le vide...

Nanard attrape ma main. Tout le matériel pend accroché à moi : la perche de 20 kg, le KED, mon sac... un vrai sapin de Noël ! La dalle est lisse comme un cul. Même pas moyen de poser les pieds où que ce soit. L'arrimage est un peu compliqué. Interdiction de perdre le moindre matériel ! Mattéo est au-dessus, avec la copine du blessé. Il a renforcé le relais à l'aide de deux *friends* et installé une corde statique pour accrocher la perche. Nanard me vache. Je me décroche. L'hélico s'éloigne en embarquant la grimpeuse.

Nous voilà seuls face à notre destin. Bernard m'explique ce qu'il en est :

– Lui aussi s'appelle Bernard... Il pisse le sang au niveau de la fesse gauche. Je ne peux pas le toucher !

Bernard geint, mais on sent le type costaud qui fait ce qu'il peut pour se contenir. Pas du genre à se plaindre. Je regarde son visage crispé par la douleur. Il est franchement gris. Le sang coule à grosses gouttes à travers la toile beige de son pantalon et

Docteur Vertical

forme une énorme tâche sombre... Pas bon ! Il faut que je me calme. Ne rien laisser tomber. Pour une fois, le geste médical s'impose, non seulement pour calmer la douleur, mais peut-être bien aussi pour éviter que le blessé ne se vide de son sang.

C'est un bassin... Il faut s'organiser, mais aussi se dépêcher. Souvent on s'excite alors qu'il n'y a pas le feu au lac, pourtant dans cette situation, il est indispensable d'agir vite : le relais est particulièrement inconfortable, la météo menace et la victime saigne à gros bouillon.

Nanard me voit hésiter et devine mes pensées...

– Manu, tu crois pas qu'on devrait l'évacuer direct et le déposer au refuge ? On va se faire bâcher !

– Attends que je fasse le point...

Bernard est pendu à son baudrier par la corde et Nanard lui a installé une assurance supplémentaire sur un spit* qui traînait par là.

Je palpe son tronc et son bassin pour avoir une idée des dégâts. Le crâne n'a pas l'air d'avoir reçu, c'est déjà ça ! En sentant les os bouger et craquer sous mes doigts au niveau des crêtes iliaques, je confirme la fracture ouverte du bassin. Merde ! Impossible de savoir si la compression exercée par le baudrier limite l'hémorragie ou aggrave au contraire l'état du blessé en réduisant le retour veineux... Je le sens partir. Pas moyen d'avoir un pouls radial. Sa tension est dans les chaussettes. Il faut que je décide maintenant, et ma voix ne révèle rien de mon hésitation.

---

* Spit : Cheville placée dans la roche forée avec une perceuse. Y est associée une plaquette avec un œillet où l'on passe le mousqueton d'assurage.

– Si on le prend comme ça, on va l'achever : je dois d'abord le remplir !
– T'es sûr de toi ? m'interroge Nanard.
– Ouais, donne-moi cinq minutes !
Je suis loin d'être sûr de moi, mais la détermination avec laquelle j'ai répondu me conforte dans mon idée. Ça faisait un sacré bout de temps qu'on n'avait pas remis en cause une de mes décisions, du moins ouvertement. Les secouristes avec qui je travaille désormais sont plus jeunes que moi. J'ai plus de quinze années de secours à mon actif et je sens qu'ils m'accordent une certaine confiance.

De vieux souvenirs me reviennent en mémoire. Ceux de mes premières intubations. Je me rappelle ce jour sinistre où nous avons été appelés pour un traumatisme crânien sur une piste des Grands Montets...
C'était la pleine saison, mais il n'avait pas neigé depuis plus de trois semaines. La piste était noire de monde, lisse comme un billard et des cailloux dépassaient çà et là. Une jeune femme avait dévalé la pente sur plus de cent cinquante mètres en se payant probablement deux ou trois rochers au passage. Elle avait la tête comme un compteur à gaz.
Je n'avais pas grande expérience de l'intubation et je redoutais le moment où j'allais devoir passer à l'acte. Les orbites de la fille étaient tellement contuses qu'on n'arrivait pas à lui ouvrir les yeux pour évaluer l'état de ses pupilles. Elle était agitée, se tordait dans tous les sens en râlant, totalement déconnectée de la réalité. Quelques années auparavant, un blessé de cet acabit n'aurait pas été médicalisé puisqu'il n'y avait

pas de médecin rattaché au secours. Il aurait été sanglé de force dans la perche et ramené tel quel vers l'hôpital. La présence d'un médecin sur le terrain, c'était bien, à condition que ce dernier soit capable de réaliser sur place les gestes essentiels. Dans le cas d'un traumatisme crânien grave, on nous avait gavés de recommandations. La plus importante et la plus urgente était d'endormir complètement le patient pour assurer l'oxygénation de son cerveau par un dispositif de ventilation assistée. En effet, le cerveau risque des lésions irréversibles s'il est privé d'oxygène pendant plus de trois minutes.

Ambiance dramatique. La famille de la skieuse s'affolait. Les pisteurs maintenaient la fille comme ils le pouvaient. Deux ou trois vacanciers se réclamant du métier voulaient donner un coup de main : moi, je suis cardiologue... moi, je suis brancardier... Autant de paires d'yeux qui m'observaient alors que j'étais censé maîtriser la situation avec flegme. J'avais à prendre la décision cruciale : est-ce que je l'endors et je l'intube ? C'est-à-dire que je fais comme il faut... Ou est-ce que je me casse comme un trouillard en la ligotant « à l'ancienne », pour l'emmener le plus vite possible à l'hôpital et la refiler à des collègues mieux aguerris ? Je choisis l'option courageuse d'assurer mon boulot.

Cela s'est très mal passé ! La victime a d'abord arraché deux fois sa perfusion. Au moment d'injecter l'Étomidate destinée à l'endormir, j'ai perdu ma seringue dans la neige. Mon sac était en vrac, on a marché dessus... Les cons ! N'ayant, à l'époque, pas droit au curare, j'ai dû m'y reprendre à trois reprises pour remettre le tube dans le bon trou. Cela

Morsure de vipère

m'a pris tellement de temps que l'un des secouristes m'a demandé de façon ironique si je ne préférais pas arrêter les dégâts pour qu'on l'embarque en l'état... J'étais en nage.

Dans l'hélico, je me suis rendu compte que j'avais été si lent qu'il n'y avait plus rien dans la bouteille d'oxygène. J'ai dû ventiler ma patiente au ballon alors qu'elle commençait à se réveiller.

C'était il y a quinze ans, mais c'est si proche...

– Manu, tu veux que je prenne ton sac ? propose Nanard.

– Non, c'est bon, il va me servir de table de travail...

Encore une fois, je vais pouvoir l'utiliser à sa juste valeur. Je l'ai mousquetonné à gauche de Bernard et je l'utilise comme plateau. Je réussis sans trop de mal à perfuser le blessé avec ma poche salée hypertonique.

– Manu, dépêche-toi, ça se rebouche ! Dragon ne pourra plus nous récupérer, s'inquiète Mattéo trente mètres au-dessus de nous.

– C'est bon, je lui balance le fentanyl et on peut l'installer dans la perche.

Jusque-là, la manipe s'est plutôt bien passée... On fait l'impasse sur la perche pour lui préférer le KED. Les jambes et les bras du blessé restent libres, et on va pouvoir le treuiller par l'intermédiaire du système plutôt que par son baudrier, ce qui évitera de lui démonter le bassin. Le problème est maintenant de trier les cordes, de distinguer celles qu'il faut couper de celles qu'on doit laisser en place. La tension du blessé a l'air de se maintenir. Le salé hypertonique

lui a probablement donné un coup de fouet. Mais le filet de sang que je vois s'enfuir sous lui ne tarit pas. Impossible de savoir d'où il provient, maintenant que son pantalon en est imbibé sur toute sa surface...
– Putain, merde ! ça se bouche ! gueule Mattéo.
– Dragon, de crampon ? enchaîne Nanard.
– Ouais, Dragon, je t'écoute...
– On est prêts pour treuiller, mais ça se bouche, je ne suis pas sûr que tu puisses passer, explique Nanard.
J'insiste :
– Dis-lui de faire tout son possible, il est vraiment limite !
– On arrive ! On va bien voir ce que ça donne, répond Dragon.

Bernard est dans les choux. L'antalgique puissant l'a plombé, mais il respire correctement.
Son teint est gris. Je me demande ce qui peut bien passer dans sa tête à ce moment précis. Peut-être que sa vie défile ? La souffrance s'est probablement dissipée sous l'effet du fentanyl, et son abandon est total. Plus aucun signe de lutte ne transparaît.
Le travail n'en est que plus commode pour nous. Le simple fait de ne plus sentir la douleur chez le blessé nous procure la sensation d'avoir déjà accompli la moitié du boulot. Pourtant, il ne faut jamais s'arrêter là. Pour des cas comme celui-là, l'urgence reste évidente. L'état de choc hémorragique est imminent. L'arrêt cardiaque pendant la phase du treuillage est le risque que je redoute le plus. Lors de la manœuvre, la position du blessé ne peut être qu'inclinée puisqu'il ne repose pas dans la perche.

L'accumulation du volume sanguin dans les membres inférieurs privés de tonus risque d'entraîner un désamorçage de la pompe cardiaque. S'il avait été possible de treuiller le blessé avec la perche, on l'aurait installé à plat et cet inconvénient aurait été évité...

Dragon tourne et retourne tant qu'il peut. On l'entend à droite, puis à gauche. Au loin, le tonnerre gronde, l'orage est proche... Ça nous file la pétoche. Soudain, après plusieurs dizaines de minutes interminables, Dragon surgit au-dessus de nous. On entend Fred nous annoncer :
– Vous nous le filez rapidos, c'est vraiment chaud. On traîne pas !

Le crochet est déjà descendu très bas. Je vois Nanard hésiter une fraction de seconde au moment de couper la corde... C'était la bonne !

Bernard s'envole dans le nuage en tournoyant, ce qui ne va certainement pas arranger son état de choc... Puis plus rien ! Le ciel s'est refermé. Nanard me regarde, soulagé.

– Bah lui, il s'en tire bien !
– Pourvu qu'il tienne jusqu'à l'hosto...

Je suis loin d'être rassuré. Même si pour les secouristes, l'extraction du blessé marque la fin de leur job, pour nous, les médecins, c'est pratiquement là que tout commence. J'ai des doutes quant aux suites des blessures de Bernard. Tout dépend de la nature exacte de celles-ci. Un bassin fracturé peut saigner si abondamment que beaucoup de chirurgiens se cassent le nez pour obtenir l'hémostase. Ils sont parfois obligés d'évacuer leur patient en catastrophe vers un hôpital universitaire. Quand le bassin est

fracturé dans tous les sens, la seule thérapie est d'« emboliser » volontairement en amont les artères qui saignent, pour stopper l'hémorragie. Une technique qui ne peut être réalisée que dans de grands centres spécialisés.
– Crampons, de Dragon ? se met à brailler ma radio.
– Ouais, on t'écoute ? répond Nanard.
– Ça me paraît difficile de reprendre le toubib avec... C'est tout bouché...
– Descends le blessé sur la DZ l'hosto et préviens-les pour qu'ils préparent le déchoc ! ordonné-je.
– O.K., bien reçu !

Le bourdonnement de l'hélico s'évanouit peu à peu, laissant place au silence cotonneux du brouillard qui nous enveloppe comme une araignée dans sa toile.
On ne va quand même pas rester pendus à nos spits, à attendre le dégel ! Il y a toutes les chances pour que Dragon nous plante là. À l'euphorie engendrée par la relative efficacité de notre manipe, succède un petit coup de blues que le refroidissement brutal n'arrange pas. Nous sentons d'autant plus le froid que nos tee-shirts sont trempés de sueur. Dans le feu de l'action, ce paramètre nous avait échappé. Mais maintenant que la pression est retombée, un frisson me secoue. Le message est clair : à nous de nous démerder pour descendre par nos propres moyens. Il y a quatre longueurs à avaler avec tout le matos, et la neige mouillée qui commence à nous tomber dessus ne va pas nous faciliter la tâche. On se tape aussi la perche, qui n'a pas pu suivre le blessé puisqu'il est parti avec le KED. Génial !

Morsure de vipère

Il nous faut une bonne heure pour arriver au pied de la face. La rimaye est pourrie, on enfonce jusqu'aux genoux dans un sorbet de gros sel.
Mattéo déclare avec autorité :
– On va pas se faire chier à rapporter tout le matos au refuge ! Le mieux, c'est qu'on planque tout ça dans un coin. On reviendra le chercher demain avec l'hélico quand ce sera dégagé.
Nanard et moi ne nous opposons pas un instant à cette option. En revanche, quand il s'agit de trouver l'endroit où laisser le matériel, le choix de Mattéo nous surprend. Il décide brusquement, je ne sais sous quelle impulsion, de tirer la perche vers un petit surplomb en bordure d'un étroit couloir de neige et de cailloux.
Pour l'atteindre, il faut traverser un petit névé situé juste au-dessus de la rimaye béante. Je ne considère pas le lieu particulièrement sain, et Nanard non plus. Il ne se gêne pas pour le faire remarquer à Mattéo :
– Fais gaffe, ça craint. C'est super instable en dessous !
– Ouais, je sais, déclare Mattéo.
On le laisse faire, en restant plantés là, bêtement. Alors qu'il tracte la perche, la plaque se désolidarise de la pente et se décroche au-dessus de lui. Il glisse avec ses chaussures. Les crampons qu'il a eu la flemme de remettre lui font cruellement défaut. Dans un premier temps, il ne veut pas lâcher la perche qui fuit vers la crevasse. Puis quand il s'aperçoit qu'il ne tient pas dans cette neige pourrie, il la laisse partir, mais c'est trop tard. Toute la plaque qui s'était accumulée au-dessus dégage en lui fauchant les jambes.

On le voit se débattre comme un forcené, mais ses mains ne trouvent aucune prise. Il disparaît dans la rimaye sans qu'on n'ait rien pu faire. L'espace d'une fraction de seconde, son regard accroche le mien, comme s'il voulait me dire quelque chose. « Dis au revoir à Véro ! »... sans doute...

Nanard se jette sur son sac pour attraper la pelle qu'il vient de ranger, alors que je reste tétanisé. Une deuxième coulée dévale sans avoir l'air de vouloir s'arrêter et remplit la crevasse dans laquelle Mattéo vient de se faire avaler. Ce n'est pas possible, je dois être en train de vivre un cauchemar ! Comment une situation banale peut-elle se transformer en drame de manière aussi brutale ?

Mattéo a été enseveli sous quatre mètres de neige sans qu'il ait eu le temps de comprendre ce qui lui arrivait. C'est affreux.

Nanard court au-dessus de la crevasse complètement obstruée et se met à creuser avec acharnement. Je remonte jusqu'à lui pour déblayer la neige comme je le peux avec mes bras et mes mains. Mais la vérité s'impose, inéluctable : il y a au moins deux tonnes de neige détrempée à dégager de cette crevasse. L'hélico ne peut pas accéder pour amener des renforts. Nous n'avons que nos mains et notre malheureuse pelle pour pleurer.

Nous arrêtons au bout de deux heures, exténués, sans oser se regarder, envahis par un étrange sentiment de culpabilité. Bien que trempé de sueur, je suis glacé.

Un peu plus tôt, Nanard avait réussi à prendre sur lui pour appeler Cordial. Après quelques échanges,

Morsure de vipère

l'affolement s'était emparé des secouristes de la DZ. On avait entendu l'hélico qui tournait en rond au-dessous des nuages pour essayer de percer le plafond qui nous isolait de la vallée. À son bord, le chien et les copains. Dragon était finalement parvenu à les déposer au refuge du Requin. Le temps qu'ils montent jusqu'à nous, de toute façon, c'était cuit !
Le bras de Mattéo apparaît enfin. Je ne me fais aucune illusion sur son sort, confronté à une réalité que je ne connais que trop bien : au-delà de quarante-cinq minutes, la survie est rarissime sous une avalanche, à moins d'avoir une poche d'air autour de la bouche. Et même si c'est le cas, le gaz carbonique expiré finit par empoisonner la victime. Après deux heures sous une neige aussi lourde et compacte, autant rêver... Mattéo est bleu, sans vie. J'ai sorti mon matos de réa sans conviction. Je ne peux pas ne pas tenter l'impossible. Mes mains sont tellement gelées et je suis si épuisé que je fais tout en dépit du bon sens. Je place le masque à oxygène à l'envers et passe mon tube avec brutalité. Pratiquer de tels gestes sur un copain m'apparaît insurmontable. Je sais pertinemment que tout est fini et ce constat altère tous mes actes.
L'équipe de secours arrive enfin. Le chien en tête, tout excité d'avoir du boulot. Blaise, bouleversé, le calme sans ménagement. Il n'y a plus rien à faire. Nous restons là, inutiles, grelottant de froid à côté de ce corps sans vie. Nanard sort de son sac une couverture de survie. Je réalise malgré moi que la dénomination « survie » n'est plus appropriée. On enroule Mattéo dedans pour le ramener vers un endroit plus stable. L'hélico viendra le chercher dès que les conditions s'amélioreront.

Docteur Vertical

Mon matériel de secours est éparpillé dans la neige et continue de se vider. J'ai envie de tout balancer dans la crevasse... Nous ne sommes pas faits pour réaliser des miracles, mes limites m'apparaissent brutalement. Toutes ces années d'étude et d'entraînement, toute cette énergie dépensée depuis si longtemps, pour ça ! Je ne suis rien, juste un pion que le destin balaye du revers de la main quand son choix est établi. Mattéo devait partir : il est parti.

Avant que nous ayons recouvert son corps, Jeannot, un de nos anciens, dans un dernier geste de dépit, lui a expédié une taloche, comme pour l'engueuler de s'être fait avoir... Ce n'était certainement pas le premier de ses potes qu'il voyait partir.

Comme pour enfoncer le clou, les accidents graves s'enchaîneront durant toute la semaine. Une série noire. Le Mont-Blanc occupera la une des journaux une bonne partie du mois d'août.

Il n'avait pas neigé en altitude depuis plus de dix jours. L'arête finale de la voie normale était en glace, lisse et vitreuse comme du marbre. Jour après jour, des alpinistes néophytes se feront surprendre à la descente. On récupérera trois cordées en morceaux. Certains exigeront même que l'on bloque l'accès à l'itinéraire, la presse alimentant la polémique.

À mon avis, on devrait commencer par interdire le port de la corde. La corde est faite pour retenir, pas pour entraîner ses compagnons dans l'abîme ! Les gravures anciennes le montrent bien. La descente du mont Blanc par l'arête des Bosses n'est pas difficile lorsque la trace est franche dans une neige compacte. Mais de chaque côté, il y a le vide.

Morsure de vipère

Or, tout le monde sait que la plupart des alpinistes qui s'engagent sur cette voie normale ne sont pas des cadors. Il y a ceux qui peuvent se payer un guide et il y a les autres, les plus nombreux. L'avantage du guide, c'est qu'il est censé avoir appris à retenir son client dans une pente de glace. La technique consiste à le retenir avant même qu'il ne soit tombé. Il faut garder la corde tendue à chaque pas, et ça, peu de gens le savent. Car il suffit que celui de derrière, supposé assurer, regarde ailleurs au moment où celui de devant se prend les crampons dans ses guêtres – le plus souvent bouffantes –, pour que l'accident se produise. Cinquante centimètres de mou qu'on laisse pendouiller suffisent à provoquer ce que le jargon appelle « l'effet bouchon ». Le choc est si violent qu'il embarque tout le monde ! Il y a des endroits où ça ne pardonne pas...

Coup de chaud du 15 août

— Allez, Gaston, il faut se dépêcher ! À ce rythme-là, on va rater la benne du Plan de l'Aiguille...

— J'ai les pieds explosés ! Quelle connerie d'avoir acheté des pompes neuves ! j'aurais dû garder mes vieilles godasses en cuir... En plus, on crève de chaud. J'en peux plus !

— Mais pourquoi t'enlèves pas ta doudoune ? Tu vas exploser à ce rythme-là !

— J'ai plus de place dans mon sac... Faudrait tout sortir et tout ranger... pas le temps !

Alain en a plein le dos. Avec ce client, il a gagné le gros lot ! Il paraissait plutôt sympa, au début. La cinquantaine, avec la petite bedaine du gars qui veut se refaire une santé et montrer qu'il est encore capable de gravir le mont Blanc. Il disait avoir repris l'entraînement, deux footings de cinq kilomètres par semaine et restriction sur les clopes.

Mais ce matin, ça ramonait comme un vieux conduit de cheminée.

Lorsque Alain lui avait rendu visite deux jours plus tôt, il avait eu droit au coup de gnôle. Gaston s'était enfilé trois verres cul sec alors que lui avait eu du mal à finir le sien. Bref, un bon vivant très motivé...

Hier après midi, Gaston l'avait bassiné avec ses commentaires incessants. Au point de filer la migraine à Alain! Or, quand Alain a la migraine, rien n'y fait, si ce n'est le silence... Et le type qui n'arrêtait pas de débiter des lieux communs à propos de tous ces inconscients qui n'engagent pas de guide et qui appellent le secours pour un rien!

Arrivé sur l'arête en sortant du téléphérique de l'Aiguille du Midi, Gaston était tout excité par les effets de l'altitude. Le palpitant à 130, il avait enchaîné connerie sur connerie, le genre de trucs qui énervent un guide : un gant qui part dans la pente, les crampons de location soi-disant réglés qu'il a fallu dévisser au Leatherman... Gaston avait le geste brusque et désordonné. Le style de client avec qui il faut s'attendre à tout. Alain l'avait pourtant emmené dans une course d'entraînement l'année précédente, mais tout était à refaire. Quand Gaston lui avait piétiné sa corde avec ses crampons en attaquant la descente, Alain avait toutefois fait preuve de calme et de sang froid. Avec des gens comme lui, il y avait tout à gagner en restant zen. Surtout ne pas l'exciter davantage!

Dans la descente de l'arête, chaque pas avait relevé du miracle. Gaston avait failli basculer trois fois. Après avoir levé les yeux au ciel d'exaspération,

Alain s'était imposé de garder les yeux rivés sur ses talons afin d'anticiper la prochaine bêtise.

La soirée au refuge des Cosmiques l'avait remis en phase avec les réalités de l'environnement et les joies de l'hypoxie. La bouteille de rouge que Gaston avait commandée malgré la mise en garde d'Alain l'avait séché. Il avait rapidement perdu son assiduité verbale et était parti se coucher comme un gros bébé.

Le démarrage nocturne n'avait pas été des plus radieux. Gaston avait des valises sous les yeux et les traits tirés. Les cauchemars les plus loufoques l'avaient harcelé toute la nuit et il n'avait qu'une seule envie : vomir tranquille. La météo n'était pas très claire non plus : brouillards élevés avec passages nuageux, belles éclaircies en fin de matinée, indice de confiance de trois sur cinq. En attendant, il neigeait...

Après une demi-heure d'hésitation, Alain avait réussi à persuader Gaston de tenter au moins le mont Blanc du Tacul. Gaston s'était résigné. Avec deux aspirines, le moral était revenu. Le temps était vraiment maussade et Alain ne croyait pas vraiment au succès de leur course. La moitié des candidats au mont Blanc s'étaient recouchés et les cordées ne se bousculaient pas sur la trace.

Reprenant du poil de la bête, Gaston s'était accroché au wagon. Lorsqu'ils avaient atteint l'épaule du Tacul, le temps n'était pas pire. La neige s'était même arrêtée de tomber. Dans la pénombre du petit matin, on devinait quelques éclaircies encourageantes. Gaston s'était senti d'attaque pour les pentes raides du mont Maudit.

L'ascension demandait beaucoup plus d'effort et le manque d'oxygène avait commencé à se faire ressentir. À neuf heures quinze, le col était atteint, non sans peine. Gaston était bien sec, mais galvanisé par l'arrivée progressive du beau temps, il n'avait pas voulu s'en contenter.

La progression vers le sommet avait été interminable. Une fois passé le col de la Brenva, le rythme, déjà minimal, s'était complètement effondré. Pourtant Gaston avait tenu. Le vent avait quasiment disparu et le soleil tapait dur. C'est là que Gaston s'était rendu compte qu'il avait oublié ses lunettes de soleil sur la table du petit déjeuner. Ça continuait ! Alain lui prêta les siennes. Le sommet n'avait jamais paru aussi loin... Ils l'atteignirent à treize heures. Gaston était décomposé, mais le temps était stable et très chaud.

La descente avait été héroïque. Gaston n'avait plus de jambes. Sa maladresse naturelle était aggravée par sa décrépitude. Alain avait dû faire preuve d'une vigilance extrême.

Le soleil était brûlant.

La descente du Petit Plateau avait été abominable. Transpirant à grandes eaux, Gaston s'écroulait tous les cinquante mètres. Alain n'avait qu'une hâte : rejoindre la cabine du Plan de l'Aiguille afin de mettre ses yeux à l'abri. Quel imbécile il avait été de ne pas avoir pris de lunettes de secours ! Il ressentait les brûlures, avivées par les gouttes de sueur.

Trois heures plus tard, alors qu'ils entament la remontée vers l'ancienne gare des Glaciers, Alain sent chez Gaston un sursaut d'énergie. Il ne parle plus et avance comme un buffle, les épaules en avant, en soufflant bruyamment.

— Gaston, du calme ! tu vas pas pouvoir tenir à ce rythme jusqu'au Plan !

— ...

— Oh ! Gaston, tu m'entends ? Va moins vite !

— Mouais...

Mais Gaston ne modère pas son allure. Alain l'a décordé depuis la fin du glacier et l'a laissé passer devant. Il a couru derrière lui. Gaston a imposé une cadence de militaire, tout en semblant s'enfermer dans son monde. Un comportement déroutant de la part d'un type volubile et extraverti...

Alain se fait du souci. Il n'a encore jamais eu à gérer ce genre de situation...

Au détour d'une moraine, Gaston s'engage sur le sentier de gauche qui descend vers la vallée, au lieu de prendre celui de droite censé les ramener au téléphérique.

— Gaston, à droite ! crie Alain. À droite ! Qu'est-ce que tu fous ?

— J'y vais, tu vois bien, j'y vais ! répond Gaston.

Mais ce n'est plus le même homme qui s'exprime. C'est un automate.

Alain court pour le rattraper. Il le saisit par la manche.

— Gaston, ça va ? Mais qu'est-ce que t'as, Bon Dieu ?

— Avance... toujours... Avance...

Gaston délire. Il est écarlate et fixe Alain avec un regard de fou... « Il a pété un câble » pense le guide. Alors qu'il essaye de le tirer vers lui pour le faire

Docteur Vertical

asseoir sur un rocher, l'attaque part comme une balle. Un réflexe lui permet d'esquiver en partie le coup de piolet que Gaston voulait lui planter dans le crâne ! Son front saigne, mais c'est un moindre mal. « Dieu que ce métier est dangereux ! » pense Alain éberlué. Gaston se dégage violemment et s'enfuit dans les cailloux.

Interloqué, Alain le regarde dévaler la pente en zigzaguant comme s'il était sous la mitraille et en s'accrochant à tout ce qui dépasse. Alors ce qui devait arriver arriva : en passant derrière un talus, il se prend les pieds entre deux blocs et part la tête la première... « Heureusement qu'il porte encore son casque ! » pense Alain qui se précipite derrière lui. Arrivé à sa hauteur et voyant que Gaston tente de se relever, Alain l'attrape par le col de sa doudoune toute déchirée.

– Putain, Gaston, arrête ! Qu'est-ce que t'as ? Oh ! Gaston, réponds-moi !

– Ta gueule ! hurle Gaston... Allez ! Faut y aller ! Avance ! Ton piolet, putain ! Merde, plante ton piolet !

– Gaston, du calme, c'est moi, Alain...

– Avance ! Fais gaffe, arrête ! Plante ton piolet, je te dis !

Gaston disjoncte, c'est sûr. Apparemment, il revit sa course comme un cauchemar. Il fixe Alain de ses yeux pleins de détresse rougis par le soleil, avant de repartir comme un forcené.

– Secours en montage ! Secours en montagne, de guide de montagne ! Secours en montagne ? J'appelle le secours, vous me recevez ?

– ...

Coup de chaud du 15 août

C'est la fin de l'après-midi. À la DZ, Raoul s'est installé à l'étage sur une table de la salle de détente pour démonter la radiocassette de son petit-neveu. Il s'interrompt en entendant l'appel. Apparemment, Cordial ne reçoit pas... À moins que le planton ne se soit éloigné un instant de son poste. À contrecœur, Raoul pose les petits outils de précision qu'il avait dans les mains, pour répondre dans le micro de la base.

– Oui, ici secours en montagne. Quel est le poste qui appelle ?

– C'est Chardon, Alain Chardon, je suis guide. J'ai un problème urgent : mon client s'est fait la malle !

On sent la voix du type qui sort d'un combat de rue et tente de reprendre son souffle.

– T'as paumé ton client ! s'étonne Raoul.

– Non, je sais où il est, et je suis en train de lui courir après... Il a complètement perdu la tête !

Raoul regarde le micro d'un air perplexe en se demandant si ce n'est pas une blague. Mais son bon sens pratique et sa conscience professionnelle lui commandent de ne pas chercher à comprendre le fond du problème. Il reprend le fil de l'interrogatoire réglementaire :

– Quelle est ta position ?

– En dessous de la gare des Glaciers... Il file vers le bas, il faut que je le rattrape !

– O.K., on vient avec l'hélico.

Ce matin, j'étais venu à la DZ décontracté. La météo annonçait quelques cumulus pour la fin de l'après-midi, mais pas de quoi s'affoler. Pour l'instant, il ne faisait pas si moche, même si la journée s'annonçait lourde. J'avais entrepris de ranger le local médical où traînaient un tas de trucs inutiles.

Parfois je me demande si je ne deviens pas acariâtre : travailler dans le foutoir m'est insupportable. Les traces de café sur le sol, les catalogues de snowboard frimeurs et débiles, les poubelles qui puent, les gants oubliés ou les vieilles chaussettes douteuses, je ne tolère plus.

On imagine toujours que ce qui touche au domaine médical doit être nickel, voire stérilisé, et que les médecins sont forcément à cheval sur l'ordre et la propreté. Ici, ce sont les gendarmes qui sont toujours tirés à quatre épingles : pas un cheveu qui dépasse, véhicules reluisants, et matériel parfaitement rangé. Alors que nous, les toubibs de Chamonix, on est tout sauf des fées du logis. Ce local médical est un vrai hall de gare !

Moi je range quand je sens que l'alerte tarde à venir. Comme le disait une de mes collègues, je dois souffrir de TOC (trouble obsessionnel compulsif) qui se manifestent quand je déprime... Je ferme les portes et je commence par un carnage parmi les mouches qui volent. Quarante-cinq en moins de quinze minutes, c'est mon record ! J'ai mis au point une technique imparable qui consiste à choper la mouche non pas à l'endroit où elle se trouve, mais là où elle prend son envol. Je n'en rate pas beaucoup.

Une fois que je suis bien défoulé et que le balai a été passé, je me plonge dans l'écriture. Ma spécialité, c'est rédiger des articles sur les gelures. La gelure, c'est une niche. Chamonix est l'un des rares endroits au monde à traiter les alpinistes victimes de gelures « fraîches », c'est-à-dire juste après leur redescente. Ailleurs, peu d'équipes travaillent sur la question car il leur manque les patients. Si bien qu'il n'est pas difficile de devenir spécialiste. La concurrence n'est pas rude. Je suis invité dans tous les pays, et pour l'instant, ça ne me déplaît pas. D'autant que les coins où l'on me convie sont le plus souvent montagneux, si bien que j'en profite pour faire de l'alpinisme...

En français, en anglais, en espagnol, aucune publication ne me résiste. Quand j'écris ces articles, j'ai souvent l'impression de me répéter, mais ça m'occupe les neurones. Je passe un temps fou à construire et à modifier les phrases afin de leur faire dire le maximum de choses en un minimum de place. C'est tout l'inverse d'un roman. En fait, ce boulot, c'est comme une drogue. Quand je relève le nez, il est souvent tard.

– Ho, toubib ! tu te prépares ? Y'a un gars qui disjoncte sous la gare des Glaciers, son guide lui court après, m'explique Raoul en ajustant son casque.

– Un gars qui disjoncte ? C'est bien ce que je pensais : y'a que des cinglés pour faire ce sport ! Qu'est-ce qu'il a ?

– J'en sais rien, faut qu'on aille voir. Prends de quoi le shooter !

Comme si j'avais l'habitude de partir les mains dans les poches ! Je dois admettre que là, je ne suis pas super motivé. J'étais plutôt concentré sur autre chose... Le ménage terminé, je profitais de l'accalmie pour régler quelques problèmes matériels

d'importance capitale. Ma trompette était démontée pour que je graisse les pistons, et sur le bureau était aussi étalé tout mon attirail vidéo dont je voulais faire le tri. Il y en avait partout et tout était précieux. Sans compter que je n'étais pas dans la tenue du « départ flash », comme disent les pompiers. Bermuda, tee-shirt, et sandales aux pieds, j'étais plutôt équipé « plage ». C'est toujours pareil : il suffit qu'on se relâche une minute pour que ça se mette à brailler... Bref, je n'avais pas le choix, il fallait que je me rhabille !
— Gaffe aux câbles, Jean-Jacques !
— Ouais, vu !
— Parapente à onze heures !
— O.K. !
— À midi, un autre, bleu !
— Vu !
Petit dialogue habituel du pilote et de son mécano qui nous met vite dans l'ambiance. Raoul cherche à droite et moi de l'autre côté. Je scrute le sol de mes yeux myopes, en quête d'un cinglé qui galope dans la lande. Pas facile à dénicher sur ce terrain accidenté, surtout quand il a eu l'excellente idée de s'habiller en vert !
— Vu ! couine Raoul.
— Où ça ? demande Jean-Jacques.
— Là, en dessous, tu viens de le dépasser. Fais un autre tour !
Le type ne galope plus. Le guide l'a rattrapé et nous fait signe d'une main, tandis que de l'autre, il essaye de tenir son client qui se débat comme un beau diable...
— O.K., ça va treuiller. Prépare-toi, Raoul...

Coup de chaud du 15 août

Raoul ajuste son baudrier, débranche le raccord cabine de sa radio et vérifie machinalement le gros mousqueton de sa ceinture sur lequel Fred accroche le câble. Ouverture de porte, trappe baissée, c'est parti !
Le monologue du mécano qui décrit sa descente permet au pilote de savoir exactement ce qui se passe sous l'hélico, pendant qu'il garde les yeux rivés sur un sapin droit devant lui.
À mon tour de descendre en tourbillonnant dans la chaleur des mélèzes...
– Gaston, du calme ! Ça va aller.
Je reconnais tout de suite le guide, non pas à sa médaille, mais parce que je le croise régulièrement. C'est quelqu'un de discret et de consciencieux. Je l'ai dépanné deux ou trois fois pour des migraines. Ça lui prend en altitude. Pour un guide, c'est embêtant ! Il me salue toujours par mon prénom, et moi j'oublie régulièrement le sien. Comme tous ceux qui fréquentent trop souvent la haute altitude, je commence à souffrir du syndrome de la mémoire courte. Je me rappelle mieux les visages que les noms.
Le guide maintient son client comme il peut. Il me regarde d'un air tendu. Du sang dégouline de son crâne. Je suis à mille lieues de penser que c'est l'autre qui a tenté de lui fendre la tête à coups de piolet ! Le guide est en nage, à cheval sur son client pour le clouer au sol, bien content de nous voir arriver. Le gars en dessous paraît complètement fou, les yeux révulsés, prêt à tuer.
Raoul a comme un moment de doute, avant de tendre la main au guide. Lequel des deux est le

Docteur Vertical

barjo ? Le vacarme de l'hélico qui tourne, la radio qui crépite et les hurlements du client donnent à la scène une tonalité irréelle. Où suis-je donc ? Les plaintes du guide me tirent de ma confusion.
 – Aidez-moi ! j'en peux plus, il est fou furieux... Le type plaqué à terre hurle comme un porc et ses rugissements couvrent nos voix. Raoul décide enfin d'agir... Il essaye de contenir Gaston. L'un a quand même l'air plus timbré que l'autre. L'hélico a enfin senti qu'il était de trop et s'en est allé. On peut enfin communiquer.
 Alain nous explique comme il peut :
 – Il est devenu dingue et il s'est barré dans la pente. J'ai été obligé de lui courir après et de le plaquer !
 – Il s'appelle comment ? lui demande Raoul.
 – Gaston... Et moi, c'est Alain. C'est mon client.
 Gaston se tord dans tous les sens. Il ne veut pas se laisser faire.
 – Bon, toubib, qu'est-ce qu'on fait ? s'impatiente Raoul.
 – Ben, je vois pas beaucoup de solutions...
 J'en sais foutre rien, moi, quel est le problème de ce gars ! Je peux toujours lui mettre une perf, histoire de me donner le temps de cogiter et de les rassurer :
 – Tenez-le bien, encore un instant, je cherche une veine pour le calmer !
 Raoul essaye de lui bloquer la main pour que je trouve où piquer. J'ai cru que c'était dans la poche et qu'il était inutile de mettre le garrot tellement Raoul lui comprimait le bras... Manque de bol, au moment où l'aiguille de mon cathlon traverse l'épiderme, Gaston a un sursaut d'énergie et réussit à

tout arracher. Le sang gicle... Bonjour l'hématome !
Je hurle :
– Merde ! Fais chier, Gaston ! calme-toi !
– Gaston ! tu te calmes, Bon dieu ! renchérit Raoul avec son accent savoyard.

Puisqu'on m'oblige à passer à la méthode forte, je dégaine mes gros ciseaux et la manche cède sous le tranchant de mon engin affûté. Le pli du coude, il n'y a que ça de vrai ! L'aiguille a pénétré dans une grosse veine bien gonflée, le reflux dans le mandrin me le confirme.
– Vite, un bouchon !

Ça y est, j'en ai plein les mains, et je n'ai même pas de gants ! La seringue est presque prête. Je leur crie :
– Tenez bon, les gars, j'arrive !

À peine ai-je prononcé ces mots que Gaston s'énerve de nouveau. Raoul aussi : il lui coince le cou avec son coude. Mais trop tard... Gaston a plié le bras. Mon bouchon a sauté et le cathéter a suivi. Gros soupir.
– Gaston, merde ! ça suffit ! hurle Raoul.
– Laissez-moi ! Au secours ! Salauds, salauds ! s'égosille Gaston.

Alain, lui, ne dit plus rien, il est complètement déconfit.

Gaston me fait pitié. Son regard exprime le désarroi, l'angoisse, l'horreur. Que se passe-t-il dans sa tête ? Il doit nous prendre pour des tortionnaires... Je me demande bien quel est son mal... Est-ce qu'il ne décompenserait pas une psychose hallucinatoire chronique, par hasard ? Ou peut-être une pêche dans la tête ? Après tout, en montagne, ça s'est déjà vu une tumeur qui se révèle sous l'effet de l'hypoxie... Et pourquoi pas un œdème cérébral de haute altitude, ce fameux mal des cimes qui rend les gens fous ? Le mal bien connu des conquérants himalayens qui hante les récits des pionniers de l'alpinisme.

J'ai connu un cas mémorable en Amérique du Sud, alors que je venais de redescendre de l'Aconcagua, en Argentine. Mon copain Nicolas et moi, on avait décidé d'en faire l'ascension en moins de dix jours. Un projet idiot puisqu'il est écrit partout, notamment dans les ouvrages auxquels je participe, qu'en altitude, il faut prendre son temps... Faites ce que je dis, mais pas ce que je fais !
Respecter les paliers d'acclimatation, tel est le mot d'ordre ! Au-dessus de 3 000 mètres, la baisse de pression en oxygène est telle, que l'organisme doit prendre le temps de s'organiser, de permettre aux différents secteurs hydriques de s'équilibrer entre eux et de produire des globules rouges. Il subit d'importantes modifications, tant sur le plan physique que du point de vue métabolique. Il suffit d'observer l'aspect d'une bouteille en plastique qu'on monte à 5 000 mètres : en observant son gonflement, on a une idée de ce qui peut se passer au niveau de chacune de nos petites cellules.

Nous redescendions épuisés, et la nuit, bien entendu, nous avait piégés. La multitude de sentiers « paumatoires » nous avait fait perdre beaucoup de temps. À deux ou trois reprises, nous nous étions même demandé si nous n'étions pas allés trop bas. Le vent glacial nous interdisait la moindre pause, au risque de s'enfoncer dans les profondeurs de l'hypothermie. Nos réserves énergétiques étaient vides et nous étions encore à plus de 5 000 mètres d'altitude. À deux heures du matin, comme par miracle, notre tente minuscule apparut soudain dans la nuit. Nous l'avions choisie pour sa légèreté, dans le but de pérégriner en Patagonie et en Terre de Feu. Elle était microscopique, un genre de sarcophage ambulant. Au fond, il y avait juste assez de place pour les pieds, et devant, on n'avait même pas de quoi s'accroupir.

Nous nous étions avachis comme des loques. Aucun de nous deux n'avait eu le courage de faire chauffer de l'eau. Nos cerveaux vagabondaient déjà à mi-chemin entre des lueurs cauchemardesques et une vague sérénité méritée, quand les hurlements du vent se sont confondus avec ceux d'un animal qui ne pouvait être qu'un yeti... Alors que nous venions de décider d'un commun accord silencieux qu'il s'agissait d'une hallucination, la tente s'est affaissée sur nous... Sous le poids d'une masse vivante.

– Qu'est-ce que c'est ? hurle Nico.
– Hello !
– ...

C'était un mec ! Probablement l'un des alpinistes que nous avions vus arriver au camp de base le lendemain de notre première rotation vers le camp d'altitude.

Il baragouinait une langue qui devait être de l'allemand. Engoncés dans nos duvets, nous avons lutté dix bonnes minutes avant de parvenir à nous extraire de l'abside… Le type était avachi sur notre malheureux bout de toile. Il allait tout péter ! Il devait avoir des choses à nous dire à en croire le charabia qu'il déblatérait. Mais son état physique était pitoyable. Dehors, on mourrait de froid. Vu qu'il arrivait de nulle part et qu'il n'était pas en état d'aller ailleurs, il a bien fallu qu'on l'héberge. Pour le faire entrer dans notre minuscule habitacle, Nico et moi avons dû faire preuve d'héroïsme. Afin qu'il profite au moins de la chaleur de nos duvets, nous l'avons coincé entre nous deux. Il était resté habillé, grosses godasses aux pieds. J'ai cru un instant qu'on allait enfin pouvoir se reposer en attendant le petit matin, mais c'était peine perdue. Dix minutes plus tard, notre gaillard se mettait à délirer de plus belle. Nous essayions tant bien que mal de le raisonner, mais il devenait violent, et nous n'avions aucune pilule miracle à lui faire avaler pour réduire l'œdème qui devait lui comprimer les méninges.

Le gars a fini par s'extraire de la tente et se barrer dans la nuit. Las de nous battre avec un déjanté, et surtout beaucoup trop nases, nous l'avons laissé partir. J'ai passé le reste de la nuit à le regretter. La culpabilité m'a tiraillé jusqu'au matin. Nous n'étions pas bien fiers en mettant le nez dehors. Je voyais Nico jeter des coups d'œil inquiets çà et là, à la recherche d'un corps inerte.

C'est le lendemain seulement que nous avons retrouvé notre zombi. C'est lui qui est venu à notre rencontre dans le village où nous avions loué nos mules. Il était vivant, et chose plus incroyable encore, il se souvenait de nous ! Il nous a remerciés et s'est excusé de nous avoir importunés. Moi, j'avais trouvé qu'on avait été moyen sur ce coup-là, mais lui était persuadé qu'on lui avait sauvé la vie. On a bu un coup ensemble. Bergen, c'était son nom, avait tenté de rejoindre le camp 2 situé au-dessus de notre campement. Lui aussi avait été piégé par l'entrelacs des sentiers de descente. La nuit l'avait achevé car il était encore mal acclimaté. Il se souvenait s'être battu avec nous, puis plus rien, le trou ! Un vrai miracle qu'il ait retrouvé son chemin dans la nuit, surtout dans son état...

L'état de Gaston me rappelle cette histoire. Un œdème cérébral, à cette altitude ? Peu probable. Qu'a donc Gaston ?

Une fois de plus, je finis par opter pour la méthode forte : la kétamine. Décidément, je l'aime cette drogue. Si je me recycle un jour, je serai représentant pour ce produit ! Je sais bien qu'elle n'est guère recommandée dans les cas psy, mais je ne vois pas comment faire autrement, à moins de le laisser tout péter dans l'hélico... Ce traitement de cheval n'accorde aucune chance à l'adversaire. Deux minutes plus tard, Gaston est raide, complètement déconnecté de la réalité, les yeux grands ouverts, comme s'il avait vu le diable. La tension se relâche. Tout le monde respire, même Gaston... c'est mieux pour lui. Il faut profiter du fait que le fauve sommeille pour le ligoter dans la perche. J'enfile vite un cathéter dans la veine pour ajouter un petit sédatif – du midazolam –, ça lui évitera un mauvais trip au réveil.

Alain décompresse, mais quelle histoire ! Il n'a

pourtant pas l'air violent, ce petit père de cinquante ans...

Raoul, qui observe Gaston, me fait remarquer :
– Regarde, Manu, il est écarlate ton bonhomme...
– C'est sûr, il est habillé pour une hivernale, on pourrait l'éplucher comme un oignon...

Mon cerveau vient de faire tilt ! Tout rouge, sans transpiration... Je lui tâte le front, la truffe : il est brûlant comme la braise, on pourrait presque se faire cuire un œuf.

Je lance, d'un ton triomphant :
– J'ai trouvé : c'est une hyperthermie maligne ! il doit être au moins à 41 degrés !

Les deux autres me regardent d'un air peu convaincu. À cause du mot « maligne », ils imaginent déjà qu'il s'agit d'un cancer. Trop content de mon diagnostic, je m'agite.

– Il faut le refroidir, il est dans le coma !

Et nous voilà tous les trois en train de le dépenailler. Dans ce genre de pathologie, c'est le meilleur traitement qu'on puisse proposer : le refroidir au plus vite.

– Dommage qu'il n'y ait plus de neige, on aurait pu lui en fourrer sous les bras et entre les cuisses...

Les deux autres se taisent et obéissent. Je décide de remplir Gaston avec du sérum physiologique pour le réhydrater, sinon il va se lyophiliser comme une figue.

« Il faut l'évacuer vers les soins intensifs. Un cas comme celui-là, ça va plaire à Grand Chef ! » Je n'ai pas pu m'empêcher de penser tout haut. Raoul et Alain me jettent des regards gênés...

– Ben c'est vrai, quoi, ce matin, il avait l'air

Coup de chaud du 15 août

dépressif, il n'y a plus personne dans ses lits. Ça lui fout le bourdon... Et puis, ça va le changer des hypothermies !

J'hésite à sortir le grand jeu, le tube et tout le tintouin... Je contemple mon Gaston : il est calme, il respire, la tension est bonne, même plutôt haute. Avec l'oxygène qu'on lui a mis dans le nez, la saturation marque quatre-vingt-quinze pour cent à 2 000 mètres d'altitude... Va pour le *scoop and run* ! On est à trois minutes de vol de l'hôpital... Allez, on l'embarque, on va le livrer à Grand Chef !

Grand Chef n'est pas là. Aujourd'hui, le réanimateur de garde, c'est Chaussée-aux-moines. Ce n'est pas le même genre. Il est bien sympa, mais autant Grand Chef est parfois un peu trop dans nos pattes, autant Chaussée-aux-moines est plutôt du genre absent. C'est sa coupe de cheveu qui lui a valu son surnom. Chaussée-aux-moines est capable de tout, du meilleur comme du pire. Il suffit qu'il ait envie de bosser pour qu'on s'en tire à bon compte. Ce soir, il a déjà enfilé le caleçon pour aller faire son footing. Ça ne l'arrange pas de devoir se remettre en tenue.

Je l'interpelle en descendant de l'hélico alors qu'il essaye de se tirer en douce vers sa voiture pour aller courir :

– Allez, au boulot, pépère ! J't'amène quelqu'un... un peu trop compliqué pour le laisser tout seul. Tu peux faire une croix sur ton footing !

Piégé, il est bien obligé d'attendre que je lui transmette les infos. On fait glisser la perche sur le brancard roulant, pendant que je lui dresse un bilan.

Docteur Vertical

– Il faut prendre sa température. Je suis persuadé que c'est une hyperthermie maligne. Il a complètement disjoncté et il est brûlant. Obligé de le shooter à la kétamine... Pas eu le choix. Je passe le voir ce soir... On file à la DZ pour une nouvelle séance de ménage. Dans la bagarre, Gaston a mis le chantier dans mon sac.

En fin de journée, Alain me rend visite au moment où j'allais repartir. Il est un peu ébranlé. Sur son front, le piolet a laissé une estafilade qui mérite quelques points. Je l'embarque pour qu'il se fasse suturer.

Aux urgences, c'est le champ de bataille après la bataille. Les filles courent à droite et à gauche. On passe la serpillière dans la salle de déchoquage où ça pue le dégueulis. Sandrine est blanche comme un linge. Les odeurs comme ça, elle n'a jamais pu s'y faire. Elle inonde la pièce de désodorisant à la lavande. L'atmosphère qui règne dans le couloir confirme que le rush de fin d'après-midi a été dur. Comme d'habitude, rien à foutre jusqu'à quatre heures, puis tout est arrivé en même temps sur le coup de cinq heures.

On leur a d'abord amené une « mamie couche-culotte », adressée par le médecin traitant et la famille, juste avant le week-end... On aurait voulu s'en débarrasser avant de partir en vacances qu'on ne s'y serait pas pris autrement ! Sur le courrier du docteur, quasiment illisible, aucun élément quant au traitement qu'elle a l'habitude de prendre et rien sur ses antécédents médicaux... Il a fallu aller à la pêche car, bien sûr, personne de la famille ne l'avait accompagnée ! Quant au praticien, bien entendu, il était injoignable, fermé pour cause de pont... « ... en cas d'urgence, composez le 15 ! »

Bruno, l'interne, est aux prises avec un type à l'allure franchement louche et qui sent mauvais, du genre : bière le matin, Ricard à midi et Eau de Cologne à vingt heures. Ce type, je le connais, il passe son temps aux urgences. Il faut toujours se bagarrer avec lui, il nous pompe une énergie phénoménale et la plupart de temps, ça se termine à l'hôpital psychiatrique de La Roche-sur-Foron avec une piqûre dans les fesses. Le lendemain, il décuve, et sa mère, qui culpabilise et qui a surtout peur des représailles, signe une décharge pour le faire sortir. Je lui donne un mois pour recommencer le même cirque.

Dans le couloir, une nana toute maigre déambule d'un pas mal assuré en s'appuyant sur son pied à perfusion. Encore une qui n'a pas pu s'exprimer autrement qu'en faisant semblant de se suicider avec dix cachets de Lexomil... Aujourd'hui, pour faire plus sérieux, les gens déprimés préfèrent avaler des somnifères. Ça permet de dormir vingt-quatre heures, d'avoir droit à une petite analyse psy dans la foulée, avant de sortir pour recommencer deux semaines plus tard...

Toutes les urgences de montagne sont venues s'entasser dans la salle d'attente : entorses de la cheville, coups de soleil, piqûres de guêpes... Les guêpes, c'est comme les vipères : à entendre tant de personnes prétendre connaître quelqu'un qui est mort d'une piqûre de guêpe, les gens se précipitent aux urgences, complètement paniqués, et le stress, il n'y a rien de mieux pour déclencher un choc allergique !

L'hélico a déposé deux fois des randonneurs avec des plaies partout et des tronches enfarinées. Il y a aussi eu une douleur thoracique sans équivoque qu'il a fallu transférer en coronarographie à l'hôpital d'Annecy où se trouve notre centre départemental de cardiologie interventionnelle...

Et puis, dans la salle de déchoc 2, qui est en vrac, il y a Chaussée-aux-moines qui a fini par intuber Gaston. C'est un réflexe chez les réanimateurs ! La discussion avec les patients, ce n'est pas leur truc. Un bon sédatif au pousse-seringue et un tuyau pour respirer... terminé !

Je trouve une petite place pour poser moi-même les deux points sur la plaie d'Alain. Ça ira plus vite ! Alain a peur d'avoir fait une connerie avec son client, il est mal à l'aise. On trouve souvent cette ambiguïté face aux responsabilités, chez les guides. En fin de compte, ce métier ressemble fort au nôtre. Les clients n'hésitent plus à porter plainte quand ça se passe mal. Comme celle du patient et de son médecin, la relation entre le guide et son client s'est dégradée ces dernières années. En pratiquant les deux, j'ai la totale : deux fois plus de chances d'aller en prison !

Pour les guides, la sécurité est devenue essentielle, parfois aux dépens de l'esprit d'aventure et de la découverte. Mes copains guides viennent souvent me demander des infos. Lors d'un accident, ils veulent savoir ce qui s'est exactement passé sur le plan médical. J'ai l'impression de jouer l'interface entre l'éventuelle enquête dont devra s'acquitter le secouriste, et leur éventuelle responsabilité. J'essaye de rester neutre et ce n'est pas toujours facile. D'autant que je me sens proche des guides. Je suis des leurs. Et toujours en faveur de la liberté d'action dans cet espace sauvage qu'est la montagne. C'est ce qui différencie l'alpinisme des autres sports. Mais je suis d'avis de fixer les limites. Le client n'est pas un objet, il doit être respecté.

En ce qui concerne l'accident de Gaston, Alain n'est pas en tort : l'hyperthermie maligne est rare et donc imprévisible. Gaston est suffisamment grand pour savoir qu'en ôtant un pull, on a moins chaud !

Ce qui me chagrine, dans ce monde débile où il faut systématiquement trouver un responsable, c'est qu'il y aura toujours un avocat pour décréter que le guide a fait une connerie, et qu'il arrivera même à trouver des arguments suffisamment convaincants pour créer le doute...

Alain a son pansement sur le crâne. Ça a l'air d'être le dernier de ses soucis. C'est Gaston qui l'inquiète. Pour le rassurer, je lui propose d'aller prendre de ses nouvelles. Mais le spectacle des soins intensifs n'est pas fait pour le rasséréner.

– T'inquiète, Alain, les tuyaux, c'est pour la frime. Gaston a juste besoin de se reposer un peu. Il faut qu'on l'assiste quelques jours...

– Tu crois qu'il va s'en sortir sans séquelles ? me demande-t-il d'un air timide.

– Normalement, oui. Il a les CPK au plafond, mais c'est normal, il a dû en griller quelques-unes, des cellules musculaires...

Docteur Vertical

– Ah bon... Mais c'est quoi, les CPK ?
– Ce sont des enzymes qui sont dans les cellules musculaires. Elles sont libérées dans le flux sanguin quand ces cellules explosent pour une raison ou une autre... Une hyperthermie maligne, par exemple. Le centre de thermorégulation qui est situé dans le cerveau s'est fait dépasser par la situation. La chaleur, l'exercice excessif, le manque d'entraînement et la déshydratation ont surchauffé la centrale. Pour la refroidir, le centre de thermorégulation déclenche des processus de refroidissement comme la transpiration, par exemple. Si t'es couvert comme un esquimau, tu ne peux pas transpirer normalement, donc tu exploses... Chez certaines personnes, ça se traduit par un coup de chaleur. La plupart du temps, ça va, parce qu'elles diminuent leur activité. Mais pour quelques-uns, ça leur prend la tête. Ils ne savent plus ce qu'ils font, ça les rend fous, et va savoir pourquoi, ils réagissent de manière paradoxale par une hyperactivité...
– Pardon, ça sonne...
Effectivement l'alarme du scope s'est déclenchée. L'infirmière des soins nous bouscule gentiment pour aller contrôler... Je décèle une lueur de panique dans les yeux d'Alain... Corinne remet en place le saturomètre qui avait simplement glissé au bout du doigt de Gaston. L'alarme s'arrête.
– Il va retrouver toute sa raison ? reprend Alain.
– Oui, le problème, c'est plutôt le rein qui souffre. Les cellules qui explosent déversent de la myoglobine dans la circulation sanguine. bine et qui vient se coincer dans les reins. Quelques fois, ça les fout en l'air, et c'est l'hémodialyse pour le restant de la vie...

Coup de chaud du 15 août

Alain fait la gueule. L'histoire du rein, ça lui plaît moyen. Il me remercie quand même, avant de récupérer les affaires de Gaston qu'il rapportera à Lyon. Là-bas, la femme de ce dernier attend des nouvelles...

SMUR

Il est vingt heures trente, je me dépêche de rentrer en espérant partager la fin du dîner des petits.

Ce soir, ils sont particulièrement excités. Pierrot fait le con et sa sœur s'éclate. Ils ont décidé de se liguer contre leur mère qui désespère. Cécile n'arrive pas à les maintenir à table. Quand ce n'est pas Alix qui va taper trois notes sur le piano, c'est Pierrot qui se lève pour ouvrir la fenêtre au chat. Il passe son temps à entrer et sortir, celui-là ! Les assiettes ne sont même pas terminées... Cécile va se fâcher !

Alix, comme à son habitude, me saute au cou alors que j'en ai plein les bras : les godasses dans la main droite, le sac de secours sur l'épaule, la radio et mon sac vidéo dans l'autre main. Je crois toujours que je vais pouvoir tout transporter en un seul voyage... Bien sûr, tout se casse la gueule.

Pour des motifs compliqués d'organisation et de

rentabilité, et parce que le nombre de secours en montagne est plutôt restreint la nuit, après vingt heures, le médecin de garde « hélico » doit revêtir une autre casquette et se mettre à la disposition du SMUR de Chamonix.

Ça ne rate pas : vingt minutes après mon arrivée à la maison, le téléphone sonne.

Alix se jette dessus et prend sa voix d'hôtesse de l'air pour répondre avec la formule qu'on lui a apprise...

– Allô-bonjour-ici-l'école-de-Taconnaz-à-qui-ai-je-l'honneur ?... Oui, d'accord, je te le passe.

Elle me tend le téléphone et repart en sautillant.

– Manu, c'est Karine !
– Ouais, qu'est-ce qu'il se passe ?
– Il faut que tu viennes, y'a un SMUR. Un type coincé dans une porte, qui saigne... dans un hôtel.
– Coincé dans une porte qui saigne ? Faut soigner la porte ?
– Ah, c'est malin ! Je t'attends.

Elle raccroche...

Il y a quelques heures, j'étais en pleine montagne en train de courir après un fou, et maintenant, je dois aller soigner une porte qui saigne !

Karine m'attend avec le RAV 4, moteur allumé, un petit sourire contenu sur les lèvres. On se connaît depuis une bonne quinzaine d'années. On n'a plus besoin de se causer, depuis le temps. Entre nous, c'est presque une vieille histoire de couple. On s'est bien engueulés de temps en temps, mais nos liens sont étroits. Karine est plutôt du genre cyclothymique, écorchée vive. Quand elle est de

bon poil, c'est top. Ce soir, c'est le cas, bien qu'elle roule un peu vite à mon goût. Les vitres sont baissées, le vent tiède de cette chaude soirée d'été me redonne de l'énergie.
— T'as vraiment pas plus d'infos sur ce truc ?
— Non, j'ai rien compris. C'est le 15 qui nous a « déclenchés ». Le médecin régulateur n'en savait pas plus...
— Ah, j'adore !
— Tout ce que je sais, c'est que c'est au *Chardon Bleu* !

Il s'agit d'un hôtel assez classe qui se trouve en face de la Poste. Toute la cavalerie est déjà là : deux VSAB de pompiers et la camionnette des flics. Le réceptionniste n'a pas l'air plus affolé que ça. Il nous tient la porte pour que nous puissions passer avec le matos.

À la façon dont on est reçu, avant même de voir le patient, on se fait déjà une idée de la situation. Quand il s'agit d'un arrêt cardio-respiratoire, il y a toujours un pompier qui nous guette pour qu'on ne perde pas de temps à trouver où ça se passe. À l'hôtel, ça n'a pas l'air d'être la panique.

Un gendarme de la BR vient nous rejoindre.
— Il est au premier, chambre 135. Je crois qu'il est mort depuis une bonne heure.
— Ah bon, il est mort ? Je croyais que c'était urgent !
— Ça dépend de ce qu'on entend par urgence...

C'est l'éternel problème : qu'est-ce que l'urgence ? Cette fois-ci, l'urgence était que l'on vienne signer un certificat de décès pour que le cadavre soit embarqué et que tout le monde puisse rentrer chez soi.

Docteur Vertical

Sur le palier du premier, il y a pas mal de monde : trois pompiers que nous connaissons et deux gendarmes. Ils sont décontractés. Pour les équipes d'intervention, c'est la mort imminente qui est stressante. Une fois qu'elle est survenue, on a l'impression que la crise est passée et que le monde peut continuer de tourner...

Le gendarme qui a l'air d'être le plus gradé nous explique :
– Le type a été retrouvé derrière la porte, mort. Il s'est tranché les veines des deux poignets. À dix-sept heures, il avait payé sa note pour partir demain matin. Il avait l'air normal, d'après la réceptionniste. C'est la femme de ménage qui est entrée en croyant que la chambre avait été libérée. Elle a trouvé la porte intérieure entrouverte avec la main ensanglantée qui dépassait. Elle n'a pas réussi à voir à l'intérieur, alors, elle a appelé les pompiers...

Par-dessus son épaule, dans l'ouverture de la porte, je vois le corps étendu. À côté de lui, une serviette de toilette, qui devait être blanche à l'origine, gît sur le sol, tachée de sang.

On pose le matériel de réa, inutile. Les pompiers me font un peu de place pour que je jette un coup d'œil. Je demande pourquoi le gars se trouve à côté du lit. Le plus jeune des pompiers m'explique que pour ouvrir la porte, il a été obligé de forcer dessus. Il s'est ensuite glissé à l'intérieur et a tiré le corps pour permettre aux autres d'entrer.

Le doute me vient. Autant que je le sache, il est difficile de décéder suite à une phlébotomie des poignets. Contrairement à ce que l'on peut voir à

la télé, ce n'est pas la méthode idéale pour se vider de son sang. La plupart du temps, les gens confondent veines et artères. Une fois sur deux, la plaie coagule, à moins de faire ça dans son bain...
Depuis quelque temps, je me suis pris de passion pour les *serial killers*. J'ai dévoré les livres de Patricia Cornwell ou de Jean-Christophe Grangé, mais mon vrai bonheur, c'est de me repasser les vieux Colombo. Soudain, elle m'intéresse, cette histoire. Quitte à être là, pourquoi ne pas essayer de comprendre ce qui s'est passé ? Une petite enquête s'impose...
Le type est allongé à côté du lit, la chemise entrouverte. Je mets des gants et m'approche de son visage. La *check-list* de ce qu'un médecin doit faire en présence d'un mort retrouvé dans des circonstances suspectes me revient. Il y a quelques mois, j'ai eu une longue discussion avec le médecin légiste du département. Il m'a éclairci les idées sur un bon nombre de points.
J'entame donc méticuleusement les investigations.
Je lui donne une cinquantaine d'années. Pas de pétéchie conjonctivale et pas de marque de strangulation au niveau du cou : il n'a donc pas été étranglé. Je palpe la boîte crânienne et l'axe du rachis cervical pour voir s'il n'y a pas de déformation ou de plaie évidente. C'est si facile de maquiller un meurtre en suicide ! On lui donne un coup sur la tête, puis on lui taillade les poignets... Du coup, je doute de moi. Dans ma carrière, j'ai bien dû signer quelques certificats de décès un peu hâtivement !
C'est vrai que la plupart du temps, c'est au pied

des parois qu'on les récupère, nos morts, complètement « défanfouinés », comme on dit dans notre jargon. La mort accidentelle est alors évidente. Quoique, on aurait pu aussi les pousser...
Je poursuis l'inspection et dégrafe la chemise du macchabée pour regarder sa peau. Les fameux hématomes déclives le long des reins sont au bon endroit. Ces hématomes sont dits « déclives » car, selon la position du corps, ils fluctuent vers le bas par gravité et se fixent sur la peau. Si les marques se trouvent en haut, c'est que votre cadavre a été bougé quelques heures après sa mort. Je teste la rigidité des membres en même temps et remarque qu'il n'y a pas de mobilité anormale. Un autre indice classique qui détermine si un cadavre a été déplacé. Si, en le tirant par le bras, vous rompez la rigidité *post mortem*, elle ne se reconstitue pas. Donc, lorsque vous retrouvez un cadavre dont un bras est souple et pas l'autre et qu'il existe un hématome déclive à un endroit inapproprié, vous pouvez supposer qu'il n'est pas mort dans la position où vous l'avez découvert! Le pompier l'avait déplacé, mais en le tirant par les pieds. J'ausculte également les plis du coude et la base de la verge à la recherche de marques de piqûres qui auraient pu mettre en avant la thèse de l'overdose, mais ne vois rien de tel.

Pourtant, je m'interroge. Je fais part de mes doutes à Karine qui se prend au jeu, elle aussi :

– J'ai regardé dans l'armoire : il n'y a pas d'affaires, pas de valise, rien. C'est curieux, non? me dit-elle.

– Ouais, y a juste ça.

Je lui montre un petit sac en plastic avec deux tee-shirts pliés et repassés.
L'officier de police entre dans la pièce. Il précise :
– On n'a pas retrouvé ses papiers, pas d'argent, rien... La réceptionniste m'a dit qu'il s'était fait voler sa voiture en Italie avant-hier. Mon collègue est parti vérifier.
Je ne comprends pas pourquoi il a saigné ici, au bord du lit, en essayant apparemment d'arrêter le sang lui-même avec une serviette. Cela prouve qu'il regrettait son geste. Alors pourquoi n'a-t-il pas appelé la réception alors que le téléphone était à portée de main ? Ensuite, pourquoi est-il allé mourir de l'autre côté du lit, où il n'y a d'ailleurs aucune trace de sang ? Où se trouve l'objet tranchant avec lequel il s'est taillé les veines ?
J'observe de plus près la serviette blanche qui a servi de pansement compressif. Elle est rouge, mais le tissu n'est pas imprégné de plus d'un demi-litre de sang...
Comme pour répondre à ma constatation, l'un des gendarmes appelle :
– Venez voir, docteur ! Venez voir dans la salle de bains, il y en a plein dans le lavabo !
Il y a effectivement pas mal de sang dans le lavabo, et il est difficile d'évaluer la quantité qui s'est écoulée par le siphon.
– Comment s'appelle-t-il ? demandé-je à l'officier.
– Gullivan, Yan Gullivan. Il est Hollandais. C'est du moins le nom sous lequel il s'est fait enregistrer à la réception...
Je réfléchis deux minutes...
– Écoutez, je ne peux pas signer un certificat de

Docteur Vertical

décès dans ces circonstances. Je ne jure pas qu'il s'est fait assassiner, mais il y a plein de choses qui ne collent pas. Je ne suis pas médecin légiste, pourtant ça serait pas mal qu'on se penche d'un peu plus près sur cette affaire.

Au même moment, le deuxième officier revient, l'air fier de lui...

– On a des résultats : il est recherché en Belgique pour recel de bien sociaux et association de malfaiteurs. Apparemment, il n'était pas clair, ce type...

– Raison de plus pour faire une petite enquête. Il ne doit pas avoir que des amis, ce gars-là ! ajouté-je.

– Si vous voulez, docteur (j'aime bien quand on m'appelle comme ça !), on peut appeler un TIC ?

– Un quoi ?

– Un technicien d'investigation criminelle... Il y en a quatre dans le département.

– Ça remplace un médecin légiste, un TIC ?

– En quelque sorte, oui. Ça peut faire au moins une enquête préliminaire pour débrouiller une affaire.

– Ah bon... Et comment on fait pour avoir un TIC ?

– Ben justement, il est à Chamonix en ce moment, rapport à l'enquête concernant, les trois véhicules qui ont été carbonisés la nuit dernière...

– O.K. pour le TIC, y'a qu'à l'appeler...

Karine est captivée par cette histoire. Ça la change des SMUR habituels, des malaises de touristes qui se sont fait exploser la panse à la fondue savoyarde ! Elle observe tout, les lunettes tombées par terre, le bouquin qu'il était en train de lire, et même la marque de ses chaussures...

Les pompiers s'activent comme des puces à transmettre les infos par radio en suivant les procédures complexes et codées qui leur sont si chères.

Au bout de dix minutes, le fameux TIC arrive. Je m'attendais à un autre personnage, du genre balaise, veste en cuir, un cellulaire dans chaque poche et le portable dans la mallette. En fait, c'est un petit jeune, bien peigné, en combinaison bleu marine, chaussé de baskets bien propres. Il se déplace avec légèreté, presque sur la pointe des pieds, comme s'il avait peur d'écraser des indices.

Il exécute toutes les manœuvres que j'avais faites, mais avec professionnalisme, prenant des photos sous tous les angles. On déshabille complètement la victime, pour l'examiner jusqu'à la raie des fesses. En cherchant un peu mieux, on finit par trouver, à côté de la serviette, les lames de rasoir avec lesquelles il a dû se trancher les artères.

Au terme d'une heure d'investigations, le scénario est reconstitué. Un type en cavale recherché en Belgique vole une bagnole avec les papiers du côté italien. Retour en bus par le tunnel. La déprime, l'argent déjà englouti ou volé, la solitude... Pour finir dans une pauvre chambre d'hôtel...

Je signe le certificat de décès. Tout le monde s'est détendu. Quelques blagues vaseuses fusent quand même, comme si le fait que le gars soit un malfrat avait rassuré tout le monde.

Assis à côté de Karine sur les marches de l'escalier, je remplis mon papier bleu censé boucler l'histoire. On a joué nos petits enquêteurs, je m'y

Docteur Vertical

suis cru pendant quelques instants...
– Bon, alors, son nom ? demandé-je à Karine.
– Sullivan, avec deux « l », Yan !
– Date de naissance ?
– 22, 06, 1954.
– Sexe ?
– Gros !
– Non, arrête, déconne pas !

Je rentre chez moi. La nuit est tombée sur la vallée. La lune est pleine et les montagnes brillent comme en plein jour... Je pense encore à cette affaire, un fait divers glauque, une histoire de banlieue. Pourtant je suis de permanence pour le secours en montagne. Décidément, cette ville est pleine de paradoxes.

Veillée

Au même moment, deux mille cinq cents mètres plus haut, une petite flamme vacillait. La bougie finissait de se consumer. Pas un souffle de vent ne venait perturber les rêveries et les pensées de Stania. Elle se serrait contre Marco, engoncée dans sa doudoune raccommodée. Mickey la subjuguait, les yeux brillants dans la lueur de la flamme. Il racontait à voix basse ses pérégrinations solitaires.

Mickey les avait rejoints tard dans la soirée. Marco le connaissait un peu, mais sans plus. Mickey était célèbre pour ses balades en solo. Il grimpait rarement avec d'autres. Il n'était ni caractériel ni asocial, mais il aimait être libre. Il n'avait pas un physique impressionnant. Il était beaucoup plus petit que la moyenne, il avait le dos un peu voûté et de longs avant-bras qui lui donnaient l'apparence d'une araignée. C'était un petit montagnard teigneux avec de grandes oreilles. C'est sans doute ce qui lui avait valu le sobriquet de « Mickey ». Il gagnait sa vie modestement en travaillant dans un magasin de sports qui lui permettait de gérer ses horaires de présence en fonction de la météo.

Il n'y avait qu'eux trois pour dormir à la Fourche, ce soir. Les grandes voies de cette partie du massif étaient passées de mode. Heureusement qu'il y avait encore la Küfner pour attirer quelques alpinistes. Stania se serait attendue à voir plus de monde, surtout avec l'anticyclone béton annoncé pour la semaine.

En quelques heures, Stania avait débusqué les faux-semblants de ce petit bonhomme introverti. Dans l'intimité et la sérénité du bivouac, il s'était dévoilé un peu, répondant aux interrogations de Marco, racontant ses solos effrayants dans des goulottes de glace plus surplombantes les unes que les autres. À l'entendre, il avait failli mourir un nombre incalculable de fois et avait certainement grillé tous ses jokers. Stania buvait ses paroles.

Marco restait dubitatif. Il avait accepté de se laisser entraîner pour l'ascension de l'éperon de la Brenva, mais c'était pour lui faire plaisir. Stania était polonaise. Depuis son plus jeune âge, elle ne vivait que pour la montagne. Habituée à la précarité, elle avait trouvé un refuge auprès de Marco. Leur équilibre était parfait, lui gagnant sa croûte comme graphiste dans une boîte de pub sans prétention, et elle vivant de petits boulots associatifs. La Brenva était un objectif d'envergure pour elle. C'était une course longue, perdue au-delà des sentiers battus. Elle suivait le contrefort sud-est du mont Blanc et aboutissait au col de la Brenva. Il

fallait ensuite emprunter l'itinéraire des trois monts Blanc en sens inverse pour revenir à l'aiguille du Midi.
Pour Mickey, c'était une promenade de routine. À l'entendre, c'était de la marche, rien de plus, un entraînement en vue d'un projet secret...
Ils se couchèrent sous les vieilles couvertures humides qui traînaient.

Trois heures du matin... la neige crissait sous les crampons. Stania menait la marche. Marco suivait sans rien dire, dix mètres derrière, fixant l'auréole de sa frontale qui allait et venait sur les stragoulis difformes de la surface du glacier. Pour atteindre le départ de l'éperon, il fallait traverser successivement les deux branches naissantes du glacier de la Brenva. Il n'y avait pas beaucoup de dangers sur cette portion de l'itinéraire, et les pensées allaient bon train au cœur de la nuit. Tout d'abord, digérer le café, puis trouver son souffle.

Mickey était parti furtivement un bon quart d'heure avant eux. Il devait être de retour à Chamonix dans l'après-midi. C'était la promesse qu'il avait faite à son patron. Stania devinait sa petite lumière qui galopait au moins trois cents mètres devant.

Mickey avait déjà adopté son rythme endiablé. Il se sentait léger. Établir un chrono, survoler la Brenva, sentir la puissance de son souffle, sa domination... La montagne ! C'était là et nulle part ailleurs qu'il pouvait s'exprimer. Un monde si grandiose, si redouté, à la portée de sa petite morphologie. David et Goliath, voilà à quoi il pensait alors

Docteur Vertical

qu'il attaquait la dernière courbe qui menait à la rimaye...

Puis ce fut une sensation soudaine et ridicule de flottement... Un geste inutile, impuissant, pour tenter de s'accrocher au vide. Un éclair, une douleur violente dans les côtes... Et le noir.

Des idées plein la tête

Stania s'était levée de bonne heure ce matin. Elle éprouvait un sentiment de vide mêlé d'angoisse. Marco dormait profondément. Ils avaient réussi à attraper la dernière benne pour redescendre hier après-midi. La course n'avait posé aucun problème. Juste un peu longue sur la fin. Cette remontée d'arête pour rejoindre le téléphérique, quelle horreur ! Il avait fallu sortir tout ce qu'ils avaient encore dans les tripes. Marco avait juré un peu, puis il s'était tu, soumis aux lois de l'hypoxie.

L'anticyclone persistait, la lune était encore dans sa phase croissante. Des conditions idéales pour repartir. Stania était dans une phase d'hyperactivité. Les idées de courses se bousculaient dans sa tête. Encore pleine de courbatures, elle savait que d'autres projets l'attendaient.

Le plus dur, c'était de convaincre Marco. La montagne, il aimait l'aborder de façon bucolique. L'effort

Docteur Vertical

qu'il avait fourni pour accompagner Stania était censé lui accorder une trêve bien méritée. Aujourd'hui, Stania en profiterait pour préparer ses confitures. C'était le moment d'aller cueillir les framboises. Et demain, elle irait acheter une paire de crampons corrects, les siens étaient lourds et usés.

Quand on voyait ce qui existait maintenant : des crampons solides, légers, avec des attaches rapides. C'était ridicule de s'en priver !

Miles... mi bémol

J'ai quitté la DZ de bonne heure, ce soir. C'est la fin des vacances, l'activité diminue. Comme le mécano a décidé d'entreprendre le grand nettoyage de Dragon, j'en ai profité pour me tirer en douce à Taconnaz : je dois travailler ma trompette. Je n'ai que deux lignes à apprendre, mais mon problème, c'est de trouver un moment tranquille sans casser les oreilles à tout le monde. Cécile et moi, nous avons établi un compromis : c'est quand elle joue de l'aspirateur, que je peux me lâcher. Bref, quand le téléphone sonne, il n'est pas certain que quelqu'un l'entende...
— Manu ! MANU ! Téléphone, c'est le PG...
Elle me tend l'appareil d'un air blasé, tandis que je repose délicatement ma trompette dans sa boîte.

— Allô, Manu ? c'est J.-B. ! je te dérange ?
— Ouais, je fais de la trompette...

– Ah ouais... Bon, désolé, mais il fallait que je te prévienne pour demain matin... On est à la recherche d'un gars qui ne serait pas rentré de course. Un mec du coin : Mickey, tu connais ?
– Ouais, je le vois au mur d'escalade quelquefois. Il s'entraîne comme une bête !
– Ben, il serait parti tout seul du côté de la Brenva. Il devait bosser hier après-midi et aujourd'hui. C'est Salvetti, le patron du magasin de sports qui nous a appelés pour nous demander une reco.
– Maintenant ?
– Non, demain à six heures, mais on sait pas vraiment où il est. Tu peux rester chez toi, on t'appellera si on a besoin de toi.
– O.K., ça marche !
Il n'y a pas moyen de s'entraîner deux minutes ! J'ai déjà raté mon cours, la semaine dernière. Il faut que je révise un minimum pour demain, sinon Alex, mon prof, qui me dépasse d'une tête, va hurler.
Je ressors l'instrument tout en imaginant la suite. Dans ce genre de situation, c'est toujours pareil : soit l'hélico revient bredouille parce que le gars que l'on cherchait est rentré par ses propres moyens sans prévenir personne, soit on récupère un cadavre congelé quelques semaines, quelques mois, voire quelques années plus tard...
Le soir, après avoir lu quelques pages de mon thriller, je m'endors difficilement en pensant à ce petit gars plein d'énergie qui vagabonde je ne sais où dans la montagne. Je ne me fais guère d'illusions sur son sort. Au bout de trois jours, j'ai bien peur qu'on ne le retrouve raide, au pied du pilier...

Mickey

C'est comme si on lui avait vrillé un pic à glace dans le dos. Une décharge le secoue de la tête au pied. La douleur l'oblige à se contorsionner.
Mickey émerge de son cauchemar. Il sent le long de son échine la lame d'une raclette à pare-brise. Le type qui lui fait ça prend un malin plaisir à appuyer avec l'angle pour qu'il ait encore plus mal...
Il gît dans le noir entre deux blocs de glace. Alors qu'il tente de se retourner pour éviter la raclette, un coup de poignard lui transperce le thorax. La respiration coupée, il pousse un cri silencieux qui ne le soulage en rien. Petit à petit, la réalité lui apparaît, désespérante. Il ouvre l'œil gauche, l'autre reste collé. Deux murailles gelées fuient en ogives vers le haut. Il est allongé sur le dos. Son sac s'est déchiré et s'est entortillé sous sa tête. Ça a peut-être amorti sa chute... Il a horriblement mal au niveau du bassin. Depuis combien de temps est-il là ?

La mémoire lui revient... La nuit au refuge de la Fourche avec Marco et Stania, le glacier qui crisse sous la pleine lune. Puis cette crevasse qu'il n'a vue qu'au dernier moment, une tentative désespérée de planter son piolet, et la chute interminable. Tout allait si bien, quel con ! Il est seul au fond de son trou, dans un coin du massif où personne ne passe... Et les deux autres, derrière lui, pourquoi ne l'ont-ils pas vu ? Il imagine le couple encordé, comme on le préconise dans tous les bons livres de montagne, évitant soigneusement la crevasse...

Là-haut, la lumière du jour perce faiblement le plafond de neige. Il doit être déjà tard dans la journée. Impossible d'avoir une notion du temps. Une furieuse envie de pisser le secoue soudain. Au moins, de ce côté-là, ça a l'air de fonctionner encore... En voulant se soulager, Mickey réalise combien il a morflé. Défaire la braguette de son pantalon lui demande une énergie démoniaque et une acceptation de la douleur dont il ne se serait pas cru capable. Ces pantalons ne sont pas conçus pour des pauvres mecs comme lui en train de crever !

Il faut qu'il fasse le point, qu'il se dégage de sa position inconfortable et qu'il réfléchisse. Pour ça, il a tout son temps ! Autant considérer le bon coté des choses... Le danger en montagne se caractérise le plus souvent par des situations stressantes exigeant que l'on réagisse vite et si possible en faisant le bon choix. Tout se joue dans les fractions de seconde qui précèdent le drame, la prise de main qui lâche, la corde qui claque, l'avalanche qui part... Tout est affaire de destin et de réflexes primaires. Au fond de ce trou, c'est différent. L'envers du danger,

Mickey

son contre-pied froid et inébranlable. Le mal est fait, irréversible. La sentence est tombée. Et Mickey avec.

Ces murs glacés et lugubres, insensibles aux pleurs, aux cris de détresse, insensibles à la souffrance, ne lui renvoient que son image déjà oubliée. Face à l'agonie lente qui l'attend, Mickey est pris de nausées. Non! tout n'est pas terminé. Il doit tenter quelque chose. Il se relève en poussant des hurlements de douleur. Son bassin le torture et sa jambe ne répond plus. Horreur! il est certainement hémiplégique...

Pendant quelques minutes, il se laisse aller à pleurer. Puis il sent des fourmis remonter le long de sa cuisse. Il tente un mouvement... Elle bouge! Il arrive à faire bouger sa cuisse... Il n'est donc pas paraplégique! Enfin une bonne nouvelle. Un peu d'espoir renaît.

Mickey parvient à caler son dos un peu mieux. Il dresse l'inventaire des dégâts : une plaie sur le crâne qui a collé son bonnet à ses cheveux, probablement des côtes cassées, certainement une fracture du bassin, et de multiples contusions qu'il préfère ne pas compter. Miraculeusement, il a conservé ses gants, et ses bras ont l'air de fonctionner. En se poussant sur les mains comme un cul-de-jatte, il s'extirpe du réduit glacé dans lequel il s'était encastré. Le moment est venu d'évaluer un peu mieux la situation. Cette histoire lui en rappelle une autre. Il y a quelque temps, bien qu'il ne soit pas fan de cinéma de montagne à la Herzog, il s'était laissé entraîner par un copain pour aller voir *La Mort suspendue*. Le coup du gars qui trouve une échappatoire au fond de la crevasse, ça n'arrive pas tous les jours! En tout cas, ça a l'air râpé pour lui. Il a beau scruter le fond, ça ressemble plus à une souricière qu'à une ouverture vers la liberté. En revanche, la crevasse où il a eu la bonne idée de se laisser piéger, n'est pas si profonde que ça. Le problème, c'est que les parois sont surplombantes...

Mickey a besoin de quelques heures pour se reposer et se préparer. Puis il attaque la glace, bien décidé à s'extraire de sa tombe. Il a réussi à sauver trois broches, mais son piolet est resté planté dans la lèvre de la crevasse, dix mètres plus haut. Ça lui apprendra à ne jamais mettre les dragonnes !

La douleur dans les côtes est fulgurante. À la moindre torsion du thorax, il ressent une irradiation qui lui écrase toute la poitrine et bloque sa respiration. Il avait eu un premier rappel à l'ordre au moment où, atteint par un éclair de lucidité, il s'était jeté sur son sac à dos pour en sortir son portable. Celui-ci était intact et chargé, mais il ne voyait aucune barrette de réception... Au fond d'une crevasse, derrière le mont Blanc, ça aurait été trop beau ! Les côtes cassées, elles, s'étaient instantanément manifestées. Il avait hurlé un grand coup, puis avait attendu cinq bonnes minutes avant de retrouver son souffle.

Mickey bricole une espèce de pédale avec deux sangles pour évoluer de broche en broche. La technique qu'il a élaborée est simple : visser la broche le plus haut possible, se vacher dessus, visser une autre broche juste en dessous, pour y accrocher sa pédale. Se lever sur celle-ci en se servant de la jambe qui lui fait le moins mal, se dresser pour aller visser la

troisième broche au-dessus. Ensuite, il doit aller se suspendre sur la plus haute pour dévisser la plus basse et ainsi de suite... Un jeu d'enfant, à condition d'avoir de la bonne glace et le bassin en bon état... Mickey se met au boulot. Sa montre indique quinze heures. Comment a-t-il pu rester si longtemps inconscient ? C'est sans doute ce que les toubibs appellent le coma...
Il faut sortir avant la nuit. Ça lui paraît jouable. Une fois dehors, il ira se réfugier à la Fourche, en se traînant. Il a des chances de s'en tirer.
La pose de la première broche le met vite au parfum. La glace est bleue et vitreuse, dure comme de l'acier. Le simple geste de la visser en forçant dessus est insupportable. Deux heures plus tard, il n'a même pas réussi à se lever pour aller se vacher à la deuxième broche... Il est en nage. L'effort qu'il doit fournir est surhumain. La nuit est en train de tomber. Mickey n'est même pas monté de trois mètres. La suspension dans le baudrier est un supplice. Impossible de supporter un tel enfer.
Après plusieurs heures de labeur, Mickey atteint pourtant la partie supérieure de la paroi. L'aspect gris et vitreux de la glace ne laisse rien présager de bon quant à sa cohésion. Et le dévers devient sensible. Alors qu'il accentue la poussée de son poignet pour enfoncer la broche suivante, toute la plaque se fissure d'un coup, produisant un bruit mat. Mickey continue à visser la broche en espérant qu'elle morde en dessous, mais la glace se décroche et fait sauter la broche qu'il avait sous le pied. Mickey bascule dans le vide, la tête en bas. Il entend son bassin craquer en même temps que la douleur le laisse au bord

de la syncope. « Putain ! là, c'est bon, je vais mourir » se résigne-t-il à penser. Il attend que la dernière broche s'arrache... « Mais, c'est qu'elle tient, cette conne ! C'est pas possible : ce qui devrait tenir, pète et ce qui devrait lâcher, tient ! »
Le bout de corde de secours qu'il avait pendu derrière son baudrier pour attacher son sac se balance sous son nez. Dans un ultime effort désespéré, il forme une boucle et la vache à la dernière broche sur laquelle tout tient. Il fait un demi-cabestan qu'il passe sur le mousqueton de son baudrier et il entreprend de se descendre en catastrophe par ce moyen avant que tout s'arrache et qu'il aille s'écraser quatre mètres plus bas. Le plus difficile est d'enlever sa vache de la broche. La souffrance est telle, que s'il avait eu un couteau dans la main, il n'aurait pas hésité à tout couper. En attendant, pour se donner du mou, il n'a d'autre solution que de récupérer l'une des deux autres broches qui pendent pour la revisser, remettre son pied dessus, se détacher de la première et se mouliner jusqu'au sol...
Il se laisse tomber comme une masse. Il a envie de vomir, mais il n'a plus rien dans le ventre. Une vague de sueur froide lui inonde le visage. Il voit la crevasse tourner au-dessus de sa tête dans la pénombre. Un grand frisson glacé le parcourt, puis il sombre de nouveau dans l'inconscience.

Stania

Stania se prend les pieds dans le tapis et manque d'écraser un Japonais qui voulait sortir. Elle s'excuse, un peu gênée. Le Japonais lui répond par une courbette respectueuse.

Le rayon chaussures et crampons est au sous-sol. Elle sait exactement ce qu'elle veut : des Grivel avec des attaches rapides. C'est ce que lui a conseillé Mickey. En plus, ils sont en soldes, c'est le moment de profiter de la fin de saison.

Apparemment, Mickey n'est pas là. Elle aurait bien voulu qu'il lui raconte comment s'était passée sa course, avant-hier...

Bruno avance vers elle. Habituellement, il travaille à l'étage du dessus...

– Salut Stania, ça gaze ? lui demande-t-il d'un air absent.

– Salut Bruno !

– Tu cherches quelque chose ?

Docteur Vertical

– Ouais, des crampons, des Grivel. Mickey m'a dit qu'il y en avait en soldes.
– Ah ouais... Il doit nous en rester quelques paires.
– Il est pas là, Mickey ? hasarde Stania.
– T'es pas au courant ?
– Au courant de quoi ?
– On le cherche partout, il n'est pas rentré de course avant-hier. Il n'est pas venu bosser hier et ce matin, il n'était toujours pas là. Alors Salvetti a appelé le PG. Ils ont cherché un peu partout aujourd'hui. Mais pas moyen de savoir où il est allé se fourrer !
– Mickey ? Mais j'étais avec lui avant-hier, il allait faire la Brenva. Moi, j'étais avec Marco !

Vingt minutes plus tard, Stania déboule au PG. Une fille en sort, le visage défait et les yeux rouges. Lorsque Stania raconte au planton ce qu'elle sait, celui-ci se précipite pour rattraper la fille. C'est la copine de Mickey. Stania ne l'avait jamais rencontrée. Elle a l'air discrète et timide. Elle regarde Stania avec une lueur d'espoir. Mickey ne lui avait même pas dit où il était parti...
Il s'agit maintenant de déterminer le secteur où il a pu disparaître.
En y repensant, c'est vrai que cela l'avait perturbée, Stania, de ne pas apercevoir Mickey au-dessus d'eux quand le jour s'était levé... La longue arête de neige et de glace qui remonte jusqu'au col de la Brenva est visible depuis le glacier. Même en attaquant le bas de l'arête, ils auraient dû l'apercevoir sur le fil. Normalement, on peut suivre à vue les alpinistes qui gravissent la Brenva pendant toute l'ascension, jusqu'aux séracs de sortie. Finalement, elle

s'était dit que Mickey avait vraiment la caisse, et qu'il était déjà en haut.

Stania essaye de se remémorer les pièges qu'il a pu rencontrer. Dans la partie d'approche, il n'y avait guère qu'une crevasse qui barrait le chemin avant de franchir le premier petit col. Avec Marco, ils l'avaient soigneusement évitée par en dessous. Elle ne se souvenait pas avoir vu de traces qui plongeaient dedans. Il n'avait pas neigé depuis plus de dix jours, le glacier était sec. Mickey aurait pu glisser vers la sortie, là où l'arête était la plus verglacée. Mais il y avait tellement d'autres endroits, dans la descente, où il aurait pu être happé par un trou...

– Dragon, de Cordial ?
– Oui, Cordial, je t'écoute ! répond Jean, le mécano.
– Ne rangez pas la machine, il y aurait encore une reco !
– Si c'est pour le gars qui travaille chez Salvetti, c'est bon, on a déjà pas mal cherché. Si t'as pas plus de précisions, on va pas pouvoir faire grand-chose. On peut pas ratisser tout le Mont-Blanc !
– Ouais, mais y'a du nouveau. On a quelqu'un qui l'a vu partir dans la Brenva... Je t'appelle par TPH...

TPH est l'abréviation de téléphone. Quand il s'agit de détailler des informations, on évite de communiquer par le réseau d'alerte car quantité de gens, à Chamonix, sont branchés dessus en permanence. Il y a de tout : des passionnés, des nostalgiques, des voyeurs et des abrutis qui vont raconter n'importe quoi. Il y en a même, parfois, qui s'amusent à déclencher de faux secours ! Je me souviens d'un type qui avait réussi à rameuter une bonne dizaine de secouristes et provoquer deux jours de rotation à plus de 4 000 mètres en simulant une demande de secours au niveau de la Montagne de la Côte, sous le sommet du mont Blanc. Le temps qu'on fasse venir du matériel de Lyon pour localiser le petit malin qui s'amusait, les appels avaient cessé.

Il est donc de coutume de ne dire que le strict nécessaire sur les ondes, et surtout d'éviter de donner des noms.

Benoît Debraise – Ben –, le secouriste de permanence, a pris l'affaire en main. C'est un gars frisé aux grands yeux bleus candides. Dès qu'il s'agit d'une situation un peu délicate, sa combativité se réveille et il est prêt à déplacer des montagnes pour sauver la veuve et l'orphelin. D'ailleurs, il a un faible pour les jolies nanas. C'est lui qui est venu chercher Stania pour l'emmener à la DZ...

À vingt heures, alors que le ciel s'assombrit et que le massif vire au rouge, Dragon redécolle pour parcourir tout l'itinéraire de la Brenva. Yvon, le pilote, n'y croit pas plus que ça, mais il a un bon sandwich dans le ventre, le coucher de soleil est splendide, si bien qu'il n'a rien contre des prolongations. Yvon n'a jamais pratiqué l'alpinisme à haut niveau. Il est partagé entre admiration et consternation quand il voit autour de lui tous ces gamins s'engager seuls dans des ascensions insensées. C'est un bon père de famille. Rien que de penser comment il se caille les miches lors des stages d'initiation à la survie qu'il doit effectuer chaque année, ça lui coupe toute envie d'aller se promener dans ce terrain de jeu autrement qu'aux commandes de son hélico.

Stania jubile. Une sensation ambiguë, partagée entre le plaisir de survoler le massif au coucher du soleil et l'angoisse de retrouver Mickey inerte au pied de l'arête. Elle veut y croire ! C'est la première fois de sa vie qu'elle monte dans un hélicoptère... et elle n'a jamais vu la mort en face.

Les quatre occupants de l'Alouette scrutent chaque détail de l'éperon. Yvon rase le pied de l'envers du bastion est. Il va même jusqu'à frôler la naissance de la voie Major, au cas où Mickey aurait changé d'objectif au dernier moment.

L'ombre de la nuit est en train de s'allonger sur tout le secteur. À la demande de Stania, Yvon effectue un ultime vol stationnaire au-dessus de la petite crevasse qui ouvre sa gueule avant l'attaque de l'arête. En observant cette plaie béante, tous les cinq se font la même réflexion, mais c'est Ben qui l'exprime le premier.

– Demain matin, on devrait quand même jeter un œil dans ce trou. Il est juste sur la trace... Qu'est-ce que t'en penses, Stania ?

– Je suis d'accord, répond-elle avec son petit accent de l'Est. Dans l'obscurité, l'autre matin, on aurait facilement pu se faire piéger...

– Allez, on rentre à la maison ! déclare Yvon. De toute façon, j'y vois plus rien et j'ai plus de fioul. Décollage demain à six heures, avec tout le matos.

BRENVA

Je regarde des dessins animés avec les gosses... Pas foutu grand-chose aujourd'hui ! Le genre de journée où tout se bouscule, où rien ne marche. Des millions de choses à régler, des milliers de promesses à tenir... impossible de savoir par quoi commencer. J'ai vagabondé entre l'hôpital, la DZ et la maison, essayé d'organiser le taf du mois prochain, répondu aux cinquante-trois e-mails qui encombraient depuis trois jours ma messagerie : beaucoup de demandes de stages avec l'hélicoptère, des questions sur le mal aigu des montagnes en prévision d'expéditions, des articles à corriger et des dizaines de ces pubs à la con dont on n'arrive jamais à se débarrasser...

Dragon a fait un tour là-haut à la recherche du fameux Mickey. Pas de nouvelles... Tu parles ! Espérer trouver un petit bonhomme dans un massif de cinq kilomètres de large, truffé de pièges, sans savoir où il est vraiment allé... autant chercher une bactérie dans un bloc de glace !

À vingt-deux heures, Ben m'appelle pour m'annoncer qu'ils ont des informations concernant Mickey. Une Polonaise l'avait rencontré à la Fourche. Son objectif était de faire l'éperon de la Brenva avant de rentrer bosser dans l'après-midi. Dragon a effectué une autre reconnaissance en fin de journée, sans succès. Mais les secouristes comptent se faire déposer demain matin pour explorer une crevasse au départ de la voie, juste sur la trace... Je me tiendrai prêt. Mais je ne vois pas bien ce que je vais pouvoir faire pour quelqu'un qui a passé trois jours dans un trou...

L'enjeu, dans ce genre d'histoire, c'est de retrouver les corps, à défaut de sauver les vies. On en arrive parfois à des situations impossibles. Certaines familles sont prêtes à dépenser des fortunes pour récupérer leur défunt. J'avais été témoin d'un acharnement semblable lorsqu'un garçon que je connaissais avait été englouti par une crevasse en Bolivie. Plus de cinquante villageois des Andes avaient été réquisitionnés pour gravir la montagne à plus de 5 000 mètres et extraire le corps coincé dix-sept mètres sous la surface du glacier. La famille avait su être convaincante, mais elle avait mis en péril la vie de pauvres gens pour un salaire de misère.

La grande main blanche

Au fond de son trou, Mickey frissonne en permanence. Il doit lutter contre ce gars qui n'arrête pas de l'emmerder. « Debout, Mickey, t'es nul ! C'est pas la faute du matos, c'est ta faute... Non allez, j'déconne. Tiens, ça bourdonne ! Je connais ce bruit... » Il navigue entre ciel et terre, entre glace et neige.

Le bourdonnement le réveille. Il connaît ce bruit... Ne pas se laisser aller. Ce serait pourtant facile de s'endormir, s'abandonner au creux de cette grande main blanche. Ce serait si reposant de ne plus avoir mal, de ne plus bouger. Résister... il le faut ! Il le sait. C'est écrit dans tous les livres de montagne qu'il a dévorés : si tu t'endors, le diable blanc t'emportera pour l'éternité. Des visions hallucinatoires martèlent sa conscience. Il se voit aux mains de scientifiques sans visage, livré à la science, congelé dans un bloc de glace. Les premiers essais de décongélation ! Il se voit couvert de poils, avec un faciès d'orang-outan. Le moindre mouvement du bassin, le plus infime geste de ses doigts déclenche des spasmes de douleur. Le bruit du rotor s'évanouit. C'est tellement plus facile de replonger dans la torpeur...

Sonnerie de merde ! Six heures trente ! Cécile saute la première sur le téléphone qu'elle a eu la bonne idée de garder de son côté.
– Oui, allô ?... Ouais, je te le passe.
Elle me passe le bazar et replonge dans son sommeil.
Je râle :
– Ouais ?
– Manu, debout ! Ils ont retrouvé Mickey ce matin. Il est au fond d'un trou. Il faut que t'ailles à la DZ, ils t'attendent pour remonter...
– Il est vivant ?
– J'en sais rien.
Je saute dans mon pantalon, descends l'escalier en essayant de ne pas rater les dernières marches. J'ai horreur d'être bousculé aux aurores. Heureusement, j'ai eu la bonne idée de préparer mes affaires hier soir. Dehors, c'est le calme absolu, pas un souffle. La fraîcheur du matin me pique les narines. La voiture broute, tousse, ça y est c'est parti !

– Manu, magne ! ils t'attendent !
Jean, le mécano, est frais et dispos. Comme sa machine, il est propre et réglé au quart de poil. L'hélico est déjà chaud et prêt à foncer vers les altitudes glacées.

La grande main blanche

Je ne peux m'empêcher de m'émerveiller de la beauté du paysage. Le spectacle est toujours aussi incroyable. Les Grandes Jorasses au fond, à contre-jour, sombres et effrayantes, hérissent leurs pointes vers l'aube qui monte. Le rougeoiement de l'envers du mont Blanc s'estompe avec la lumière qui s'éveille. Ses pentes se réchauffent péniblement sous les premiers rayons pendant que le gros insecte rouge rase le défilé des crevasses alignées dans un même mouvement. Strié par les lignes de Forbes, le ruban de la Mer de Glace s'enfuit derrière nous pour aller se perdre dans la vallée encore obscure et silencieuse. Le glacier de la Combe Maudite nous attend, le moteur perd de la puissance. Quelques « virolos » pour aller frôler le Grand Capucin et s'appuyer sur les contreforts de la Tour Ronde, et nous reprenons un peu d'altitude afin de franchir enfin le col de la Fourche.

Les fourmis sont là, rouges et bleues sur la neige, à s'activer autour d'une minuscule plaie ouverte. Je débarque...

– Encore... encore... stop !
– O.K., bloqué ! me répond Jack dans le talkie.
– Attention, faut dégager la statique, elle est coincée dans la lèvre...
– Comment ?
– Faites sauter la statique, elle va péter la corniche, laisse du mou et fais-la sauter !
– Compris, ça marche ! crache le talkie.

Je vois la corde blanche qui se détend et subit des secousses. Agrippé à la perche, je me laisse engloutir dans le trou, pendu au filin d'acier de quelques millimètres. Déjà coupé de la surface, je plonge dans l'autre monde. Le grand bleu glacé. Au fond du gouffre, je découvre Ben, le visage relevé vers moi. Il a vissé deux broches dans la paroi pour s'assurer. Un corps gît à ses pieds, inerte...

Arnold

Arnold s'énerve :

— De deux choses l'une : soit vous faites ce que je dis, soit vous sortez, mais il ne faudra pas pleurer si on doit venir vous chercher cette nuit parce que vous êtes hémiplégique !

— Foutez-moi la paix ! je suis libre de rentrer chez moi, je ne suis plus un gosse ! lui rétorque le sexagénaire au visage tanné.

En vacances dans son chalet des Praz, Victor Barleduc, ancien directeur marketing des laboratoires Bluesky, n'a pas l'habitude qu'on lui donne des ordres.

Arnold revient à la charge :

— Justement, si vous n'êtes plus un gosse, soyez raisonnable !

Arnold est au mieux de sa forme aujourd'hui. Il

est arrivé à la bourre, ce matin, déjà à fond. C'est son troisième jour de garde, et la nuit a été chaude. Les alcoolos l'ont dérangé toutes les heures, pas moyen de récupérer !

À neuf heures, juste après avoir avalé deux cafés bien serrés, il a mis le service à feu et à sang... Les infirmières courent dans tous les sens en essayant de faire le tri parmi ses prescriptions qu'il a déjà modifiées au moins deux fois. Dans la salle d'attente, cinq personnes sont inscrites pour des pansements ou des entorses de la cheville datant de la veille. Deux emmerdeurs s'acharnent sur la secrétaire pour récupérer leur dossier ou réclamer des certificats. Le téléphone n'arrête pas de sonner et l'équipe est à cran.

Heureusement, Simon, le deuxième urgentiste de garde est du genre calme, très calme. Il a entamé sa visite tranquillement, indifférent à l'excitation ambiante. Il écoute avec patience les délires matinaux de la patiente du 2 qui a été hospitalisée durant la nuit. Il aurait tendance à se laisser aller à la somnolence si Martine ne le secouait pas. Mais son flegme a l'avantage de compenser la montée en pression d'Arnold qui a décidé de ne pas lâcher son client.

La discussion avait commencé fort. Victor Barleduc avait été amené par sa femme et sa fille qui l'avaient découvert hagard, au pied de son lit. Il les avait regardées d'un air perdu, incapable de se rappeler ce qu'il avait fait depuis trois jours. Il avait la tronche de travers, avec la commissure des lèvres affaissée. Ça lui donnait un air de chien battu que sa femme ne lui connaissait pas.

Arnold, lui, ce sont les lunettes qu'il a de travers.

Arnold

Plus il s'énerve, plus elles penchent. Ajoutez au portrait les cheveux hirsutes, et vous avez la mise idéale pour mettre votre patient en confiance...
Nadia aimerait bien l'interrompre trente secondes pour lui demander quels examens biologiques elle doit pratiquer sur le patient de l'autre box, étant donné qu'Arnold n'a rien noté sur l'ordinateur. Mais elle n'arrive pas à en placer une. Ce jeune Polonais de passage s'est présenté avec une angine carabinée, Arnold le suspecte d'être porteur du virus de la grippe du poulet ! Arnold était rentré de Thaïlande récemment et il soupçonnait tout le monde d'être atteint de la fameuse grippe aviaire.

Barleduc s'est levé pour s'habiller. Il est décidé à quitter l'hôpital...
– Écoutez-moi ! Allongez-vous et écoutez-moi ! insiste Arnold.
– ...
– Écoutez-moi, monsieur Barleduc ! répète-t-il en s'énervant.
– Écoute-le, chéri ! enchaîne madame Barleduc. Écoute le docteur. Ils ont besoin de faire des examens com-plé-men-taires ! articule-t-elle en soupirant.
Victor Barleduc se rallonge en bougonnant...
– Arnold, ton patient d'à côté, il a 40,3 degrés ! arrive à placer Nadia. Je lui fais quoi ?
– Ah ouais, il est chaud ! s'extasie Arnold d'un ton professoral.

Vivant

— Il est froid ! je dirais même plus : il est gelé. Qu'est-ce que t'en penses, Ben ?

Ben me regarde fixement, comme si son propre sort en dépendait.

— Alors, pour toi, il est pas mort ? J'avais raison de te faire venir alors ? me dit-il avec excitation.

— Ouais, t'as bien fait, y'a pas grand-chose à faire pour qu'il s'en sorte, mais y'a pas grand-chose à faire non plus pour l'achever !

En même temps que je lui réponds, je me demande comment je peux sortir des phrases aussi débiles. Il y a pourtant du bon sens dans ma constatation. Mickey est rigide, les membres secs et immobiles. Il ne parle plus et paraît avoir cessé de respirer. En plaçant deux doigts sous son nez, il me semble pourtant percevoir un souffle furtif. C'est une technique simple mais efficace que j'ai validée au fil des années. La surface cutanée du dos des

Docteur Vertical

doigts est dotée de nombreux récepteurs thermosensibles. Je n'avais pas trouvé meilleur indicateur pour vérifier si les gens respirent. En cas d'hypothermie, l'organisme se met au ralenti, les battements du cœur, le rythme et l'amplitude ventilatoires diminuent. La consommation en oxygène des cellules est divisée par deux quand la température de l'organisme atteint 25 degrés. Le système cardio-pulmonaire, qui fournit cette énergie indispensable à la vie des organes, réduit son travail grâce à l'intervention d'un ingénieux système de contrôle.

Mickey ventile spontanément, il est vivant, un peu cassé apparemment, mais vivant !

J'attrape le mini-scope et le saturomètre digital pour confirmer mes espoirs.

– Tiens, Ben, mets-lui ça au bout du doigt.

De mon côté, j'essaye d'ouvrir le haut de la veste de Mickey pour glisser le scope. C'est un petit appareil ingénieux, bien adapté à ce genre de situation. Des *plots* métalliques appliqués au bon endroit sur la peau du thorax permettent de lire à l'écran un tracé électrique qui reflète l'activité cardiaque. L'image n'est pas d'excellente qualité, mais elle est suffisante. Des *spikes* de contraction ventriculaire se dessinent régulièrement à un rythme de trente battements par minute.

– Ça marche pas, Manu, ça n'arrête pas de clignoter ! déclare Ben en essayant de prendre la saturation au bout du doigt de Mickey.

Il a enlevé les gants du blessé, mais ses doigts ont l'air gelés.

– Laisse tomber, Ben, sors plutôt le thermomètre

tympanique. Il a les doigts trop froids pour que ça passe...

Le saturomètre digital à infrarouges indique l'oxygénation du sang, mais si le flux sanguin est ralenti pour une raison ou une autre, la lecture est difficile.

Je continue à ausculter Mickey, essayant d'établir le bilan des dégâts. On ne peut pas tomber d'une telle hauteur sans se casser quelque chose. Mickey ne porte même pas de casque. Sans doute appartient-il à cette classe marginale de grimpeurs qui préfère confier leur vie au destin. Ces gens qui considèrent que le casque est un poids inutile et un bien pauvre rempart contre les forces du mal ! On trouvera plus tard le casque de Mickey au fond de son sac...

Les côtes, ça, c'est sûr ! Les accidents de crevasse cassent toujours des côtes. Reste à savoir si elles ont perforé le poumon... Dans ce cas, le réchauffement peut se révéler complexe. En pensée, j'établis la liste des lésions en fonction desquelles le sort de Mickey va se jouer. Je procède généralement de manière rationnelle, en partant du haut du corps et en descendant jusqu'en bas. Ça m'évite de trop réfléchir dans un environnement qui se prête mal au recueillement intellectuel... Le crâne, les poumons, l'hémorragie intra-abdominale avec la classique rupture de rate, le bassin et les fémurs... Je termine systématiquement par l'inspection du rachis et l'examen moteur et sensitif des membres inférieurs pour m'assurer qu'il n'existe pas de lésion rachidienne majeure. Évidemment, Mickey n'est pas interrogeable.

J'aide Ben à placer la sonde du thermomètre dans l'oreille. Ce thermomètre est l'œuvre d'un ingénieur suisse du canton de Vaud. Tous les spécialistes savent que la température centrale d'un individu peut se prendre de différentes façons, les valeurs les plus fiables sont celles que l'on obtient quand on approche la sonde du cœur. C'est tout à fait empirique et source de profondes discussions dans la communauté scientifique, certains pensant que c'est la température cérébrale qui détermine les principales variations des mécanismes d'adaptation, et non celle du cœur. Actuellement, c'est la mesure par cathétérisme intra-cardiaque qui est considérée comme la valeur de référence. Mesure qui, bien évidemment, est irréalisable dans un contexte clinique d'urgence. Des mesures approchantes, obtenues par sonde rectale ou œsophagienne, sont utilisées dans le contexte hospitalier de première évaluation. Mais en montagne, on imagine mal mettre à poil le blessé sur la neige pour lui enfiler un câble dans le derrière. Et la pose du même type de sonde dans l'estomac en passant par le nez ou la bouche crispée d'un « hypotherme », relèverait du même défi. Le thermomètre tympanique de monsieur Métraux, même s'il donne des résultats moins précis, est notre seul recours.

Je scrute le chiffre numérisé dont la valeur augmente lentement sur le petit écran à cristaux liquides. Il se stabilise à 23,4 degrés.

– 23 degrés ! C'est possible, ça ? m'interroge Ben.

– Ben ouais, c'est possible, et ça correspond à son état clinique.

– C'est grave, à ce stade. On l'emmène où ?

– Ne pas s'exciter et éviter les conneries. On va s'organiser avec calme. Il me faut la perche, le KED et un hélico en stand-by pour Genève !

Vivant

– O.K., je les appelle !
En regardant Mickey, je m'extasie devant sa résistance. Trois nuits dans ce trou, après la chute qu'il a faite ! En quelque sorte, c'est la preuve qu'il ne présente pas de « lésions majeures susceptibles de mettre en jeu le pronostic vital » – expression bien connue des urgentistes. Son problème véritable, c'est l'hypothermie. Il va falloir le sortir de là en douceur, pour éviter que son cœur ne lâche... « De la porcelaine... » Oui, je sais ! À ce stade d'hypothermie, n'importe quelle stimulation peut déclencher l'arrêt cardiaque. Sur une simple erreur de manipulation...

Au-delà de celle du Christ, la littérature est pleine de résurrections miraculeuses qui laissent perplexe. Récemment, l'une d'elles a fait l'objet d'une publication très sérieuse qui nous a tous interpellés. Lors d'une excursion à skis, alors qu'elle traversait une combe, une jeune Scandinave s'était laissé surprendre par un trou. Par le plus grand des hasards et, du fait de la configuration de ce trou sous lequel courait un torrent glacial, elle se retrouva encastrée, la tête à l'air libre alors que son corps était immergé. Ses skis, qu'elle avait toujours aux pieds, s'étaient coincés au-dessus d'elle, rendant l'extraction difficile. Il fallut plus de quatre-vingt-dix minutes à ses amis pour parvenir à la sortir de là. Elle était en arrêt cardiaque. Ayant de bonnes connaissances en secourisme, ceux-ci entreprirent le massage jusqu'à ce qu'elle soit rapatriée dans un service de réanimation hospitalo-universitaire. À l'entrée du déchoquage, sa température centrale était de 13,7 degrés, et son cœur était toujours en arrêt. Cent soixante minutes s'étaient déjà écoulées…

La jeune fille fut transportée en chirurgie cardiaque et bénéficia d'une technique de réchauffement par circulation extracorporelle.

La CEC est, à l'heure actuelle, le meilleur moyen de réchauffer les « hypothermes » rapidement. On arrive à gagner plus de cinq degrés par heure. À la stupéfaction de tout le monde, après avoir été réchauffé à 30 degrés, le cœur de la Norvégienne était reparti sous le choc du défibrillateur.

En écoutant Gordon, l'un des plus éminents spécialistes canadiens, raconter cette histoire au cours d'une conférence, et en voyant sur une vidéo la jeune fille en question s'exprimer clairement et avouer qu'elle avait dû griller quelques cartouches, je me demandai, en serrant les dents combien nous avions enterré de victimes vivantes…

Les bras de Mickey sont crispés, sans veines apparentes. Je préfère m'abstenir d'y installer une perfusion. D'ailleurs, dans l'immédiat, quel intérêt y aurait-il à la mettre en place ? Je serais bien en peine de faire quoique ce soit, pendu avec lui dans le vide, le temps qu'on nous remonte à la surface.

Je choisis de me faire treuiller avec Mickey afin de le protéger des chocs. Nous l'emballons avec délicatesse dans le KED avec, en tout et pour tout, un collier cervical et le mini-scope que j'ai équipé de ses câbles et relié à son torse. Les yeux rivés sur le tracé qui défile, je me surprends à prier pendant que nous nous élevons silencieusement vers les cieux.

Vivant

La sortie de la crevasse est, comme toujours, le moment le plus délicat, mais Mickey tient le choc.

– Manu, Dragon est reparti sur un fémur pendant que t'étais dans le trou. J'ai fait activer Fox pour Genève... Tu vois toujours les choses comme ça ? me demande Jack, pendant que j'ôte mes crampons.

– Ah, merde ! ça tombe pas bien, j'en ai vraiment besoin...

– Oui, mais eux, ils vont sans doute avoir besoin de toi pour le fémur. Qu'est-ce qu'on fait de Mickey ?

– Attends, mets-lui de l'oxygène ! Pendant ce temps, j'appelle Arnold. Il doit avoir son matos. Il ira à Genève... Merde ! pas de réseau... Fait chier !

– Passe par Cordial ! me propose Jack

– De toute façon, j'ai pas le choix, mais j'aime pas quand c'est compliqué, la moitié des infos passent à la trappe.

Je joins Cordial par radio pour transmettre à l'hôpital un rapport à la fois court et complet destiné à Arnold.

Le plus complexe va être de se connecter avec le 15 pour leur expliquer que l'on veut une place à Genève. Depuis quelque temps, nous avons consacré beaucoup d'énergie à définir le protocole du transfert de nos « hypothermes » vers l'Hôpital Cantonal de Genève. C'est la seule structure à posséder une CEC à moins d'une heure. Pour avoir une chance de sauver nos patients, nous devons solliciter directement le service de chirurgie cardiaque qui nous assure son soutien... Arnold s'est particulièrement investi dans ce fonctionnement. Je suis persuadé qu'il assurera le transfert dans les meilleures conditions.

Docteur Vertical

En attendant, je suis coincé là, je ne peux qu'attendre. Mais quitte à patienter, autant s'occuper. Et puisqu'on est un peu mieux installés qu'au fond de la crevasse, je me lance dans la pose d'une perfusion. J'injecte à Mickey 250 millilitres de sérum physiologique encore tiède qui attendait au fond de mon sac. Je n'aurais pas pu le remplir avec une solution qui aurait risqué de le refroidir davantage ! Encore fallait-il savoir qu'on peut conserver un peu de chaleur entre quelques morceaux de Cordura cousus ensemble. Je bénis le ciel d'avoir rentré mon matériel dans la maison la nuit dernière.

LA GROSSE STRUCTURE NE FAIT PAS TOUT...

– Arnold, le PG vient te chercher, il faut que tu te prépares pour emmener un « hypotherme » à Genève.
– Zob ! j'en ai plein partout !
Nadia le regarde d'un air impuissant.
– C'est Manu qui t'a fait appeler, il y a deux secours en même temps.
– Qu'est-ce qu'il a, son « hypotherme », à Manu ?
– J'en sais rien, le PG m'a pas dit.
– Il est à quelle température ? il est blessé ?
– J'en sais rien, j'te dis, rappelle-les !
– Bon, il faut que Simon prenne le relais. Je venais juste de convaincre Barleduc de rester pour son scanner... J'aimerais pas qu'il se sauve, il a pas l'air patient !
– Tu peux parler !
Arnold, déjà pris par l'opération de secours, ignore la remarque, plaque tout le monde et se rue sur le téléphone.

Docteur Vertical

– Allô ? ouais, c'est quoi cette histoire ?... C'est Arnold !
Le planton, à l'autre au bout du fil, a dû demander qui était l'excité qui lui parlait ainsi.
– Où ça ? Au pied de la Brenva... Combien ? 23 degrés... Il est en arrêt ? T'en sais rien... Quoi ? L'hélico, dans cinq minutes... Bon, O.K.
Arnold raccroche et fixe Nadia d'un air absent...
– Merde ! j'ai oublié de lui demander s'il avait prévenu le CODIS*. Ouais, ils l'ont forcément fait puisqu'ils ont sollicité l'autre hélico...
Nadia essaye de suivre, par déduction, le cheminement intellectuel d'Arnold... Elle ne comprend pas tout, mais comme Arnold fait les questions et les réponses...
– Bon, moi j'appelle Genève ! décide-t-il brusquement.
Dans le genre persuasif, Arnold c'est le roi, il vendrait des cornets glacés sur la banquise ! En cinq minutes, l'affaire est dans le sac.
– Ils le prennent ! s'écrie-t-il victorieux.
Mais, alors qu'il courait déjà vers le bureau, il s'arrête subitement et se retourne vers Nadia d'un air affolé.
– Merde ! j'ai pas mes affaires...

Arnold a trouvé un casque : celui de Grand Chef. Tout comme ses lunettes, il est de travers sur sa

---

* CODIS : Centre opérationnel départemental d'incendie et de secours. Prévenir le CODIS est l'étape réglementaire obligatoire qui permet de disposer des différents moyens sanitaires pour transporter les blessés d'un secteur à un autre – de Chamonix à Genève, par exemple.

La grosse structure ne fait pas tout...

tête. Il a dégoté un vieux baudrier et une veste Gore-Tex qui traînaient dans le bureau. Ce n'est pas bien grave, il n'aura probablement pas à descendre de la machine. Il a piqué le sac de réa du SMUR.

L'hélico vient de le récupérer et il tente maintenant de maîtriser son excitation en contemplant les arêtes vertigineuses des piliers est du Tacul qui défilent sous ses yeux. L'EC 145 gagne de l'altitude à une vitesse impressionnante... Rien à voir avec l'Alouette ! On aperçoit déjà la face nord de la Tour Ronde dans l'angle gauche...

– Toubib, de Fox ?
– Oui, j'écoute !

J'entends le bruit du gros bourdon qui monte vers nous. C'est le mécano qui doit m'appeler.

– Arnold voudrait plus d'infos sur ton blessé.
– Alors... « hypotherme » à 23 degrés, à cœur battant, avec traumatismes associés : thorax et peut-être bassin... Dans une crevasse depuis deux jours... Glasgow à 5*, pas intubé...
– Bon, on l'embarque comme ça, directement, et on file à Genève !
– O.K., ça marche, on est prêts.

En deux minutes, le gros bourdon est sur nous. Une tornade blanche nous pétrifie sur place. Mickey est enfourné comme une pizza, en moins de temps qu'il ne faut pour le dire. La tornade blanche disparaît aussi vite qu'elle était apparue.

---

* Glasgow à 5 : Classification médicale permettant d'évaluer l'état neurologique d'un patient (de 3 – mort cérébral – à 15 – état normal).

Le fracas s'apaise et la solitude nous envahit. On nous a volé notre blessé !

Une demi-heure plus tard, Fox pose ses patins sur le toit du Cantonal de Genève. Un médecin suisse s'est joint aux brancardiers pour accueillir le blessé. Arnold débarque, bille en tête. Mickey s'est maintenu pendant le trajet, mais il ne s'est pas réchauffé pour autant. Pour ne pas risquer l'*after-drop*, ils ont soigneusement évité de mettre le chauffage dans l'hélico. C'est déjà un miracle que Mickey ne soit pas passé en arrêt.

Le gigantesque hôpital suisse a tout pour rassurer. Les moyens sont évidents. Mickey est glissé sur un brancard bien huilé et roule en douceur jusqu'à la salle de déchoquage où l'attend une équipe de médecine d'urgence des plus alertes. Il y a là un médecin coordinateur, deux anesthésistes, trois infirmières, un radiologue, un interne et deux brancardiers. Comme on s'amuse à le remarquer en comparant notre structure de Chamonix avec celle de Genève, lorsqu'ils sont dix pour s'occuper d'un blessé, à Chamonix on est seul pour s'occuper de dix. D'où la tirade bien connue : « Tous pour un, un pour tous » ! Aux urgences du Cantonal, chacun a son job : il y a celle qui perfuse, celui qui s'occupe de l'échographie, celui qui intube, celui qui pose le drain, celle qui installe la sonde urinaire, celui qui réalise les radios, et celle qui écrit et s'occupe de l'admission. À dix, c'est quand même plus commode. Malheureusement, ça ne rend pas infaillible...

Arnold pénètre dans la salle avec l'un des secouristes. Le contraste est saisissant : il a toujours le

La grosse structure ne fait pas tout...

casque de travers sur la tête, le « descendu de sa montagne ». Heureusement, il n'a pas oublié d'enlever ses crampons !

Le calme suisse règne dans la pièce, Arnold présente son malade...

– ... jeune alpiniste retrouvé dans une crevasse après deux jours de recherche, « hypotherme » à 23 degrés, mais le cœur bat à 35...

Pendant qu'il s'exprime, l'équipe s'est mise en place pour transférer le patient sur la table d'examen. Arnold continue :

– Il a probablement des côtes fracturées et on soupçonne un bassin...

On déshabille Mickey en découpant ses vêtements.

– ... une plaie sur le scalp, mais pas moyen de faire un examen neurologique...

On le harnache avec tous les outils de surveillance : fréquence cardiaque, saturation en oxygène, scope, sonde rectale...

Arnold est obligé d'interrompre son discours car il gêne le passage. Il sort de la salle avec le secouriste pour rassembler leurs outils et la bouteille d'oxygène. Quand il rentre dans la pièce, consternation ! ils ont initié le massage cardiaque...

– Mais qu'est-ce que vous faites ? s'exclame Arnold, ahuri.

– Bradycardie majeure, pas de pouls, tension dans les chaussettes... répond le jeune anesthésiste, les yeux braqués sur le scope.

Arnold en reste sans voix.

– Pas le choix, ajoute le médecin suisse.

Arnold sent la chaleur lui monter aux oreilles. Il voit rouge.

Docteur Vertical

– Mais c'est normal, il est à 23 degrés ! La tension est toujours très basse à cette température. Faut surtout pas le masser, vous allez le tuer ! hurle-t-il.
Un deuxième médecin le regarde d'un air interrogatif. L'anesthésiste paraît subitement moins sûr de lui. Il ne sait plus trop s'il doit continuer ou s'arrêter. Ce toubib français ne lui inspire pas confiance. Il s'arrête momentanément, pour observer le tracé... C'est celui d'une fibrillation ventriculaire. Mickey est en train de mourir. L'anesthésiste reprend le massage d'un air convaincu. Arnold n'y tient plus.

– Mais il était bradycarde, bien stable. Ça fait plus d'une heure qu'on s'évertue à ne pas le perdre, et vous provoquez la fibrillation en le massant ! Faut pas les masser, les « hypothermes » ! Il répète :
– Vous allez le tuer !
L'anesthésiste perd de nouveau son assurance. Arnold, désespéré, se retourne pour ne pas voir la suite. Il ne sait dire autre chose que :
– Bah ! Maintenant, faut le masser... Et c'est pas la peine de le choquer avant d'avoir remonté la température, ça marchera pas...
Au même moment, un homme pénètre en toute discrétion dans la salle de déchocage. C'est le docteur Polpoth, notre correspondant institutionnel en matière d'hypothermie. Il est reconnu comme l'un des meilleurs spécialistes en la matière. Il est l'auteur d'une publication récente référençant tous les cas d'hypothermie à cœur arrêté sauvés par la CEC. Grâce à lui, nous pouvons espérer mettre ce protocole en pratique. Mais il faudra du temps avant que l'efficacité du système soit garantie. Dans une grosse infrastructure comme l'hôpital de Genève, l'information

est loin d'être acquise. Beaucoup de médecins des urgences, même s'ils sont excellents, n'ont pas de connaissances réelles à propos des hypothermies. Il reste d'ailleurs tellement de subtilités que les spécialistes ne comprennent pas encore.

Continuant dans sa logique, et malgré les remarques d'Arnold, le jeune anesthésiste tente le choc électrique externe sur la poitrine de Mickey. Le cœur repart ! Comme si l'entrée de Polpoth avait tout rétabli. Voilà à quoi servent les grands pontes !

La discussion animée reprend. Polpoth, qui a attrapé le train en marche, ne sait quel parti prendre. Le service n'est pas du tout rôdé. Arnold est bien obligé de repartir, laissant ses confrères suisses un peu décontenancés. Polpoth reste perplexe. Il ne faut pas sous-estimer les petites équipes qui travaillent sur le terrain avec peu de moyens. Ces Chamoniards ne sont pas dénués de bon sens. La taille de la structure hospitalière ne fait pas tout...

Trois jours plus tard, Stania est au pied du lit de Mickey. Il est encore un peu dans le coltard, mais il a repris du poil de la bête. Il a la mine réjouie, quoique encore boursouflée. Son bassin fracturé va le faire souffrir pendant plusieurs mois, mais le pire, pour l'instant, ce sont les côtes. La douleur est sournoise. Pas question de se marrer !

Stania observe ce bout d'homme revenu du néant et se sent fière d'avoir participé au miracle. Moi, je suis passé dire bonjour. Peut-être que je lui demanderai s'il a vu le trou noir... le tunnel... ou la grande lumière blanche que décrivent ceux qui ont abordé la mort.

Clocheton

J'aurais dû me douter que ça ne pourrait pas se passer comme ça... Demain matin, nous partons en vacances. Des vacances en famille, sacrées... Arco, l'Italie, les pizzas, la chaleur, la mozzarella, les glaces et *tutti quanti* ! Ça aurait été trop beau de pouvoir profiter de la soirée pour préparer les affaires avec les gosses. Vérifier les tentes, bricoler les plaques de la carriole et sortir les palmes. Comme ça, on aurait pu se mettre en route au petit jour, sereins, heureux de n'être plus stressés.

Je viens tout juste de rentrer. Le dernier secours m'a laissé comme un goût amer dans la bouche. J'ai posé mon blessé aux urgences dans un état plus alarmant qu'il n'y paraissait. L'alerte avait été relativement banale : un randonneur qui avait fait une chute sur un sentier et saignait de la tête. Il n'avait pas perdu connaissance...

C'est Damien, du PG qui m'avait sonné. J'étais

Docteur Vertical

encore à l'hôpital où je venais d'accompagner une mamie qui avait eu un malaise sur un sentier. Fox était reparti faire le plein.
– Ho Manu, tu descends, m'avait-il lancé, rigolard.
– Ah, c'est malin ! Bon, c'est pourquoi ?
– Un randonneur... une plaie à la tête, et ça saigne, à ce qui paraît.
– O.K. Si ça saigne, je peux peut-être servir à quelque chose. Demande à Fox s'il veut bien me prendre dans cinq minutes à la DZ de l'hosto.
– O.K., je l'appelle par TPH !
J'aime bien nos abréviations, les codes que nous sommes les seuls à comprendre. Au début, ça fait marrer, on a l'impression de jouer aux Indiens, mais on s'y habitue et ça déteint même sur le vocabulaire familial (« Pierrot, arrête ou tu vas te prendre une BA2FE ! »).

On s'était fait treuiller au-dessus du col des Montets, au milieu des varos* et des cailloux. On avait d'abord mis deux bonnes minutes avant de dénicher le blessé, alors que sa position avait l'air évidente, vue de dessus. Il se trouvait parmi les laitues sauvages, dix mètres en contrebas du chemin, étalé sous un buisson, immobile.

Sa femme n'avait pas l'air si affolée que ça. Avant même que j'aie eu le temps de poser mon sac, elle m'assaillait de questions : « Qu'est-ce qu'il a ? C'est grave ? Il saigne beaucoup ? Il n'a pas froid ? » Je lui demandai gentiment de me laisser deux minutes pour l'examiner.

---
* Varos : Arbustes poussant parmi les cailloux.

– Ça va, monsieur ?

Il me répondit par l'affirmative. Il était calme, beaucoup plus calme que son épouse. J'éprouvai instantanément de la sympathie pour lui. Il s'appliquait à être docile. J'avais la conviction qu'il était de ces individus qui savent encore faire confiance au corps médical. Sur les ordres de sa femme et d'un randonneur qui passait par là, il n'avait pas bougé d'un millimètre en attendant les secours. Elle lui demandait toutes les trente secondes si ça allait, et lui répondait avec patience que ça allait...

Parfois, on a l'impression d'arriver sur le lieu d'un crime. Personne n'avait voulu toucher à quoi que ce soit, de peur d'effacer d'éventuels indices. Il était face contre terre, le nez dans une grosse feuille de choux. Une impressionnante plaie du scalp lui fendait le crâne, du front jusqu'au cou. Et ça saignait ! Le cuir chevelu est sillonné de centaines de petites artères qui peuvent être très hémorragiques. Surtout quand on ne pense pas à comprimer. J'étais étonné que personne ne s'y fût employé en nous attendant... Sa femme, par exemple. Il ne faut pas sous-estimer ce genre de plaie, car il est difficile d'évaluer la quantité de sang qu'on peut perdre. Mais compte tenu des moyens de remplissage vasculaire à notre disposition, il serait inconcevable aujourd'hui de perdre un blessé à cause de cela...

Comme si sa femme avait deviné mes pensées. Avec tact et élégance, elle me sortit :

– Il va se vider de son sang ?

Elle aurait dit : « Vous allez le saigner comme un porc ? », que ça n'aurait pas été plus délicat ni plus propice à remonter le moral du blessé !

– Normalement, non, c'est pour ça qu'on est là. On va lui mettre une perfusion et le remplir pour compenser les pertes.
– Les pertes de quoi ?
– Les pertes de sang !
– Ah ! Et en criant un peu trop fort à mon goût :
– Michel, ça va ?

Sans doute était-elle persuadée qu'il fallait à tout prix empêcher les gens de s'endormir pour éviter qu'ils ne meurent.

– Oui, ça va, répondit le blessé, de plus en plus vaseux.

Il avait surtout envie qu'on lui foute la paix…

– Attention ! il a envie de vomir, s'inquiéta-t-elle subitement.

Elle m'énervait. C'était à mon tour de m'inquiéter :
– Michel, ça va ?

Je commençais à le trouver moins réactif. J'essayai d'oublier sa femme qui continuait à m'agacer avec ses questions, pour me concentrer sur mon bonhomme. En le palpant, je ne trouvai aucun autre point douloureux, en particulier sur le rachis. On fit le ménage autour de lui. Je lui installai un gros cathéter dans une veine apparente de façon à brancher ma perfusion. J'hésitai un instant à lui administrer un soluté spécial hypersalé. Mais son pouls distal était encore bien frappé. J'optai pour un soluté macromoléculaire, mieux adapté, dans un premier temps. À peine piqué, Michel s'enfonça. Il avait viré au blanc livide et avait fermé les yeux. C'était comme si j'avais crevé un ballon !

– Michel, ça va ? redemanda la femme.

Visiblement, ça n'allait plus du tout ! Le liquide

coulait à flots, pourtant. Je sortis rapidement ma pochette d'hypersalé. On n'allait quand même pas le perdre comme ça !

– Michel, ça va ?

Décidément, je manquais moi aussi d'imagination dans ma sollicitude.

– Oui, ça va, mais j'ai envie de vomir ! déclara-t-il d'une voix faible.

Ça me rassura. Trois cents millilitres étaient déjà passés et Michel se réveillait doucement. Le pouls recommençait à frémir sous mes doigts, mais il était rapide. Je n'avais même pas pris le temps de sortir mon tensiomètre. Il faut dire qu'il ne nous sert pas souvent. Dans l'urgence, on n'a pas besoin d'avoir de chiffre. Quand le pouls radial disparaît, c'est qu'on est grosso modo en dessous de 6 de tension et qu'il faut se bouger !

Michel allait mieux. Je ne savais pas si c'était la perfusion qui l'avait sauvé ou s'il avait simplement fait un malaise vagal, mais je préférai miser sur la deuxième explication. Il fallait lui mettre le collier cervical. Qu'il était difficile de bander un scalp avec des pansements compressifs sans mobiliser la nuque et sans embarquer toute la végétation qui traînait autour ! Malgré trois pansements successifs, ça gouttait toujours dans la perche. Le *scoop and run* s'imposait. Après un treuillage rapide et efficace, l'hélico fila droit sur Sallanches. À bord, je comprimais moi-même le scalp de Michel avec ma main. Sur le plancher, une rigole sanglante s'écoulait vers l'avant. L'EC 145 fonçait à 240 kilomètres à l'heure. Je vis l'hôpital de Chamonix nous passer sous les pattes. Ses blocs opératoires avaient été fermés pour des raisons politico-économico-débiles. Il paraît que les petits hôpitaux sont dangereux et qu'ils ne sont pas rentables. On avait préféré concentrer tous les services à l'hôpital de Sallanches situé vingt-cinq kilomètres plus bas dans la vallée.

Et mon malade pissait le sang... Je ne lui avais pas expliqué qu'il allait saigner dix minutes de plus pour que cela coûte moins cher à la Sécurité sociale. La centralisation : la voilà la nouvelle maladie ! Je ne pouvais m'empêcher de constater que ce qu'on gagnait d'un côté, on le perdait de l'autre. On achetait des gros hélicos plus rapides et plus puissants, mais on augmentait les distances de vol.

En débarquant mon blessé aux urgences, j'ai bien vu que c'était le chantier, là aussi. Tous les box étaient occupés, y compris celui du déchoquage. Ça courait dans tous les sens. J'aurais bien aimé que quelqu'un m'écoute, mais visiblement, ils avaient d'autres chats à fouetter. J'étais à deux doigts de monter directement au bloc pour le mettre entre les pattes du chirurgien. Ce n'était pas le genre de blessé à laisser sur une voie de garage. J'ai finalement trouvé Fanny qui jouait le rôle d'infirmière. Elle a pris les informations comme elle a pu, en levant les yeux au ciel. Il fallait l'espérer. Elle transmettrait. Elle avait l'air épuisée, mais elle me gratifia tout de même d'un sourire complice. C'était aussi le défaut de ces grandes surfaces d'accueil : beaucoup de monde, mais personne pour t'écouter !

J'étais donc rentré pour le dîner, avec l'espoir que les vacances débuteraient dès ce soir. Mais à vingt

Clocheton

heures trente, le téléphone a sonné. C'était à parier !

– Manu, on a encore un problème. Tu peux venir à la DZ ?

– Vas-y, raconte !

– Quelqu'un s'est coincé la jambe dans la fissure du Clocheton !

– Ben, y'a qu'à tirer dessus !

– C'est ce qu'ils ont fait, mais ça résiste.

– O.K., j'arrive.

Je me prends encore quinze secondes pour enfourner le reste de blanquette réchauffée par Cécile. Puis je saute dans la Subaru qui n'a pas eu le temps de refroidir. Cécile soupire.

J'ai bien sûr un peu les boules de devoir remettre ça, pourtant le secours a l'air loufoque. Le fond de l'air est chaud et le coucher du soleil resplendissant. Alors...

À la DZ, il y a déjà de l'animation. On a sorti toute la quincaillerie : bidon d'huile, compresseur, perceuse à percussion. On me met dans les mains un sac en plastique rempli de glaçons que je contemple d'un air idiot.

– On a pensé que ça pourrait faire dégonfler la jambe, s'il l'a coincée depuis plusieurs heures...

Je ne suis pas convaincu, mais je prends le sac quand même. Inutile de vexer... Laurent et Tintin sont déjà là-haut. Zeb et Filou s'équipent pour monter le groupe électrogène et filer un coup de main. Il faut penser à tout, y compris aux projecteurs, car la nuit tombe. Ça va être Las Vegas ! Pendant que la turbine de Fox s'emballe, j'essaye d'imaginer la scène : le type coincé dans sa fissure, comme un rat dans une tapette, au sommet du Clocheton.

Docteur Vertical

Le clocheton du Brévent est une petite course classique à l'ancienne. Géniale pour qui veut grimper un minimum avec un maximum de manipes de corde : rappel pendulaire, lancer de corde, tyrolienne... Le Clocheton lui-même est une petite pointe de cinquante mètres qui gratte le ciel des Aiguilles-Rouges. Par un pont de singe, on peut rejoindre une pointe jumelle distante de quelques dizaines de mètres. Son sommet est vraiment effilé, il n'y a pas de place pour un bivouac.

Fox décolle. Assis sur la banquette arrière, je digère la blanquette. Qu'est-ce que je vais bien pouvoir faire pour ce pauvre gars ? Je suis toubib, pas cantonnier ! Je ne vais quand même pas m'embarquer dans un plan du genre amputation à la hussarde ! Pourvu qu'on règle ça sans trop de casse !

J'ai appris à tout envisager. On part la fleur au fusil pour une balade de santé et on se retrouve à galérer toute la nuit comme des mineurs de fond. J'ai emporté la veste chaude et la kétamine, mon indéfectible arme de combat. Le Clocheton pointe enfin son nez dans le dégradé délavé de la nuit qui tombe.

Je me prépare pour la descente. Primo, accrocher mon sac sur le pontet de mon baudrier... Je dois planer, ce soir, car je fais tout de travers. Avec le nouvel hélico, le rituel a changé. Il faut être d'autant plus attentif. Tout paraît simple à l'entraînement, mais sur le terrain, un rien et ça merdouille. Je mets la sangle de sécurité par-dessus le pontet, sur l'anneau en acier qui le double, et je m'avance vers Chris, le mécano, qui me fait signe. C'est le moment. Fox ne bouge plus d'un cheveu, le stationnaire est irréprochable. Je viens m'asseoir sur le bord. Christian me tend le treuil que je clippe également sur l'anneau. Il me tracte comme une plume et je me retourne cul en arrière dans le vide, comme en parachute.

Première connerie, malgré quinze ans de métier : j'ai oublié d'enlever mon casque d'écoute. Une grande classique ! Le fil de l'écouteur se tend. Chris me jette un regard noir, il a horreur qu'on lui bousille son matériel. Deuxième connerie : le sac se coince sous la première sangle et j'ai un mal fou à le dégager. Et puis, je n'ai pas pris les bons gants. Ceux-là manquent de souplesse. Ça tricote... Surtout ne pas enlever le treuil, ça pourrait faire mal, c'est pour ça que Chris le garde tendu. Ça y est, avec un peu de conviction, l'affaire se dénoue. Le bras du treuil m'éloigne de la carlingue. Me voilà pendu sous les pales, au-dessus du Clocheton. Je me décide enfin à regarder le spectacle. Je l'avais bien dit : c'est Las Vegas ! Les lumières rouges et vertes de l'aéronef, les projos à fond et l'arête effilée où sont déjà suspendues quatre personnes, le tableau est encore plus incongru que je ne l'imaginais.

Le prisonnier de la fissure, un Australien, est bel et bien coincé jusqu'à la cuisse dans la fissure terminale, une quinzaine de mètres sous le sommet sur lequel Zeb se trouve à califourchon. Tintin est pendu en dessous, à côté du grimpeur. J'arrive pile sur eux. Je tournoie, attrape la main de Tintin qui m'attire vers le seul spit sur lequel il est déjà vaché. En dessous, le vide. Heureusement, Zeb contre-assure tout le monde avec deux bouts de corde qu'il a fixés à son relais. Le gros bourdon s'en va, après nous avoir treuillé le matos. La tornade laisse place au silence. J'apprécie subitement la situation. C'est suffisamment rare pour que je le dise. Je crie :

– J'adore ! Des secours comme ça, on devrait en faire plus souvent.

Les autres ne répondent rien, ils sont déjà concentrés.

Pour l'Australien, en revanche, ce n'est pas vraiment le pied, mais il n'a pas l'air de comprendre le français. Il me regarde d'un air à la fois inquiet et plein d'espoir. Je lui explique que je suis le médecin. Non seulement il n'a pas l'air de me croire, mais en plus, je lis dans ses yeux qu'il ne voit pas comment je vais pouvoir le tirer de là. Il aurait sans doute préféré un spécialiste en explosifs !

On commence par lui donner une bonne doudoune car il est coincé depuis trois bonnes heures, en short, et il se caille les miches. Je reconstitue la scène. Sa copine, qui l'assurait trente mètres plus bas, ne l'a pas vu quand il s'est coincé la jambe. En voulant tirer dessus, il a dû s'enfoncer encore plus. Elle a mis un certain temps avant de réaliser ce qui lui arrivait. Alors, elle s'est débrouillée pour descendre en rappel grâce au deuxième brin de corde qu'ils avaient eu la bonne idée d'emporter. Ensuite, elle a couru vers le téléphérique du Brévent pour appeler le secours.

Tintin m'expose la situation. La cuisse est bloquée en flexion dans cette fissure qui ne mesure pas trente centimètres de large. Ils ont essayé de tirer le gars par le haut. Sans résultat. J'apporte de l'huile. On lui verse le bidon entier sur la cuisse. Il en a plein le short, mais il s'en fout. Le prochain grimpeur qui passera par-là aura intérêt à éviter la fissure s'il ne veut pas terminer dans le gaz !

On s'excite à nouveau. On le tire, on installe des poignées Jumars un peu partout... Rien à faire. Il a beau se tortiller et se tracter, plus on le tire, plus ça coince. John – c'est son nom – reste piégé. Je réfléchis déjà à des plans d'action de plus en plus agressifs. Le premier consiste à le shooter pour qu'on puisse le tracter avec le treuil à câble. Ça risque de le faire couiner ! J'ouvre mon sac. Je constate, non sans fierté, que sa conception en portefeuille est décidément bien adaptée à ce genre de situations : rien ne tombe et j'ai tout à portée de main sur ma gauche pour travailler sur mon blessé qui est à ma droite. Suspendu dans le vide, je lui mets le traditionnel cathéter à bouchon dans une veine de l'avant-bras pendant que Tintin me prépare la seringue. Je lui injecte la drogue en lui expliquant que c'est comme de la morphine et que ça va le détendre. Je n'ose pas trop lui annoncer qu'on va le treuiller comme une vache !

Maintenant, il faut attendre le reste du matos qu'on entend arriver depuis le fond de la vallée. C'est le vol du bourdon qui revient, en moins musical. Nouveau stationnaire au-dessus de nos têtes. Les pales rasent le Clocheton dans la nuit. C'est magnifique. Les projecteurs illuminent le gneiss. Tout le monde est impressionné par la beauté du spectacle. La précision du treuillage dans la nuit est surprenante. Tout arrive sur un plateau. Le bourdon s'en va. Les affaires reprennent.

Filou s'occupe du compresseur déposé en contrebas au niveau d'un petit col suspendu, pendant que

Docteur Vertical

Zeb et Laurent installent le Paillardet au sommet du Clocheton. Je me demande comment ils vont s'y prendre sur une surface aussi réduite. En même temps, la perceuse à percussion descend vers nous. Il est peut-être possible de faire sauter l'écaille qui bloque la jambe au niveau du genou. J'envoie la rallonge à Filou, quinze mètres plus bas. Pile-poil, pas un mètre de trop. Le compresseur démarre. C'est d'abord la déception. La perceuse frétille comme une sardine mais n'a aucune puissance. Tout juste de quoi décoller le lichen. Quand je vois l'épaisseur du granit! En plus, dès qu'on met un peu de pression, le compresseur s'étouffe... J'en viens à douter de notre efficacité. Déjà se dessinent dans mes pensées d'autres alternatives plus radicales : injection de Kétalar®, traction en force par le Paillardet et son câble en acier. Qu'est ce que ça va donner? On va lui foutre son genou en l'air. Et pourquoi pas lui arracher la jambe, pendant qu'on y est! J'imagine déjà les titres du *Dauphiné Libéré* : « Après *Les Dents de la mer*, *Les Dents de la montagne* : un alpiniste inconscient se fait arracher la jambe par une fissure affamée ! » Il faudrait tout de même éviter d'en arriver là, ça ne ferait pas pro !

– Filou, mets la patate avec le compresseur! On a que dalle, ici.

– Je suis à fond, répond Filou.

Tintin ne lâche pas, il essaye tous les angles. Je l'observe, sans conviction, attendant le moment où il va dire « Fait chier! saloperie de perceuse à la con! ».

Mais soudain, ça pète, la lame de gneiss qui coinçait le genou se fend. Tintin la pince entre deux doigts et la tire. Ça y est! Comme par miracle, toute l'écaille s'est détachée. Tintin la fait glisser en me regardant d'un air jovial, une étincelle dans les yeux. John bouge son genou et le ramène à lui avec une facilité déconcertante. C'est la délivrance. Je le sens nager dans la narcose, celle de la décompression mêlée à celle de la morphine. Tintin s'égosille comme s'il avait marqué un but en finale. Il est encore plus content que l'Australien.

— Vous avez vu, les mecs! Toubib, tu peux rentrer tes outils, c'est pas pour ce soir. Il est seulement minuit, et tu vas pouvoir te tirer en vacances!

Ça, c'est sûr, je vais partir en vacances!

. . . . . .
Épilogue

Cette route est décidément interminable. Pour monter au plateau d'Assy, les virages se succèdent sans relâche.

C'est l'automne, il pleut. Je reviens d'expédition, complètement décalé mais serein. J'ai besoin de ces coupures au bout du monde pour relancer la machine, pour me débarrasser du poids des heures de garde qui s'accumulent dans mon « antre moral ». Le Ratna Chuli est un sommet magnifique. Si l'on en croit les cotations qui diffèrent sensiblement suivant l'origine des cartes, disons qu'il doit culminer aux alentours de 7 000 mètres d'altitude. Contrairement au précédent sommet tenté, celui-là, nous l'avons vaincu. Des conditions météorologiques exceptionnelles, une vue sur le plateau tibétain extraordinaire, des souvenirs qui resteront gravés...

Comme d'habitude, j'ai dû faire face aux éternels problèmes de la médecine d'expédition, le plus souvent liés aux phases d'acclimatation, mais rien de méchant cette année. Juste un œdème pulmonaire au camp de base. Nous l'avons traité avec brio grâce aux médicaments adaptés que j'avais pris le soin d'embarquer dans mon panier, et surtout grâce au caisson de recompression portable qui nous accompagne systématiquement.

En rentrant à Kathmandu, j'ai profité d'une journée de relâche pour aller voir Khando. Je m'étais bien gardé de lui annoncer ma visite, au cas où je n'aurais pas pu venir, et aussi pour lui en réserver la surprise. Anne, que j'avais réussi à retrouver facilement, était enceinte. Une nouvelle femme ! J'ai presque eu du mal à la reconnaître quand elle s'est avancée vers moi sous le porche d'entrée de Bodorath, le temple tibétain où nous nous étions donné rendez-vous. Elle m'a emmené à l'école de Khando, perchée sur une petite colline, la Mount Kailash High School.

Khando est arrivée vers moi, aussi intimidée qu'heureuse, engoncée dans son uniforme de collégienne, petit pull vert en V et jupe plissée grise, chemise blanche à col court et minuscule cravate noire de travers. L'ensemble n'était pas de première main, mais il sentait bon la lessive. On s'est serrés très fort. Ensuite, ne sachant plus trop quoi dire, j'ai eu droit à la visite complète de l'école. C'était très sympa.

J'étais rassuré. Khando a versé sa petite larme quand je suis reparti, mais je savais qu'elle était bien. Je sais que tôt ou tard, la situation va s'arranger. J'insiste pour qu'elle s'applique tout particulièrement en anglais. Je lui explique que si nous sommes encore patients quelque temps, elle pourra revenir à l'école

Épilogue

de Taconnaz de façon plus régulière. Grâce à l'école tibétaine, je sais désormais que les séjours de Khando en France seront plus faciles à organiser.

Je me gare dans le vaste parking du centre de rééducation du plateau d'Assy. Je suis en avance. Le spectacle que je découvre dans le hall d'entrée me met tout de suite dans l'ambiance. Deux gars en chaise roulante discutent près de l'ascenseur, une jeune fille fatiguée rêvasse devant la vitre en fumant une clope. Elle tient en laisse un pied à perfusion qui semble être son unique compagnon. Une grand-mère avance péniblement à petits pas dans le couloir, soutenue par un garçon barbu qui porte une blouse blanche.

Je demande à la réception le numéro de chambre qui m'intéresse et monte au deuxième étage. J'approche de la porte et ralentis. J'hésite un peu : comment vais-je l'aborder ? J'ai à la fois si peu, et tant de chose à dire… Curieusement, j'ai un peu peur, je respire un grand coup et frappe à la porte…

Jarvis se tient près de la fenêtre, assis tranquillement dans un fauteuil, un bouquin sur les genoux. Jamais je n'aurais pu le reconnaître… L'espace d'un instant, je me demande si je ne me suis pas trompé de chambre. Ce type était mort : comment aurais-je pu imaginer que ce visage eût pu avoir une expression, une identité…

Il me regarde d'un air calme et interrogateur. Il va bien falloir que je lui raconte son histoire… notre histoire !

TABLE DES MATIÈRES

1ʳᵉ partie
Souvenirs 11

Quand j'étais petit 21
Première baffe 27
« Sous les couleurs du drapeau » 39
Crampon Cassepipe 49

2ᵉ partie
L'hiver 59

Le notaire du Puy-de-Dôme 61
Bernie 79
DZ 87
Paris 101
Les Suisses 107
« Tchèkotacul » 127
Jamie 141
Mike 149
Jarvis 157
Khando voulait rester 173

3ᵉ partie
L'été 175

   Rob 179
   Pilier Gervasutti. Vendredi 183
   « Hypothermes » au mont Blanc 189
   « Le mort... il est pas mort ! » 195
   Souvenirs du Dolpo 205
   Pilier Gervasutti. Samedi. 225
   Itinéris. 233
   Iceberg 241
   Vocation 243
   Pilier Gervasutti. La fin des diables 249
   Morsure de vipère 255
   Coup de chaud du 15 août 279
   SMUR 305
   Veillée 315
   Des idées plein la tête 319
   Miles... mi bémol. 321
   Mickey. 323
   Stania 329
   Brenva. 335
   La grande main blanche 337
   Arnold. 341
   Vivant 345
   La grosse structure ne fait pas tout... 353
   Clocheton 361

Épilogue 375

Impression réalisée sur CAMERON par

BRODARD & TAUPIN
GROUPE CPI

La Flèche

*pour le compte des Éditions GLENAT
en juin 2005*

Imprimé en France
Dépôt légal : juin 2005
N° d'impression : 30367